KB189052

마흔에 읽는
인문학 필독서
50

필독서 시리즈 | 24

삶의 방향을 찾아가는
인문학 명저 50권을 한 권에

마흔에 읽는
인문학 필독서
50

여르미 지음

행복을 끌어당기기 위해,
과거를 통해 현재를 이해하기 위해,
냉혹한 현실을 마주할 힘을 얻기 위해,
타인과 더불어 성장하기 위해 읽어야 할
인문학 안내서

센시오

차례

1장. 인생의 전환점에서 나를 발견하는 책 읽기

2장. 무력감을 느낄 때 책에서 발견하는 삶의 의미

이유 없는 불안으로 힘든 어른들에게
삶의 방향을 일러 주는 인문학 책 읽기

이 책의 출간 제안을 받았을 때 많이 망설였습니다. '필독서'라는 건 '반드시 읽어야 할 책'을 말합니다. 책을 좋아하는 평범한 독자이자 도서 블로거인 제가 인문학 필독서를 소개한다는 게 적지 않은 부담이었습니다. 하지만 오히려 그 장점을 살려보자 했습니다.

최대한 편하게 썼습니다. 다양한 책을 넣었습니다. 쉬운 책과 어려운 책, 얇은 책과 두꺼운 책, 오래된 고전부터 최근 베스트셀러까지. 특히 누구나 한 번쯤은 들어봤지만 어렵고 두껍다고 소문이 나서 아무도 함부로 도전하지 않는 책도 일부러 넣었습니다. 막상 읽어보면 생각보다 어렵지 않다는 걸, 읽을 만하다는 걸 알려드리려고요.

요즘 '인문학 위기의 시대'라는 말을 많이 합니다. 대학 순위만 봐도 문과, 특히 기초학문인 인문학을 가르치는 학과의 인기가 떨어진 걸 볼 수 있죠. '문송합니다'라는 말은 이미 유행어가 된 지 오래되었습니다. 또한 많은 이들이 책을 읽지 않습니다. 읽는다고 해도 특히 인문학 책이 선택받을 확률은 낮습니다. 편하게 소비되고, 바로 써먹을 수 있는 책들이 베스트셀러를 차지하고 있죠. 이런 분위기 속에서 왜 인문학을 읽어야 할까요? 대체 '인문학의 쓸모'가 있긴 할까요?

자기계발에 지친 마흔에게
용기를 북돋아 주는 인문학의 쓸모

저는 모든 사람이 인문학 책을 읽어야 한다고 생각하지는 않습니다. 하지만 그런 책을 읽지 않으면 너무 아파서 살기 힘든 사람들이 분명 존재합니다. 요즘 많은 이들이 뚜렷한 이유가 없는 불안을 달고 삽니다. 어제와 오늘의 반복되는 삶에 지쳐 번아웃을 호소하기도 합니다. 그러면서도 늘 더 나은 삶, 행복한 삶에 관심을 갖습니다. 우리를 둘러싼 세상을 이해하고 싶어 하고, 특히 사람을 이해하길 원합니다.

'인문학'의 사전적 정의는 '인간의 가치 탐구와 표현 활동을 대상으로 하는 학문'입니다. 인간의 생각과 행동, 그리고 감정을 탐구하는 것이죠. 그렇기 때문에 인간이 궁금하다면, 무엇보다 나 자신이 궁금하다면 꼭 읽어야 하는 게 바로 인문학이라 할 수 있습니다. 인문학 책은 '어떻게 살아야 하는지'를 알려주진 않지만 '왜 살아야 하는지'를 알려줍니다. 삶의 의미와 함께 앞으로 나아갈 방향을 제시해 줍니다.

인문학은 특히 저처럼 사회에서 시키는 대로 뚜벅뚜벅 잘 따라온 어른들에게 생각보다 큰 쓸모가 있습니다. 무엇보다 인문학은 다른 삶이 존재한다는 가능성을 보여줍니다. 세상에 당연한 길, 당연한 삶, 당연한 현실은 없습니다. 우리는 늘 지금 이 자리에서 더 나은 삶을 살아갈 수 있습니다. 그 삶을 선택하고 열어젖히면 되는 거죠.

인문학은 그런 삶을 선택할 수 있도록 다양한 대안을 제시하고 용기를 북돋아 줍니다. 그래서 인문학을 읽는다는 것은 행복해질 자유를 얻는 것이기도 합니다.

사실 저도 20대 때는 책을 거의 읽지 않았어요. 그러다 학교 공부가 다 끝난 30대 초반 무렵, 문득 삶의 방향성을 잃은 것 같다는 생각이 강하게 들었습니다. 이게 내가 진정으로 원했던 삶인가? 이 삶의 끝에는 (모두가 이야기하는 대로) 행복이 기다리고 있는 걸까? 대체 왜 나는 불행한 걸까? 수많은 의문이 들었고, 저는 책 속에 답이 있을 거란 생각이 들었습니다. 분명 이런 고민을 저만 한 건 아닐 테니 말이죠.

나보다 먼저 고민한 사람들의 이야기를 듣고 싶었어요. 그들의 해답을 훔쳐 보고 싶었어요. 그렇게 그때부터 책을 읽기 시작했고, 읽다 보니 인문학 책까지 읽게 되었습니다. 결국 모든 책은 인문학으로 통하거든요.

이과 여자가 알려주는
쉽고 재밌게 인문학 읽는 법

사실 저는 뼛속까지 이과 머리인 16년 차 치과의사입니다. 인문학 교양 수업조차 들어본 적 없었기에 인문학 책 읽기, 특히 철학 책 읽기란 제게 큰 도전이었습니다. 하지만 책을 한 권 두 권 읽다 보니, 어떤 책은 생각보다 쉽게 읽힌다는 걸 알게 되었습니다. 그리고 어떤 책은 다른 책들과 같이 읽으면 이해가 더 잘 된다는 것도 알게 되었지요. 무엇보다 내가 원하는 답을 얻기 위해서는 어떤 책을 읽어야 하는지 알게 되었습니다.

제가 인생에 대해 알고 싶은 욕구 때문에 책을 읽기 시작한 것처럼, 그렇게 인문학 책 읽기를 시작하고자 하는 독자들을 위해 이 책을 썼습니다. 인문학이라는 방대한 바다에서 길을 잃지 않도록, 지도와 가이드북을 건네드리는 마음을 담았습니다.

특히 마흔을 앞두고 막연하게 불안하거나 혹은 새로운 삶을 계획하고 있는 분들에게 이 책을 권해드립니다. 마흔에 가장 필요한 것은 실용적인 삶의 기술이 아니라 진실한 삶의 의미를 찾는 질문입니다. 마흔인 당신은 이미 '어떻게' 살아야 하는지 충분히 알고 있습니다. 이제는 '왜' 살아야 하는지 삶의 의미를, 책을 통해 확인해야 할 때입니다.

《마흔에 읽는 인문학 필독서 50》은 무엇보다 친한 사람들과 함께하는 다정한 독서 모임 같은 책이에요. 책 수다 떨기 좋아하고, 책으로 이어지는 은은한 연대를 좋아하는 3040을 위한 책입니다. 또한 이 책은 주관적인 감상평보다는 객관적인 책 내용을 쉽게 전하고자 노력한 책이기도 합니다. 해당 책을 읽기 전 강한 편견에 사로잡혀 책의 내용을 곡해하거나, 혹은 읽기도 전에 어려울 것 같아 포기해 버리는 일이 없도록 말이죠.

한 가지 당부드립니다. 절대로 완독하지 말아 주세요. 순서대로 읽지도 말아 주세요. 지금 내 삶에 필요한 책들을 먼저 읽어 주세요. 그리고 마지막으로 나만의 인문학 책 읽기를 통해 더 나은 삶으로 한 걸음 나아가시길 진심으로 응원합니다.

1장.

인생의 전환점에서
나를 발견하는 책 읽기

01

쇼펜하우어의
행복론과 인생론

Parerga und Paralipomena

#아웃사이더철학자

#인생론

#행복론

#매운맛철학

"매우 불행해지기는 쉽지만
매우 행복해지기는 어려운 것이 아니라
아예 불가능하다."

아르투어 쇼펜하우어 Arthur Schopenhauer

1788년 독일에서 부유한 상인의 아들로 태어났다. 아버지의 바람에 따라 한동안 상인 교육을 받았지만 10대 시절 아버지의 급작스러운 죽음을 계기로 자신이 꿈꾸던 학자가 되기 위해 김나지움에 입학한다. 1811년 베를린 대학교에 들어간 뒤 철학 박사학위를 받았으며, 30세 무렵 대표작 《의지와 표상으로서의 세계》를 출간한 후 베를린 대학교 교수가 된다. 평생 무명의 독신 철학자로 살다가 말년에 출간한 《소품과 부록》으로 베스트셀러 철학자가 되었다. 1860년 식사 중 폐렴으로 사망했다.

이 책을 선정한 이유

최근 몇 년 사이 한국을 강타한 철학자는 바로 '쇼펜하우어'이다. 냉소적이지만 현실을 제대로 볼 줄 알았던 그의 철학은 21세기 한국 사람들에게 큰 위안을 주고 있다. "나는 쇼펜하우어를 읽으며 여태껏 한 번도 몰랐던 강력한 기쁨을 만끽했다. 그는 모든 인간 중 가장 위대한 천재다."라고 말했던 톨스토이를 비롯해, 니체, 카프카, 헤르만 헤세, 프로이트, 융 등에게 지대한 영향을 끼친 그는 19세기 서양 철학계의 상징적인 인물이다.

고통의 강을 건너는 이에게 보내는 위로의 철학

"왜 이렇게 살기 힘들까? 내 인생은 왜 이리 고통뿐일까?" 살면서 힘이 들 때면 이런 생각이 든다. 나만 힘든 것 같고 세상 돌아가는 일이 너무 잔인하다. 착한 일을 하면 복을 받고 나쁜 일을 하면 벌을 받는다는데, 세상은 꼭 그런 것 같진 않다. 쉽지 않은 세상이다.

철학은 세상 사람들이 당연하다고 생각하는 것에 반기를 드는 학문이다. 일반적으로 사람들은 악과 고통에 익숙하고, 이를 당연하게 생각한다. 한 치의 의심도 품지 않은 채 악과 고통에 스스로 익숙해져 버린다. 철학은 이런 사람들에게 정면으로 묻는다. "왜 고통과 악이 존재하는지 정말로 궁금하지 않은가?" 이 물음에 대해 평생을 고민한 사람이 있으니, 바로 철학자 쇼펜하우어다.

쇼펜하우어는 우리가 고통스러운 이유는 단 한 가지 때문이라고 말한다. 바로 "우리 모두에겐 욕망이 있기 때문"이라는 것이다. 우리는 원하는 게 많다. 좋은 집도 갖고 싶고 돈도 많이 벌었으면 좋겠다. 매일 기쁘고 즐거운 일만 가득했으면 좋겠고, 슬프고 우울한 일은 없었으면 좋겠다. 모든 인간, 모든 생명체는 이렇게 맹목적인 욕망에 사로잡힌다. 그래서 서로 경쟁하고 투쟁한다. 기쁘고 즐거운 일은 희귀하니 말이다.

이런 세상을 바라보며 쇼펜하우어는 조금 극단적인 대응법

을 취한다. "모든 욕망을 꺼 버리자"는 것이다. 욕망 자체를 극복
해야 할 대상으로 보거나 부정하는 것이다. "잘 해 보는 게 어때?
파이팅!"하고 응원하는 대신 "그럼 하지 마. 차라리 관둬. 진짜
하지 마!"라고 말하는 친구와 비슷하다.

그렇다. 삶이 지옥처럼 느껴진다면 차라리 욕망을 없애는 것
이 그 지옥을 건너는 방법이 될 수도 있다. 이것이 바로 쇼펜하
우어 철학이 주는 용기와 위로라 할 수 있다.

행복의 조건: 건강, 개성, 부, 그리고 명랑한 마음

이 책은 쇼펜하우어가 말하는 18세기식 행복론을 담고 있다. 이
행복론은 쉽게 납득할 수 있는 조건도 있지만, 이 정도까지 해야
하나 싶을 정도로 힘든 조건도 있다.

먼저 쇼펜하우어는 건강이 중요하다고 보았다. 건강한 거지
가 병든 왕보다 행복하다는 것이다. 완벽한 건강과 조화로운 신
체에서 비롯되는 차분하고 명랑한 기질, 생기 있으며 통찰력 있
고 올바르게 파악할 줄 아는 분별력, 온건하고 부드러운 의지,
그에 따른 한 점 부끄럼 없는 양심. 쇼펜하우어가 보기에 이런
것은 지위나 부로 대신할 수 없는 행복의 조건이다.

그는 또한 자신에게 주어진 개성을 최대한 유리하게 이용할
때 행복해진다고 말한다. 그리하여 자신의 인격에 맞는 일에만
노력하고, 다른 모든 것은 피하라고도 한다. 이는 개성에 적합한

직업과 생활 방식을 골라야 한다는 뜻이기도 하다. 만약 자신에게 부족한 능력을 요구하는 일을 한다면 우리는 평생 불행하다고 느낄 수밖에 없기 때문이다.

이와 함께 쇼펜하우어가 가장 중요하게 여긴 것은 바로 '명랑한 마음'이다.

"모든 자산 중에서 가장 직접적으로 우리를 행복하게 해 주는 것은 명랑한 마음이다. 이러한 좋은 특성은 즉각 보답을 주기 때문이다. 즐거워하는 사람은 언제나 그럴 만한 이유가 있다. 말하자면 그가 즐거워한다는 사실이 바로 그 이유다."

그는 명랑한 마음이라는 자산은 어떤 것으로도 바꿀 수 없다고 강조한다.

반면에 그는 삶에 필요한 것을 사는 데 사용할 부 외에 남아돌 정도의 부는 우리의 행복감에 그다지 영향을 미치지 않는다고 단언한다. 오히려 많은 재산을 유지하느라 쓸데없는 걱정만 생길 뿐이라는 것이다. 인간을 이루는 것이 인간이 지니는 것보다 행복에 더 크게 기여한다. 그림에도 사람들은 지적 교양을 갖추기보다는 부를 얻기 위해 수천 배 더 노력한다. 쇼펜하우어에 따르면, 이런 사람들은 정신이 텅 비어 있어 다른 모든 것에 둔감할 뿐이다.

마지막으로 《쇼펜하우어의 행복론과 인생론》은 인간의 행복을 가로막는 두 가지 적수를 언급한다. 바로 '고통'과 '무료함'이다. 이 둘은 한쪽이 멀어질수록 다른 쪽이 다가온다. 그러므로 우리 인생은 사실상 고통과 무료함 사이를 오가는 시계추와 같다고 할 수 있다.

궁핍과 결핍이 고통을 낳는다면, 안전과 과잉은 무료함을 낳는다. 특히 무료함의 근원은 바로 내면의 공허인데, 이 공허는 늘 외적 자극을 갈망하는 경향이 있다. 현대의 우리가 끊임없이 '쇼츠'와 '릴스'를 소비하듯이 내면의 공허는 온갖 종류의 사교와 오락, 여흥과 사치를 병적으로 추구하게 만든다. 그러면서 사람은 불행해진다.

나이에 대하여: 노년은 꼭 불행할까?

쇼펜하우어가 생각하는 행복이란 이렇듯 고통이 적어 견딜만한 인생을 말한다. 하지만 행복의 시간은 짧고 고통의 시간은 길다. 인간은 행복보다는 고통을 더 강하게 의식하기 때문이다. 우리의 매일매일을 생각해 보아도, 기뻐 방방 뛰어다닐 만한 날보다는 걱정과 근심으로 가득한 날이 더 많다. 그런 면에서 쇼펜하우어는 우리의 현실을 잘 파악했다. 무작정 낙관적이기보다는 현명하게 비관적인 것이 낫다. 행복은 즐거움을 더하는 것보다는 고통을 빼는 것에 더 가까울지도 모르기 때문이다.

만약 이런 쇼펜하우어식 행복 이야기가 부담스럽다면, 좀 더 보편적으로 받아들일 만한 이야기가 있다. 바로 쇼펜하우어가 '나이와 차이에 대하여'에서 이야기한 부분이다. 우리는 어렸을 때의 나와 같으면서도 다르다. 특히 성격적인 면에서 그렇다. 쇼펜하우어는 "청년기에는 자주 인간 세계에서 버림받은 느낌을 받는 반면, 노년기에는 인간 세계에서 벗어난 느낌을 받는다"고 말한다. 또한 "유년기에는 삶이 멀리서 본 무대 장식처럼 보이고, 노년에는 아주 가까이서 본 무대 장식처럼 보인다"고 이야기한다. 꽤 통찰력 있는 말이다.

"우리 인생의 첫 40년은 본문을 제공하고, 그다음 30년은 그것에 대한 주석의 성격을 지닌다. 인생의 끝 무렵은 가면을 벗는 가장무도회의 끝 무렵과 같다. 행위가 결실을 맺고, 그동안 거둔 성과가 정당한 평가를 받으며, 온갖 환영이 붕괴하기 때문이다. 다시 말해 이 모든 일이 일어나기까지 시간이 필요했던 것이다."

흔히 노년은 막연하게 불행할 거라 생각하지만 쇼펜하우어는 노년을 완숙의 시기로 보았다. 인생은 전반기만큼이나 후반기가 중요하고, 오히려 더 행복해질 수 있다는 것이다. 이는 젊었을 때 괴롭혔던 많은 욕망들을 어느 정도 내려놓게 되기 때문이기도 하다.

쇼펜하우어는 "청년기의 특징은 우울함과 비애이고, 노년기의 특징은 명랑함인 것이 확실하다."고 말한다. 그에게 노년은 오히려 삶의 폭이 넓어지고, 생산적으로 사는 시기, 완숙해지고 강인해지는 시기이다. 그는 분명 노년에 찾아오는 행복을 즐길 줄 아는 사람이었을 것이다. 이런 이유로 확실히 쇼펜하우어는 젊을 때보다는 마흔 이후에 읽기가 더 좋은 듯하다.

음악을 들으면 행복해지는 이유

이렇게 세상을 한없는 고통의 세계로 바라본 쇼펜하우어. 그의 시선은 불교 교리와 많이 닮았다. 특히 삶의 고통을 해결하는 유일한 길은, 자신의 욕망을 다스리는 것이라고 생각한 점이 그렇다. 하지만 불교와 다른 점이 하나 있다. 바로 아름다움, 즉 예술이 우리를 욕망에서 벗어나게 해준다고 생각한 점이다.

우리는 예술을 감상할 때 이성적으로 생각하진 않는다. '모나리자' 그림을 보면서 '눈썹이 없으니 이거 잘못된 그림이야!'라고 판단하지 않는다. 예술이란 느끼는 것이다. 관조하는 것이다. 욕망 가득한 세상 속에서 편안하게 쉴 수 있는 안식처이다.

특히 쇼펜하우어는 예술 중에서도 음악을 최고로 쳤다. 그러니 혹시나 지금 불행하다고 느낀다면, 음악을 한 번 들어보자. 아름다움을 느끼고 관조하자. 결국 음악이, 예술이 우리를 구원해 줄 것이다.

함께 읽으면 좋은 책

《의지와 표상으로서의 세계》 쇼펜하우어, 을유문화사, 2019 쇼펜하우어의 진정한 대표작으로, 세계적인 인문, 철학 필독서다. 20대 때 5년 동안 써 내려가 30세에 완성한 책으로 그의 천재성을 엿볼 수 있다.

《삶이라는 지옥을 건너는 70가지 방법》 이동용, 추수밭, 2024 쇼펜하우어 철학의 특징을 잘 정리한 입문서다. 특히 고통으로 가득 찬 삶 속에서 희망을 찾는 70가지 방법을 말한다.

《스스로 깨어난 자 붓다》 카렌 암스트롱, 푸른숲, 2003 세계적인 종교학자 카렌 암스트롱이 쓴 '부처의 삶'에 관한 책으로, 쇼펜하우어와의 공통점과 차이점을 비교해 가며 읽기 좋다.

삶의 지혜의 중요한 점은
우리가 일부는 현재에, 일부는 미래에 쏟고 있는
주의의 비율을 올바로 조정해
한쪽이 다른 쪽을 망치지 않도록 하는 것이다.

인생의 전반기를 지배하는 성격이
행복에 대한 충족되지 않은 동경이라면
후반기를 지배하는 성격은 불행에 대한 우려다.
청년기에는 자주 인간 세계에서
버림받은 느낌을 받는 반면, 노년기에는
인간 세계에서 벗어난 느낌을 받는다.

우리 인생의 여러 장면은 거친 모자이크 그림과 같다.
가까이서 보면 아무런 매력이 없고
멀리서 보아야 아름다움을 감상할 수 있다.

02

행복의 정복
Conquest of Happiness

#행복의조건

#노벨문학상

#수학자

#철학자

"인생의 폭이 협소할수록
우연한 사건이 우리 인생을
마음대로 주무를 수 있게 된다."

버트런드 러셀 Bertrand Arthur William Russell

20세기 대표 지성인 러셀은 분석철학의 기초를 세운 철학자이자 1950년 노벨문학상을 받은 작가이다. 이외에도 수학자, 교육 혁신가이자 실험가로 이름을 날렸다. 1872년 영국 귀족 가문에서 태어난 그는 케임브리지 대학 트리니티 칼리지에서 수학과 도덕과학을 전공하였다. 1970년, 98세로 생을 마감할 때까지 70여 권의 저서를 남겼다.

이 책을 선정한 이유

20세기를 빛낸 사상가는 많지만 철학과 수학뿐만 아니라 과학, 역사, 교육 등 다양한 분야의 학문에서 두각을 나타낸 사상가는 드물다. 거기에 더해 노벨문학상도 받고, 98세까지 장수한 걸로도 유명한 버트런드 러셀. 그런 그가 60세를 앞두고 쓴 행복에 관한 책 《행복의 정복》은 시대를 초월한 보편적인 행복에 관해 이야기하는 책이다. 철학자가 쓴 책이지만 딱딱하지 않고, 대중의 눈높이에 맞춰 쉽게 쓰인 에세이다.

행복은 끊임없이 쟁취해야 하는 것

행복이 저절로 굴러들어 온다면 얼마나 좋을까? 아무것도 안 하고 그저 행복할 수는 없을까?

세기의 철학자 버트런드 러셀은 행복에도 노력이 필요하다고 생각했다. 그는 "인간은 행복해질 수 있다"며 "불행으로 고통당하고 있는 수많은 사람들이 바람직한 방향으로 노력하기만 하면 충분히 행복해질 수 있다는 믿음에서 이 책을 썼다."고 밝혔다.

이 책《행복의 정복》은 크게 두 부분으로 나뉜다. 앞부분은 '행복이 당신 곁을 떠난 이유', 그러니까 우리가 행복하지 않은 이유에 대해 말한다. 뒷부분은 '행복으로 가는 길'로, 우리가 행복해지기 위해 노력해야 하는 것들에 대해 다룬다.

이 책은 1930년에 쓰였으니 약 100년 전의 책이다. 그 사이 세상은 많이 바뀌었다. 두 차례의 세계 대전을 거쳤고, 과학 기술과 산업화가 급속도로 확산되었으며, 이제 스마트폰을 손에 쥐고 일상을 살아가는 시대가 되었다. 하지만 이렇게 삶의 조건이 달라졌음에도 불구하고, 행복의 조건은 크게 달라지지 않은 것 같다. 수학자이자 철학자인 저자가 써서 그런지, 그의 에세이는 확실히 시대를 뛰어넘은 통찰이 느껴진다.

행복이 당신 곁을 떠난 이유

버트런드 러셀은 먼저, 자신은 선천적으로 행복한 사람이 아니었다고 고백한다. 사춘기 시절에는 삶을 증오해서 늘 자살할 생각을 품고 있었지만, 수학에 대해 좀 더 알고 싶다는 욕구 때문에 자살 충동을 자제할 수 있었다고 한다. 그리고 이 책을 쓴 60세가 된 시점에서, 러셀은 지금 자신의 삶을 즐기고 있다고 말한다.

> "한 해 한 해를 맞을 때마다 나의 삶은 점점 즐거워질 것이다. 이렇게 삶을 즐기게 된 비결은 내가 가장 갈망하는 것이 무엇인지를 알아내서 대부분은 손에 넣었고, 본질적으로 이룰 수 없는 것들에 대해서는 깨끗하게 단념했기 때문이다. 또한 주된 비결은 자신에 대한 집착을 줄였다는 데 있다."

《행복의 정복》은 먼저 다양한 불행의 조건에 대해 말한다. 그중 러셀이 가장 강조하는 것은 바로 자기 자신에게만 집착하는 버릇이다. 자신의 어리석음, 결점에 대해 깊이 생각하는 것, 지나치게 자기 자신에게만 몰입하는 것은 불행의 씨앗이 된다. 이는 자기라는 감옥에 갇힌 거나 다름없다. 이런 사람은 외부 세계에 대해 아무런 관심도 없고, 그저 자신의 이기심을 충족시키거나, 자신이 상처받지 않는 데만 관심이 있다. 행복해질 수가 없다.

이외에도 그는 우리가 불행한 이유로 경쟁, 물질 추구, 권태, 과도한 걱정, 비교, 피해망상 등을 든다. 러셀에 따르면 요즘 사람들은 '생존 경쟁' 속에 살고 있으며, 많은 이들이 성공해야만 행복해진다고 생각한다. 하지만 사실 성공은 행복의 한 가지 요소에 불과하다. 따라서 성공하기 위해, 돈을 벌기 위해, 나머지 요소들을 모두 희생한다면 지나치게 비싼 대가를 치르는 셈이다.

또한 그가 보기에 현대인은 권태를 견디는 힘이 없다. 그래서 불행하다. 지금은 더욱 자극적인 것들이 넘쳐나는 시대다. 자극이 지나치게 많은 삶은 밑 빠진 독이나 다름없다. 이는 건강을 해칠 뿐 아니라 모든 종류의 즐거움을 무디게 만들고, 근본적인 만족감을 표면적인 쾌감으로, 지혜를 얄팍한 재치로, 아름다움을 생경한 놀라움으로 바꾸어 버린다. 즉 자극 없이는 살 수 없는 사람으로 만들어 버리는 것이다.

지나치게 걱정하는 경우 역시 불행하다. 한시도 쉬지 않고 지나치게 고민하는 것보다 꼭 필요한 때에 적당히 고민하는 태도가 필요하다. 이런 태도는 행복의 능률을 엄청나게 증진시켜 준다. 특히 '망설임'만큼 심신을 지치게 하면서 쓸데없는 것은 없다. 매사 비교하는 습관은 대단히 잘못된 버릇이다. 즐거운 일이 생기면 그 일을 충분히 즐겨야 한다. 그 일이 다른 사람에게 일어나는 일에 비하면 즐겁지 않을 것이라 비교하면서 머뭇거린다면 불행해지기 딱 좋다.

마지막으로 '모두가 나만 미워한다'는 피해망상에 빠진 사람 역시 불행하다. 그런 사람이라면 다음 네 가지를 깨달아야 한다. 첫째, 당신의 동기는 당신이 생각하는 것만큼 옳거나 이타적이지 않다. 둘째, 당신의 장점을 스스로 과대평가하고 있을 수 있다. 셋째, 다른 사람은 당신에게 당신만큼 관심을 갖고 있지 않다. 넷째, 당신을 해코지하고 싶다는 생각을 가질 만큼 대부분 사람들이 한가하지 않다. 사실 사람들 대부분은 나를 미워하지도 좋아하지도 않는다. 다들 자기 자신에게만 집중할 뿐이다.

행복으로 가는 길

그렇다면 우리는 어떻게 행복해질 수 있을까? 버트런드 러셀은 철학자답게 다양한 분석을 통해 행복의 조건을 제시한다. 그는 '취미', '다양한 관심', '관계', '열정', '중용', '사랑', '일' 등을 통해 외부에 관심을 가지는 것이 행복으로 가는 길이라 보았다.

이 중에서 취미는 행복한 생활을 하는 데 많은 도움을 준다. 하지만 러셀은 그렇다고 하여 취미가 근본적인 행복의 원천은 될 수 없다고 보았다. 현실 도피 수단이 될 수 있다는 것이다. 우리는 좋아하는 영화를 보면서 힐링의 시간을 가질 수도 있다. 하지만 이러한 취미는 힘든 고통이 다가오는 순간을 잊기 위한 임시방편일 뿐이다. 진짜 행복, 근본적인 행복은 무엇보다 인간과 사물에 대한 따뜻한 관심에서 비롯된다고 러셀은 생각했다.

《행복의 정복》에서 러셀이 말하는 근원적인 행복은 인간과 사물에 대한 따뜻한 관심에서 온다. 이는 사랑의 일종이다. 행복을 가져오는 사랑은 다른 사람들을 관찰하기 좋아하고, 개개인의 특성 속에서 기쁨을 느끼는 사랑이다. 만나는 사람들을 지배하려거나 이들에게 열광적인 찬사를 받아내려고 하는 대신 그들의 관심과 기쁨의 폭을 넓혀주려고 하는 사랑이다. 이들은 칭찬받길 원하기보다 칭찬하길 원한다. 이들은 먼저 관심을 건네고, 그 결과 타인의 친절을 되받는다. 그리고 결국 행복해진다.

강렬한 열정 역시 행복을 만든다. 인생에 열정이 있는 사람에게는 불쾌한 경험도 쓸모가 있다. 하지만 열정이 지나치면 때로는 독이 되기도 한다. 따라서 열정이 불행의 원천이 되지 않게 하기 위해서는 건강을 지키고, 능력을 전체적으로 관리하며, 생계에 필요한 충분한 소득을 유지하는 것이 필요하다. 밤에 체스를 한다는 기대에 부푼 채로 일하는 사람은 행복하다. 하지만 하루 종일 체스를 두기 위해서 직업까지 버린 사람은 중용의 미덕을 잃어버린 사람이다.

또한 일하는 사람이 덜 불행하다. 일은 종일 무엇을 할 것인지를 신경 쓸 필요 없이 하루 대부분을 메워준다. 또한 성공을 이룰 기회가 열려 있어 만족감을 준다. 따라서 지루한 일이나마 할 일이 있는 사람은 아무 일도 하지 않는 사람에 비해 대체적으로 더 큰 행복을 누릴 수 있다.

마지막으로 내부가 아닌 외부에 관심을 갖는 것도 중요하다. 모든 종류의 폭넓은 관심사는 긴장을 이완시켜 준다. 균형적인 시각을 유지할 수 있게 해주고, 자신이 얼마나 작은 존재인지 잊지 않게 해준다. 자기 자신에만 지나친 관심을 쏟는 사람은 늘 극단주의로 빠져들 위험이 있다. 인생의 폭이 협소할수록, 우연한 사건이 우리 인생의 모든 의미와 목적을 마음대로 주무를 수 있게 되는 것이다.

러셀의 말처럼 행복은 사실 쉽지 않다. 헬스장에서 땀 흘리며 근육을 키워나가는 것처럼 행복 또한 꾸준한 운동이 필요하다. 특히 단기간에 소비하고 마는 행복이 아닌 꾸준한 행복을 원한다면 이 책《행복의 정복》을 추천한다. 행복으로 향하는 그 길에서 방향을 잃지 않게 도와줄 것이다.

함께 읽으면 좋은 책

《행복의 역사》대린 맥마흔, 살림출판사, 2008 과거부터 현재까지, 행복의 의미가 어떻게 변했는지 종교, 철학, 음악, 과학, 심리학 등 다양한 분야를 통섭하여 고찰하는 행복의 역사책이다.
《행복의 기원》서은국, 21세기북스, 2014 세계적으로 유명한 행복 심리학자 중 한 명인 서은국 교수의 책으로, 진화론적 관점에서 살펴본 행복의 기원을 담고 있다.
《조너선 하이트의 바른 행복》조너선 하이트, 부키, 2022 세계적인 긍정심리학자 조너선 하이트의 행복에 관한 책으로, 오래된 지혜와 현대 과학을 통해 행복의 기원을 탐구한다.

어느 정도
권태를 견딜 수 있는 힘은
행복한 삶에 있어서
필수적이다.

술에 취하는 것은
일시적인 자살이나 다름없다.
술에 취해서 누리는 행복은
불행을 잠시 중단시키는 데서 오는
순간적이고 소극적인 행복이다.

현명한 사람은
막을 수 없는 불행을
감수하지도 않겠지만,
피할 수 없는 불행을 만나도
결코 시간과 감정을
낭비하지 않을 것이다.

03

파스칼 메르시어(페터 비에리) | 은행나무

자기 결정

Wie Wollen Wir Leben?

#자기인식

#진정한나

#행복

"행복하고 존엄한 삶은
내가 결정하는 삶이다."

파스칼 메르시어 (페터 비에리) Pascal Mercier

1944년 스위스에서 태어나 2023년 사망했다. 독일 하이델베르크대학 철학부에서 박사학위를 취득한 후 마그데부르크대학 철학사 교수 및 베를린 자유대학 언어철학 교수를 역임했다. 2014년 트락타투스상을 수상한 《삶의 격》을 비롯하여 《자기결정》, 《자유의 기술》 등 다수의 철학서를 저술했다. 소설가로도 유명한데 참고로 그는 소설을 쓸 때는 '파스칼 메르시어'라는 필명을 사용한다. 소설 대표작으로는 영화로도 만들어진 〈리스본행 야간열차〉가 있다.

이 책을 선정한 이유

《자기 결정》은 페터 비에리가 쓴 '삶과 존엄' 3부작 중 2탄에 해당하는 책이다. 그는 현존하는 독일 최고의 철학 석학으로 유명했으나 안타깝게도 2023년 타계했다. 《자기 결정》은 몇 년 전 '김영하 북클럽' 선정 도서로 꼽히며 다시 인기를 끌기도 했다. 철학 책이지만 두껍지 않고(108쪽) 내용이 쉬워서 누구나 도전해 볼 만한 책이다. 좀 더 자세한 내용을 원한다면 《삶의 격》을, 간결한 내용을 원한다면 《자기 결정》을 추천한다.

1장. 인생의 전환점에서 나를 발견하는 책 읽기 **031**

내 삶의 주인으로 살아가는 법

스스로 결정하는 삶이란 어떤 삶일까? 삶을 살아가다 보면 가끔 내 삶이 '내 삶이 아닌 것처럼' 느껴질 때가 있다.

나는 딸이자 엄마이다. 이 때문에 내가 원하는 삶보다는 가족이 원하는 삶을 살아가기도 한다. 또한 나는 직장인이다. 따라서 내가 원하는 일보다는 돈을 벌 수 있는 일을 선택해 일하기도 한다. 누구나 삶 속에서 스스로 원하는 게 있고 자유를 바란다. 하지만 종종 원하지 않는 것을 해야 하고 강요받는 삶을 마주하게 된다.

이 책《자기 결정》은 이런 우리에게 '내 삶은 내가 정해야 한다'고 말한다. 외부로부터의 강제가 없는 삶, 어떤 삶의 규칙을 선택할지 결정할 수 있는 삶. 바로 나 자신이 내 인생의 주체가 되는 삶을 살아야 한다고 말한다.

이러한 자기 결정적 삶에 있어서 가장 중요한 것은 바로 '자아상'이다. 자아상이란 '내가 어떤 모습이고 싶은지'에 대한 생각이다. 지금의 나는 어떤 사람인가? 그리고 어떤 사람이 되고 싶은가? 이런 자아상과 삶이 조화롭게 어울릴 수 있을 때, 우리는 자기 결정적인 삶을 살 수 있다. 반대로 이런 자신의 현재나 소망과는 정반대의 삶을 살 때 우리는 스스로 삶을 결정하지 못하게 되고 타인의 소망에 휘둘리며 살아가게 된다. 꼭두각시가 된다.

사실 내가 어떤 사람이 되고 싶은지 정확히 모르는 사람이 세상엔 너무나 많다. 우리는 막연히 누군가처럼 되기를 원한다. 돈이 많은 사람이 되고 싶다, 좋은 대학에 가고 싶다 같은 소망은 사실 잘 들여다보면 자신이 아닌 타인의 소망인 경우도 많다. 어린 시절부터 듣고 자란 말 속에서, 혹은 인터넷에서 떠드는 가십거리 속에서, 우리는 모두 한 방향만 보고 달린다. 좀 더 많은 돈, 좀 더 높은 지위를 얻으면 내 마음이 더 편안해질 거라 생각한다. 사실 알고 보면 나 자신은 화려하고 요란한 성공을 좋아하기보다는 수도원 같은 고요 속에서 마음의 안식을 얻는 것을 좋아할 수도 있는데 말이다.

'자기 결정'은 이렇게 내가 나 자신을 이해하는 과정과도 같다. 원하는 나의 모습과 현재의 내가 동일하다면 괜찮다. 잘 살고 있는 것이다. 하지만 계속해서 '왜 대체 내가 여기까지 오게 된 것인지' 이런 의문이 든다면, '왜 현재의 내 생각과 소망이 지금까지 살아온 삶과 더 이상 맞지 않는 것인지' 같은 질문이 꼬리에 꼬리를 물고 떠올라 괴롭다면. 우리는 이러한 욕구의 근원을 찾아 나서야 한다. 말 그대로 '자기 인식'의 길을 찾아 떠나야 하는 것이다.

나를 발견하는 네 가지 방법

그렇다면 우리는 우리가 되고 싶어 하는 자신, '자아상'을 어디서 발견할 수 있을까?《자기 결정》은 크게 네 가지 방법을 추천한다.

첫 번째는 자신의 내부가 아닌 외부로 시선을 돌려보는 것이다. 이는 타인의 시선으로 나를 바라보는 것이기도 하다. 나를 낯설게 바라보면, 타인을 이해하려 할 때와 크게 다르지 않은 시선으로 나를 바라보면, 자신의 과거를 객관적으로 바라볼 수 있게 된다. 이는 자신이 어떤 사람이 되고 싶은지, 중요한 것이 무엇인지 파악할 근거의 틀을 마련해 준다.

두 번째는 바로 '문학 읽기'다. 문학은 우리가 스스로를 발견하는 데 큰 도움을 준다.

"문학작품을 읽으면 사고의 측면에서 가능성의 스펙트럼이 열립니다. 인간이 삶을 이끌어나가는 모습이 얼마나 다를 수 있는가를 알게 되는 것이지요. 문학을 읽기 전에는 미처 생각하지 못했던 지점에 대해 이제 상상력의 반경이 보다 넓어진 것입니다. 뿐만 아니라 우리의 공감 능력도 성장합니다. 우리는 정체성의 성공과 실패, 발전에 대해 많은 것을 알게 됩니다. 그리고 자기 결정을 구성하는 것이 무엇인지, 실패하면 어떻게 실패하는 것인지도 알 수 있지요."

문학을 읽을 때 우리는 더 이상 혼자가 아니다. 문학은 든든한 아군으로 자기 결정의 과정을 시작하게 도와준다. 누구나 한 번쯤은 문학을 읽다가 '이거 정말 내 이야기 같은데…!'라는 경험을 해 본 적이 있을 것이다. 현실 속에 매몰되어 살아가다 보면, 자신이 진정으로 원하는 것을 알아채기 힘들다. 문학은 그런 현실을 비틀어 보여줌으로써 진짜 나를 찾아가는 과정을 쉽게 해준다. 자신에게 중요한 것은 무엇인지, 더 나아가 어떤 사람이 되고 싶은지 자문하는 사람이라면 문학을 통해 결정적인 의미를 얻게 될 것이다.

세 번째는 글쓰기로 표현하는 것이다. 독일 작가 막스 프리쉬는 이런 말을 했다고 한다. "글을 쓰지 않는 사람은 자신이 어떤 사람이 아닌지조차 알지 못한다." 페터 비에리는 여기에 더해, 일기 같은 글보다는 소설을 써볼 것을 권한다. 소설은 실제 경험의 흐름 속에서는 좀처럼 일어나지 않는 농축된 경험을 가능하게 한다. 우리는 소설 속에서 다른 삶을 실험해 볼 수 있다. 그리고 무엇보다 소설 쓰기는 '나 자신조차 모르는' 나를 알아가기에 무척 좋은 방법이다. 내가 왜 이 주제를 선택했는지, 왜 3인칭 시점으로 쓰는지, 어떤 문체와 단어를 선택해서 쓰는지, 이 모든 것이 소설 쓰는 사람이 자신의 무의식을 대면할 수 있게 해주기 때문이다. 그런 의미에서 페터 비에리는 "소설 한 편을 쓰고 나면 그 사람은 더 이상 이전의 그와 완전히 똑같은 사람이 아닌 것"이라고 말한다.

마지막으로 우리는 '문화적 정체성' 속에서 우리 자신을 발견할 수 있다. 그중에서도 가장 기본적인 것은 우리가 사용하는 '모국어'다. 우리는 처음 모국어를 맹목적으로 받아들인다. 어린 아이가 부모에게 언어를 학습하는 과정처럼 말이다. 그런 뒤 우리는 언어를 자신의 세계관을 나타내는 틀로 사용한다. 사람에 따라서는 여기서 멈추기도 한다. 하지만 어떤 사람들은 여기서 한발 더 나아가기도 한다. 외국어를 배워나가면서 다른 삶의 운율을 알고, 다른 삶의 가능성도 있음을 깨닫게 되는 것이다. 흔히 여행을 많이 다니면 시야가 넓어진다고 이야기하는 것처럼, 다른 언어를 배우고 비교하는 것은 인식의 틀을 넓혀준다. 최종적으로 언어 속에서 우리는 자신의 목소리를 발전시켜 나가게 된다. 이성적이며 생각하는 존재가 된다.

자기 결정으로 찾은 삶의 존엄성과 행복

결국 이러한 과정을 통해 자기를 인식하게 된 사람은 어떻게 될까? 먼저 외면적으로는 행동의 자유가 생긴다. 그리고 내면적으로는 내가 되고 싶은 상태로 존재할 수 있게 된다. 더 이상 타인을 위한, 혹은 사회에서 주입된 선택을 하지 않게 된다. 외부에서 말하는 성공의 기준에 쫓겨 다니지 않게 되고, 자신의 인생을 제대로 살 수 있게 된다. 인간관계에서도 진실해진다. 자신을 안다는 것은 타인이 어떤 사람인지에 대한 나의 생각, 그리고 그 사람이 어떠했으면 좋겠는지에 대한 나의 기대 어린 생각을 구별할 줄 안다는 것이다. 자기 이해가 깊어지면 결국 타인도 더 잘 이해하게 된다. 그렇기 때문에 이전과는 다른 좀 더 살아있고 세심하며 재미있는 인간관계를 맺게 된다.

이렇듯 우리는 타고나는 것을 결정할 수는 없지만 어떻게 살아갈지는 스스로 결정할 수 있다. 그리고 그 속에서 가장 중요한 것은 자기 인식, 자기 존중, 자기 결정이다. 자신의 삶을 스스로 써나갈 때만이 '진정한 나'로 살아갈 수 있다.

삶의 존엄성을 지키며 행복하게 살아가고 싶다면, 오늘은 일단 문학책부터 읽어보자. 그리고 짧은 소설을 써보자. 나 자신을 타인처럼 바라보고 외국어를 배워보자. 자기 자신을 찾아 여행을 한 번 떠나보자.

함께 읽으면 좋은 책

《**삶의 격**》파스칼 메르시어(페터 비에리), 은행나무, 2014 저자가 쓴 '삶과 존엄' 3부작 중 1부로, 독일 최고 철학 에세이상 트락타투스상을 받았다.
《**리스본행 야간열차**》파스칼 메르시어, 비체, 2022 전 세계에서 200만 부가 팔린 저자의 '소설' 대표작으로 동명의 영화로도 제작되었다. 마리 루이제 카슈니츠상, 그린차네 카보우르상을 받았다.
《**왜 살아야 하는가**》미하엘 하우스켈러, 추수밭, 2021 삶과 죽음이라는 문제 앞에 선 사상가 10명의 대답이 담겨 있는 책으로, 삶을 어떤 관점에서 바라볼 것인지에 관한 다채로운 답변을 볼 수 있다.

원하는 나의 모습과 현재의 내가 너무 달라
계속해서 마음의 괴로움에 시달리고 있다면
자아상뿐만 아니라 자꾸만 고개를 쳐드는
그 욕구들의 근원지를 찾아 나서야 합니다.

자기 인식은
자유의 원천이며 따라서
행복의 원천이기도 합니다.

좀 더 많은 돈,
좀 더 높은 지위를 추구하는
나의 의지가 정말로 내 마음을 편하게 하는가?
혹시 수도원 같은 고요 속에서
마음의 안식을 얻는 유형은 아닌가?

몰입의 즐거움
Finding Flow

#몰입

#심리학

#행복

#삶의의미

"삶을 훌륭하게
가꾸어 주는 것은
행복감이 아니라 몰입이다."

미하이 칙센트미하이 Mihaly Csikszentmihalyi

헝가리계 미국인 심리학자로, 1934년 이탈리아에서 태어나 22세에 미국으로 이민했다. '몰입' 이론의 창시자로 유명하다. 시카고 대학 심리학 교수를 역임했으며, 이후 피터 드러커 경영대학원 석좌교수 및 '삶의 질 연구소' 소장으로 재직했다. 2021년 87세를 일기로 생을 마쳤다. 주요 저서로는 《몰입》, 《창의성의 즐거움》, 《달리기, 몰입의 즐거움》 등이 있다.

이 책을 선정한 이유

《몰입의 즐거움》은 1997년 처음 출간된 이후 27년 동안 세계 18개국에 출간된 인문 교양 베스트셀러다. 하버드대 하워드 가드너 교수는 "어떻게 하면 우리가 하는 일, 우리가 하는 놀이, 우리의 삶 전체를 끌어올릴 수 있는가를 갈파한다"라고 평했다. '대학교수 선정 대학 입학생이 읽어야 할 필독서 10' 등에 꼽히며 교육계와 각종 언론의 주목을 받았다.

잘 사는 삶이란 어떤 삶일까?

누구나 행복해지고 싶다. 시간과 재능을 허비하고 싶지 않다. 원하는 일을 하며 좋아하는 사람들과 기쁨을 나누며 살고 싶다. 하지만 행복은 늘 쉽게 잡히지 않는다. 먼 곳에만 존재하는 것 같이 느껴진다.

이렇듯 행복하게 살고 싶은 사람들에게 이 책은 '행복' 경험보다 '몰입' 경험을 권한다. 행복한 삶이란 사실 예측하기가 어렵다. 주어진 상황보다는 개인의 성향에 더 좌우되기 때문이다. 어떤 사람은 아침에 마시는 커피 한 잔에도 쉽게 행복해진다. 하지만 또 어떤 사람은 주식으로 큰돈을 벌어도, 복권에 당첨되어도 행복해지지 않는다.

이 책은 삶을 훌륭하게 가꾸어 주는 것은 행복감이 아니라 깊이 빠져드는 몰입이라 말한다. 몰입하는 순간, 우리의 의식은 경험으로 꽉 차게 된다. 그 순간에는 느끼는 것, 바라는 것, 생각하는 것이 하나로 어우러진다. 뿌듯함으로 마음이 벅차오른다. 이러한 몰입 경험이 많아질 때, 더 잘 사는 삶이 된다. 더 나은 삶이 된다.

몰입이란 무얼까?

'몰입'이란 삶이 고조되는 순간에 물 흐르듯 행동이 자연스럽게 이루어지는 느낌을 말한다. 달리기나 독서에 흠뻑 빠져들 때, 혹은 좋아하는 친구와 이야기를 나눌 때. 우리는 '물아일체'의 상태를 경험한다. 그것이 한없이 계속되기를 바란다. 그 순간이 완벽하다고 느낀다.

이러한 몰입은 다양한 활동에서 나타나지만 그 방식은 비슷하다. 보통 명확한 목표가 앞에 있을 때 몰입할 가능성이 높다. 체스, 테니스 같은 게임을 할 때 몰입하기 쉬운 이유는 목표와 규칙이 명확하게 설정되어 있어 어떻게 해야 할지 고민하지 않고 참여할 수 있기 때문이다.

몰입의 또 다른 특징은 되먹임, 곧 피드백 효과가 빨리 나타난다는 점이다. 우리는 체스를 두면서 말 하나를 움직일 때마다 형세가 유리해졌는지 불리해졌는지를 알아챌 수 있다. 그렇게 체스에 몰입하게 된다.

마지막으로 몰입은, 쉽지는 않지만 그렇다고 아주 버겁지도 않은 과제를 극복하는 데 자신의 실력을 온통 쏟아부을 때 나타나게 된다. 과제가 너무 힘겨우면 사람은 불안과 두려움에 떨다가 이내 포기하고 만다. 과제와 실력 수준이 둘 다 낮으면 아무리 경험해도 미적지근할 뿐이다. 그러나 힘겨운 과제가 수준 높은 실력과 결합하면 일상생활에서는 맛보기 어려운 심도 있는 참여와 몰입이 이루어진다. 등반가라면 산에 오르기 위해 젖 먹던 힘까지 짜내야 할 때 찾아오는 게 바로 몰입이다.

이런 이유로 몰입은 사람을 배움으로 이끈다. 새로운 수준의 과제와 실력으로 올라가게 만드는 힘이 된다. 이렇게 몰입 경험을 통해 사람은 비로소 성장하게 된다.

'일'에 몰입하는 삶이 잘 사는 삶이다

《몰입의 즐거움》에서 첫 번째로 강조하는 것은 '일에 대한 몰입'이다. 삶의 질은 일평생 우리가 어떤 일을 하고 그 일을 하며 무슨 생각을 하는지에 달려 있다. 흔히 우리는 일을 쉽게 폄하하기도 한다. '돈만 있으면 이런 일 따위 절대 하지 않겠다'고 선언하는 이들도 많다. 하지만 의외로, 잘 사는 삶은 좋아하는 일에 몰입할 때 찾아온다.

성인이 일상생활에서 언제 몰입 경험을 하는지를 조사한 연구가 있다. 조사 결과 사람들은 의외로 여가 시간보다 근무 시간에 좀 더 몰입하는 것으로 나타났다. 사실 이건 놀랄만한 결과가 아니다. 위에서 말한 몰입의 조건을 살펴보자. 일단 일은 보통 명확한 목표와 규칙이 있다. 무사히 과업을 마무리하면 칭찬이나 금전적 보상이 뒤따른다. 일은 산만함을 누르고 집중력을 살린다. 하지만 집에서 혼자 있거나 가족과 함께 시간을 보낼 때 우리는 명확한 목표라 할 게 없다. 일을 제대로 했는지, 산만하지는 않은지, 자신의 실력이 부족한 건 아닌지 확인할 길이 없다보니 따분해지고 불안마저 느낀다.

그렇다면 일에 몰입하기 위해서는 어떻게 해야 할까? 우선 자기가 정말로 하고 싶은 일을 해야 한다.

《몰입의 즐거움》은 경제적으로 아주 힘든 처지에 봉착하더라도 지금 하는 일이 싫다면 빨리 그만둘 것을 권한다. 하기 싫은 일을 하면서 몰입하긴 어렵기 때문이다. 한편 좋아하는 일이 뭔지 모르겠는 사람들도 있을 것이다. 그리고 상황상 싫어하는 일을 당분간 지속해야 하는 이들도 있다. 그런 이들에게 이 책은 세 가지 팁을 전한다. 일이 하기 싫다면 그만두기 전에 이렇게 한번 해 보자. 조금만 태도를 바꾸면 지긋지긋하던 일이 조금은 재미있어질 수도 있다.

먼저 무슨 일이 일어나고 있고 그 원인이 무엇인지 명확히 이해하는 데 관심을 가져야 한다. 관심 갖지 않으면 지겨운 일은 계속 지겨운 일로 남게 되기 때문이다. 일을 하면서 '이런 조치는 과연 필요한가', '누구에게 도움이 되는가' 생각해 보자. 변화가 없는 매일의 업무에 호기심을 불러일으키는 데 도움이 된다.

다음으로 지금의 방식이 유일한 방법이라는 수동적 자세에서 탈피해야 한다. 이 일을 더 잘, 더 빨리, 더 효율적으로 할 수는 없는지 끊임없이 되묻자. 연구하고 시도해 보자. 마지막으로 대안을 모색하면서 더 좋은 방법이 나타날 때까지 실험을 게을리하지 말아야 한다. 불필요한 구석을 없앰으로써 일을 최소화하는 방법이 무엇인지 계속 고민해 보자. 일에서 느끼는 즐거움도 커질 테고 직장에서 성공할 가능성도 높아질 것이다.

'좋은 사람'에게 몰입하는 삶이 잘 사는 삶이다

한편 매일의 삶은 우리가 어떤 일을 하느냐 뿐만 아니라 우리가 어떤 사람과 함께 있느냐에 따라서도 달라진다. 살면서 무엇이 나를 가장 기쁘게 만들고 가장 우울하게 만드는지를 생각해 보면, 대부분 단박에 타인을 떠올릴 것이다. 아이는 축복이지만 동시에 골칫거리다. 상사가 던지는 말 한마디에 우리는 천국과 지옥을 오간다.

《몰입의 즐거움》은 좋은 관계를 유지하려면 적어도 두 조건을 충족시켜야 한다고 말한다. 하나는 우리의 목표와 타인의 목표 사이에 어떤 합치점을 찾아내는 것이다. 사람들은 원하는 게 제각각이다. 타협하기 힘들다. 그럼에도 노력을 기울이면 대부분 경우 아주 작은 합치점이라도 찾아낼 수 있다.

또 다른 조건은 바로 타인의 목표에 관심을 기울일 마음의 준비가 되어 있어야 한다는 점이다. 누구나 자기중심적이다. 에너지가 넘치지 않는 이상 타인에게 관심을 가지기란 쉽지 않다. 하지만 이 두 가지를 지킨다면 타인과의 관계에서 긍정적인 결과를 이끌어낼 수 있다. 그 결과 관계에서도 '몰입'을 경험하게 된다.

관계 부분을 읽으며 특히 유용했던 건 바로 '대화를 유익하게 나누는 비결'이었다. 좋은 대화는 즉흥적으로 이루어지는 재즈 연주와 같다. 처음에는 원래 악보대로 연주하지만 점차 서로에게 맞춰가며 임의로 변주해 나가는 것이다.

먼저 대화하는 상대방의 목표가 무엇인지를 알아야 한다. 이 순간에 상대의 관심이 어디에 가 있는가? 무엇에 빠져 있는가? 무엇을 성취했고 앞으로 무엇을 성취하려고 하는가? 이런 점들을 따져보고 따라갈 만한 가치가 있다고 판단되면 자신의 경험과 지식을 동원하여 상대방이 던지는 화제에 호응해야 한다. 대화의 주도권을 쥐겠다고 함부로 나서서는 안 된다. 같이 움직여야 한다. 바로 그 순간 몰입이 찾아온다.

진정으로 원하는 삶을 살고 싶다면

삶은 행동하고 느끼고 생각하는 것, 다시 말해서 경험이다. 이러한 경험은 시간 속에서 이루어진다. 따라서 인간에게는 시간이 가장 중요한 자산이라 할 수 있다. 이 시간을 어떻게 할당하고 투자할 것인지를 결정하는 것. 여기에서 우리의 삶은 바뀌게 된다.

시간은 모두에게 공평하다. 24시간이 주어진다. 이 시간은 크게 셋으로 나뉜다. 일하거나 공부하는 생산 활동, 가사 노동을 하거나 씻거나 출퇴근하는 유지 활동, 취미 활동을 하거나 수면이 이루어지는 여가 활동이 그것이다.

《몰입의 즐거움》은 여가 활동만을 원하고 일은 하기 싫어하는 우리에게 현실은 정반대라고 일침을 놓는다. 사실 여가는 일보다 더 즐기기가 어렵다. 마음대로 쓸 수 있는 시간이 주어진다고 하더라도 그것을 효과적으로 쓰기는 어렵기 때문이다. 따라서 시간을 쓰는 요령을 모른다면, 몰입하는 방법을 모른다면 삶의 질은 올라가지 않는다. 마냥 일을 하지 않고 노는 게 답은 아니라는 얘기다.

목표가 없고, 교감을 나눌 타인이 없을 때, 사람들은 차츰 의욕과 집중력을 잃기 시작한다. 마음이 자꾸만 흔들리고, 불안해지고, 해결할 수 없는 문제에 집착하게 된다. 따라서 잘 살고 싶다면 가장 중요한 것은 주어진 시간에 대한 '몰입'이다. 무엇을 하든 몰입할 때 우리는 진정으로 원하는 삶을 살 수 있다.

함께 읽으면 좋은 책

《존재의 심리학》 아브라함 H. 매슬로, 문예출판사, 2005 인본주의 심리학의 대가 매슬로의 책으로, 여기서 소개된 '절정 경험'이 '몰입'과 상당히 비슷하다.
《몰입》 황농문, 알에이치코리아, 2007 누적 100만 부를 돌파한 16년 연속 베스트셀러로, 몰입의 장점과 함께 몰입하는 법을 상세하게 설명한 책이다.
《달리기, 몰입의 즐거움》 미하이 칙센트미하이 외, 샘터, 2019 칙센트미하이의 최근 저서로 '달리기'를 통해 몰입하고, 더 행복한 삶을 사는 법을 이야기하는 책이다.

자기목적성이란 그 일 자체가 좋아서 할 때,
그 일을 경험하는 것 자체가 목적이 될 때를 말한다.
그저 놀이 자체가 좋아서 두는 체스는
나에게 자기 목적적 경험이다.
하지만 세계에서 순위에 오르기 위해,
돈을 따기 위해 체스를 둔다면
자기 목적성은 사라지게 된다.

행복을 느낀다고 해서
반드시 훌륭한 삶이라고 말할 수는 없다.
중요한 것은 우리의 실력을 높이고
가능성을 채워 우리를 성장시키면서
행복을 맛보는 일이다.

몰입을 경험하기 위해서는
뚜렷한 목표를 가지는 게 좋다.
목표를 달성하는 게 중요해서라기보다는
목표가 없으면 한곳으로 정신을 집중하기가 어렵고
그만큼 산만해지기 쉽기 때문이다.

05

에밀

Emile ou De l'education

#육아서

#교육서

#서울대추천도서

"최고의 행복은 권력에 있는 것이
아니라 자유에 있다.
이것이 나의 원칙이며 교육에
접목시켜야 할 핵심이다."

장 자크 루소 Jean-Jacques Rousseau

18세기 프랑스 사상가이자 소설가. 1712년 제네바 시계 수리공 집안에서 태어난 루소는 어린 시절 부모 없이 외숙부 밑에서 자랐다. 그는 제대로 된 교육을 받지 못했지만, 열여섯이 되던 해 바랑 부인을 만나 지적 성장의 기회를 갖게 된다. 이후 가정교사로 일하다가 저술가로 활동하지만, 혁신적인 책《사회계약론》,《에밀》등을 출간하며 체포 위기에 처한다. 이후 여러 곳을 떠돌며 집필 활동을 계속하다가 1788년에 생을 마쳤다.

이 책을 선정한 이유

《에밀》은 근대 교육학의 선구자이자 18세기 최고 사상가 중 한 명인 장 자크 루소의 대표작이다. '자연으로 돌아가라', '아이를 본성에 가깝게, 그리고 행복하게 키워라'라는 가치는 현대에 읽어도 여전히 큰 울림이 있다. 서울대 추천 도서 목록에 포함되어 있으며, 전 세계 수많은 대학에서 추천하는 책이다.

'에밀'을 통해 본 루소의 이중성

꼭 훌륭한 사람만 훌륭한 책을 쓴다는 법은 없지만, 나에게 루소는 가식적이고 이중적인 사상가로 느껴졌던 게 사실이다. 세기를 넘어 살아남은 교육서를 쓴 작가이지만, 대체 왜 자기 자식들은 고아원에 보내야만 했을까. 도통 이해가 되지 않았다. 사실 18세기 파리에서는 루소처럼 아이를 직접 키우지 않고 고아원에 맡기는 것이 평범한 일이었다고 한다. 하지만 아무리 그래도 그렇지, 사상과 실천이 이렇게나 엇나가다니! 그래서인지 내게 장 자크 루소의 《에밀》은 가장 읽기 힘든 책이기도 했다.

《에밀》은 근대 교육학의 기원이 되는 책으로 평가받는다. '어떻게 아이를 잘 키울 것인가'에 대해 답하는 책으로, 가정교사인 '나'가 '에밀'이라는 아이를 어린 시절부터 청년이 될 때까지 키우는 과정이 담겼다. 육아에 대한 지침이 가득하지만, 여기에 더해 인간에게 행복이란 무엇인지 그 조건과 의미를 담은 고전이기도 하다.

루소에게 배우는 세 가지 육아법

이 책에서 루소는 크게 세 가지 육아 철학을 말한다.

루소에 따르면, 첫째로 자연의 본성에 맞는 육아를 해야 한다. 그에게 최고의 행복은 '자유'에 있다. 그는 아이의 본성을 보호하고 자연에서 배워야 한다고 강조한다. 자유로운 사람은 자신이 할 수 있는 일만 하고, 하고 싶은 일만 한다. 행복은 자유와 본성에 맞는 활동을 하면서 얻어지는 것이다.

둘째로 어린 시절부터 나쁜 습관을 만들지 않아야 한다.

"감각과 판단은 지식이 쌓이면서 더 확대되고 강화된다. 이러한 성향은 습관이라는 괴물에 의해 굳어지는가 하면 편견에 의해 변질되기도 한다."

루소는 어린 시절부터 제대로 교육받고 좋은 습관을 쌓아야 한다고 말한다. 영혼이 세상의 편견에 물들어 나쁜 습관을 형성하기 전에 본래의 모습을 유지할 수 있도록 부모가 도와줘야 한다는 것이다. '세 살 버릇 여든 간다'라는 말이 있듯 좋은 습관은 좋은 삶을 만드는 기본 원리다.

셋째로 아이를 온실 속 화초처럼 키우면 안 된다.

"이렇게 키우면 그 아이는 환경이 바뀌는 순간 곧 파멸에 이르고 말 것이다. 그런 식의 교육은 고통을 극복하기보다는 고통을 느끼도록 가르치는 셈이다."

루소는 고통을 피하면 안 된다며 고통에 대한 학습은 절대적으로 필요하다고 말한다. 아이들은 고통을 알아야 하고 위험이 무엇인지 겪어봐야 하며, 그런 경험이 아이를 강하게 한다는 것이다. 온실 속 화초처럼 키우는 건 아이를 더 나약하게 할 뿐이다.

'에밀'에 담긴 루소의 행복론

《에밀》은 교육서이기도 하지만, 루소의 '행복론'을 담은 철학서이기도 하다. 왜냐하면 루소의 교육 목표가 바로 '행복한 아이로 키우는 것'에 있기 때문이다.

> "세상에는 절대적으로 행복하다든지 절대적으로 불행하다는 건 없다. 우리는 그것을 알지 못한다. 행복한 사람? 고통을 가장 적게 겪는 사람이다."

먼저 루소는 행복이란 기쁨으로 측정되는 게 아니라고 말한다. 인생에는 기쁨보다 고통이 항상 더 많이 존재하기 때문이다. 이것은 인간의 운명이기도 하다. 따라서 사는 동안 행복하기 위해서는 고통을 가장 적게 겪어야 한다. 그는 바로 어린 시절의 교육과 습관으로 고통에 단련되면 고통을 적게 겪을 수 있다고 말한다.

> "진정한 행복은 능력을 넘어서는 욕망을 줄이고 힘과 의지를 평행 상태로 유지하는 데 있다. 자신의 존재를 자신 안으로 제한하라."

또한 루소는 행복하기 위해 능력을 무한대로 키우는 것 역시 방법이 아니라 말한다. 능력을 키우면 필연적으로 욕망 또한 커지기 때문이다. 돈이 없을 때는 100만 원만 있어도 행복할 것 같지만 막상 100만 원을 모으면 1억 원, 100억 원을 바라게 된다. 이것이 인간의 현실적인 마음이다. 그러니 진정한 행복은 능력을 넘어서는 욕망을 줄이고 자신의 본성에 만족하는 마음에 달려 있다고 볼 수 있다.

> "행복한 사람은, 이를테면 평온하다. 그는 자신의 행복을 가슴으로 껴안고 산다. 절제된 기쁨으로 자신을 관리한다. 반면 떠들썩한 즐거움이나 욕망, 호기심 뒤엔 항상 권태가 있다."

마지막으로 루소의 행복론은 불교, 또는 쇼펜하우어 행복론과 비슷하다. '행복하게 살기를 원한다면 잃는 법을 배워라', '삶을 관조함으로써 초월하는 법을 배워라', '역경 속에서도 견디는 법과 의무에 충실하는 법을 배워라'와 같은 이야기가 그렇다. 이렇게 초월하고 관조하면서 사람은 두려움이라는 함정에서 벗어나게 된다. 두려움에 사로잡히지 않는 사람은 자유롭다. 집착의 굴레에서 빠져나온 사람 또한 자유롭다. 그러한 자유 속에서 진정한 행복이 찾아온다.

칸트의 시계를 멈춰 버린 고전

내용도 내용이지만 《에밀》은 세기의 금서이기도 했을 만큼 책에 얽힌 다양한 에피소드도 많다. 가장 유명한 이야기 중 하나는 바로 '칸트의 시계를 멈추게 한 고전'이라는 것이다. 철학자 칸트는 매일 같은 시각에 산책을 한 것으로 유명하다. 동네 사람들이 칸트의 등장을 보며 매일 시각을 어림짐작했을 정도라고 한다. 그런데 그런 칸트가 딱 두 번, 산책 타이밍을 놓친 적이 있었으니 그 첫 번째는 '프랑스 대혁명' 때문이었고, 두 번째는 루소의 《에밀》을 읽는 데 몰입했기 때문이라고 한다.

위대한 철학자에게 '프랑스 혁명'만큼이나 충격적인 사건이었던 루소의 《에밀》. 사실 뒤쪽으로 가면 그 당시 유행했던 여성에 대한 편견이나 지금과는 맞지 않는 육아법이 곳곳에 보이기도 한다. 하지만 무엇보다 행복한 아이를 키우고 싶다면, 잘 사는 삶이란 무엇인지 궁금하다면 여전히 읽을 가치가 있는 고전이다.

함께 읽으면 좋은 책

《인간 불평등 기원론》 장 자크 루소, 문예출판사, 2020 루소의 또 다른 대표작으로 '인간은 과연 평등한 것일까'라는 질문에 대한 답을 담은 책이다.

《고독한 산책자의 몽상》 장 자크 루소, 문학동네, 2016 말년 루소의 내적 성찰이 담긴 책으로 《에밀》, 《인간 불평등 기원론》과는 또 다른 서정적인 매력을 보여준다.

《국가》 플라톤, 현대지성, 2023 서양철학의 바탕이 되는 책으로 고대 그리스식 교육의 목적과 방법이 담겨 있다. 오늘날의 교육이나 《에밀》 속의 교육과 비교해서 읽어보면 흥미롭다.

에밀,
네 마음에서 일어나는 욕망을 통제할 때가 왔다.
인간의 고통은 결핍에서 오는 게 아니라
집착에서 온다는 것을 너는 알고 있을 거야.

나이 들어서의 얼굴은
자신의 책임이다.

덕이 있는 사람이란 어떤 인간일까?
극기할 줄 아는 사람이지.
자신의 감정을 다스릴 줄 아는 사람이지.
그래야 인간은 자신의 이성과 양심에 따라
행동할 수 있어.

06

니코마코스 윤리학

Ethika Nikomacheia

#행복
#그리스철학
#무엇을위해사는가
#중용

*"인간에게 좋음이란 무엇인가?
그것은 인생의 궁극적 목적이어야 하며
자족적인 것이어야 한다.
그것은 다름 아니라 행복이다."*

아리스토텔레스 Aristoteles

기원전 384년 북부 그리스 마케도니아에서 태어났다. 어린 시절 부모님이 돌아가신 후 플라톤의 아카데메이아로 보내져 거기서 20년간 머문다. 이후 마케도니아 왕 필리포스 2세의 초청으로 나중에 알렉산드로스 대왕이 된 왕세자의 가정교사로 있다가 기원전 335년 다시 아테나이로 돌아와, 교육기관 리케이온을 세운 뒤 교육과 집필에 매진한다. 논리학, 형이상학, 심리학, 윤리학, 미학, 동물학, 식물학, 정치학 등 매우 다양한 분야에 관심을 두었다.

이 책을 선정한 이유

아리스토텔레스는 스승인 플라톤과 함께 2천 년 서양철학사에서 가장 중요한 철학자다. 다양한 분야에 폭넓은 관심을 가졌던 그는, 이 책 《니코마코스 윤리학》에서 '인간은 무엇을 위해 사는가'라는 질문에 대해 '행복'을 위해 산다고 이야기한다. 이 책은 2300년이 지난 지금까지 서양 윤리학을 대표하는 가장 중요한 고전으로 꼽히고 있다.

세상에서 가장 행복하지 않은 나라

'세계행복보고서'에 따르면 우리나라의 행복 지수는 OECD 국가 중 최하위권에 머문다고 한다. 실제로 주변을 둘러봐도 '난참 행복해'라고 말하는 사람은 드문 것 같다.

매일 출근을 하고, 매일 육아를 하고, 매일 반복적인 일상에서 우리는 늘 행복을 꿈꾼다. 돈을 좀 더 많이 벌었으면 좋겠다, 아이가 좀 더 똑똑했으면 좋겠다, 이렇게 행복의 조건을 나열하며 하루하루를 살아낸다. 하지만 하루의 마지막엔 늘 뭔가 빠진 것 같은 생각이 든다.

고대 그리스의 철학자 아리스토텔레스에 따르면, 행복은 자족하는 삶에서 온다고 한다. 그 자체로 삶을 바람직하게 만들며 아무것도 모자람이 없는 상태, 모든 것이 조화를 이룬 상태, 좋은 삶을 생각할 때 가장 먼저 떠오르는 상태가 바로 행복한 삶이라는 것이다. 그러니 내 삶에 뭔가 빠져 있다고 느낀다면, 당장 행복하고 싶다면 가장 먼저 만나야 할 철학자는 바로 아리스토텔레스이다.

그리스 철학자가 말하는 행복의 조건

아리스토텔레스의 저서 중 가장 많이 알려진 《니코마코스 윤리학》은 그의 아들 니코마코스가 편집한 책이다. 아버지가 쓰고 아들이 편집한 서양 최초의 윤리학 책으로, 이 책에서 아리스토텔레스는 '어떻게 살아야 하는가'라는 질문에 '행복하게 살아야 한다'고 대답한다. 아버지가 아들에게 들려주는, '좋은 삶을 살기 위한 비결'을 담은 책이라 볼 수 있다.

그렇다면 행복해지기 위해서 우리는 어떻게 해야 할까?

첫째, 행복은 연습해야 한다. 꾸준히 연습해서 습관화해야 한다는 뜻이다. 아리스토텔레스는 행복 또한 다른 기술들처럼 반복되는 행위에 의해 습득될 수 있다고 보았다.

둘째, 행복은 마음가짐이 아니라 활동임을 알아야 한다. 만약 행복이 마음가짐이라면 평생 잠만 자며 식물 같이 사는 사람이나 큰 불행을 당한 사람도 당장 행복할 수 있을 것이다. 행복은 오히려 활동이다. 그 자체로 바람직한 활동이며, 다른 것이 필요 없는 자족적인 것이다.

셋째, 행복해지기 위해서는 극단에 치우치지 말아야 한다. 이는 중용의 중요성을 강조한 것으로, 아리스토텔레스는 마땅한 때에, 마땅한 일과 관련해서, 마땅한 사람에 대해, 마땅한 목적을 위해, 마땅한 방식으로 감정을 갖는 것이 중간이자 최선이며, 바로 이런 것이 탁월한 것이라 말한다. 그는 지나침과 모자람의 중간을 택하라고 강조하는데, 이 중간은 올바른 이성에 의해 결정된다.

넷째, 삶을 관조할 수 있어야 한다. 아리스토텔레스에 따르면, 지성은 우리 안에 있는 최고 부분이기에 지성을 활용하는 관조

또한 최고의 활동이다. 또한 행복에는 쾌락이 섞여 있어야 하는데, 철학적인 지혜에 걸맞은 활동인 관조는 가장 즐거운 일이다. 그에게 철학은 순수성과 견실함에서 놀랄만한 쾌락을 내포하고 있는 것이고, 이러한 점에서 관조는 고통과 욕망을 수반하지 않는 즐거움이다. 그러니 관조적인 삶이 가장 행복한 삶이다.

다섯째, 행복은 또한 한가함을 필요로 한다. 우리가 바쁜 것은 한가로움을 얻기 위해서이며, 전쟁을 하는 것은 평화를 얻기 위해서이다. 전쟁을 위해 전쟁을 선택하는 사람은 없다.

여섯째, 각자에게 고유한 것, 각자에게 가장 좋은 것이 행복임을 알아야 한다. 사람이 살면서 자기의 삶이 아닌 타인의 삶을 선택한다면 이상한 일일 것이다. 아리스토텔레스는 '너 자신의 삶을 살라'고 이야기한다. 여기에 덧붙여 그는 인간에게는 지성에 걸맞는 삶이 가장 즐거운 삶이고, 지성이야말로 다른 어떤 것보다도 인간적이라고 말한다.

한 마리 제비가 날아왔다고 해서 봄이 온 게 아니다

"제비 한 마리가 봄을 만들어 내는 것도 아니고,
하루아침에 봄이 오는 것도 아니듯,
사람도 하루아침에 행복해지지 않는다."

노력 없이 얻어지는 건 없다. 행복은 꾸준한 반복이다. 지금 행복하지 않은 사람이 어느 날 갑자기 행복해지는 건 아니다. 행복은 삶 전체를 통해 얻어지는 것이기 때문에, 매 순간 진심을 다해 행복해지려고 노력해야 한다.

"행복은 노력을 통해서
누구나 얻을 수 있는 것이기에
모든 인간에게 공평하다."

사실 이 책에서 말하는 행복은 지나치게 이상적이다. 아리스토텔레스는 인간이 타고난 능력을 실현하면서 잘 사는 것을 행복이라고 보았는데, 실제로 자신의 고유한 능력을 발휘하며 잘 사는 건 쉽지 않은 일이다. 또한 그는 '철학하기'를 인간의 최고의 활동으로 보아 행복의 조건에서 빼놓지를 않는데, 솔직히 철학하기가 행복이라는 이야기는 바쁜 일상을 사는 현대인들에게 크게 와닿지 않는다.

그럼에도 불구하고 아리스토텔레스가 말하는 그리스식 행복은 여전히 큰 울림을 준다. 무엇보다 행복은 습관이라는 것, 어제와 오늘 내가 반복하고 있는 것이 내일의 행복을 만들어 낸다는 것이 그렇다. 그리고 내가 타고난 일을 선택하고 열심히 할 때, 남의 인생이 아닌 나 자신의 인생을 살 때 행복이 찾아온다는 이야기도 충분히 귀 기울일만하다.

또한 책에서 전반적으로 강조하는 '중용'이라는 단어도 곱씹어 볼 만하다. 예를 들면 분노와 관련된 중용인 '온유함'에 대해 당연히 화낼 일로, 당연히 화내야 할 사람들에게, 적당한 방법으로, 적당한 만큼, 적당한 때에, 적당한 기간 분노하는 것이라고 이 책은 말한다. 이런 가치들은 여전히 올바른 삶을 살기 위해 필요하다. 화를 지나치게 내는 것은 불필요하지만, 화를 아예 내지 않는 것 또한 행복한 삶을 위한 자세가 아니기 때문이다.

행복한 삶을 살고 싶다면, 더 나은 삶을 향해 나아가고 싶다면, 매일의 삶 속에서 늘 노력하고 행동해야 한다. 이것이 아리스토텔레스가 우리에게 주는 가르침이다.

함께 읽으면 좋은 책

《스스로 행복하라》 법정, 샘터, 2021 자기 몫을 찾는 행복, 치우치지 않는 행복이 담겨 있는 법정 스님의 수필집이다.

《시학》 아리스토텔레스, 현대지성, 2021 《니코마코스 윤리학》과 함께 가장 많이 읽는 아리스토텔레스의 저서로, 현대에도 통하는 끌리는 이야기를 쓰는 법이 담겨 있다.

《세상에서 가장 긴 행복 탐구 보고서》 로버트 월딩거 외, 비즈니스 북스, 2023 85년간 진행된 하버드 연구 프로젝트에 관한 책으로, 행복에 대한 과학적 통찰을 담았다.

　　"적당할 때에, 적당한 사물들과 관련하여,
　　적당한 사람들에게, 적당한 목적을 위해,
　　적당한 방법으로 그런 감정들을 느끼는 것은
　　중용이자 최선인데 이것이 미덕의 특징이다.

"배우는 사람의 혼은
즐길 것은 즐기고 싫어할 것은 싫어하도록
미리 습관을 들여야 한다.
(…) 일단 습관화되면 그런 것들이
고통스럽지 않을 것이기 때문이다.

　　"미덕도 악덕도 감정은 아니다.
　　우리는 우리의 감정 때문에
　　좋은 사람이라거나
　　나쁜 사람이라는 말을 듣는 것이 아니라,
　　우리의 미덕과 악덕 때문에
　　그런 말을 듣는 것이다.

2장.
무력감을 느낄 때 책에서 발견하는 삶의 의미

죽음의
수용소에서

Man's Search for Meaning

#무기력

#삶의의미

#심리학

#홀로코스트

#죽음에관하여

"고통이 의미가 있는가
그렇지 않은가는 인간에게,
오직 그에게게만 달려있습니다."

빅터 프랭클 Viktor Emil Frankl

오스트리아 빈 출신의 정신과 의사로, 초기에는 프로이트와 아들러 심리학을 따르다가 후에 독창적인 '로고테라피' 학파를 창시하게 된다. 제2차 세계대전 당시 유태인이라는 이유로 아우슈비츠 수용소에 수감되었으며, 이때 경험으로 대표작 《죽음의 수용소에서》를 썼다. 1985년 미국 정신과 협회는 정신과에 대한 공헌을 인정해 그에게 오스카 피스터상을 수여했다.

이 책을 선정한 이유

인생이 참 힘들다 느껴질 때, 이 책 《죽음의 수용소에서》를 읽으면 숙연해진다. 우리가 일상에서 느끼는 그 어떤 힘든 일도 아우슈비츠 수용소에 갇힌 경험보다 더 고통스럽진 않기 때문이다. 이 책은 전 세계에서 1,600만 부가 넘게 팔린 베스트셀러로, 20세기를 대표하는 사상가 빅터 프랭클의 자전적인 에세이이다.

세상에서 가장 끔찍했던 그곳, 아우슈비츠

아우슈비츠 강제 수용소. 유네스코 세계문화유산에 등재된 이 곳은 수많은 유대인이 학살된 곳으로 유명하다. 추정 사망자 수만 최소 110만 명에서 최대 400만 명. 수감자 중 90퍼센트 이상이 죽었다고 알려져 있다.

세상에서 가장 끔찍한 생지옥은 바로 아우슈비츠 수용소가 아니었을까 하는 생각을 종종 하곤 한다. 같은 인간으로서 어떻게 저럴 수가 있었을까? 혹은 반대로 같은 인간으로서 어떻게 저런 곳에서 살아남을 수 있었을까? 이런 의문을 동시에 던져 주는 곳이 바로 독일의 아우슈비츠 수용소다. 너무나 처참한 역사이기에 이를 다룬 영화와 책이 무척 많지만, 그중에서도 가장 유명한 책은 바로 빅터 프랭클의《죽음의 수용소에서》일 것이다.

시련에는 분명히 목적이 있다

이 책은 특히 삶이 나락으로 떨어져 더 이상 희망이 보이지 않을 때. 모든 노력이 헛되어 보이고 내일이 오는 게 두려울 때 읽기 좋다. 이 책에 따르면 산다는 것은 곧 시련을 감내하는 것이기 때문이다.

> "시련 없는 삶이란 존재하지 않는다. 그런 삶이란 없다. 시련에는 반드시 목적이 있고 우리 각자는 그 답을 스스로 찾아야 한다."

빅터 프랭클은 그 답, 즉 삶의 의미를 찾아낸 사람은 어떤 시련도 감당할 수 있다고 말한다. '왜 살아야 하는지 아는 사람은 그 어떤 상황도 견딜 수 있다'는 것이다. 그는 자신의 수용소 경험을 통해 삶의 비극 속에서도 낙관을 가질 수 있는 방법을 이야기하는데, 그것은 바로 의미를 찾고자 하는 의지이다. 그에 따르면 인간에게 실제로 필요한 것은 고통이나 긴장 없는 평온한 마음 상태가 아니다. 때로 긴장되고 힘들더라도 이를 피하기보다 가치 있는 목표를 위해 노력하고 투쟁하는 것이다. '삶의 의미'를 추구하는 것이다.

수용소에서 살아남은 사람들의 3단계 심리 변화

《죽음의 수용소에서》에서 가장 인상 깊었던 부분은 아우슈비츠 수용소에서의 수용자들의 심리 변화였다. 빅터 프랭클은 그곳 생활을 정신과 의사답게 심리적 관점에서 살펴본다. 그는 이곳에서 수용자들이 3단계 심리적 반응을 거친다고 말한다.

1) 1단계 : 수용소에 들어온 직후
2) 2단계 : 수용소의 일상에 적응했을 무렵
3) 3단계 : 석방되어 자유를 얻은 후

첫 번째 단계의 심리적 특징은 '충격'이다. 수용소에 도착한 사람 중 95퍼센트는 바로 사망한다고 한다. 바로 가스실로 보내지기 때문이다. 살아남은 사람은 모든 것을 빼앗긴다. 지금까지 살아 온 인생의 전부를 박탈당하는데, 몸에 난 털마저 모조리 다 깎이고 벌거벗겨진 채 샤워를 해야 한다. 그러면서 그들은 엄청난 충격에 휩싸인다. 이때 수용자들에게 가장 먼저 떠오르는 생각은 '어떤 방법으로 자살하는 게 가장 좋은가' 하는 물음이라고 한다. 이 위기에서 내가 살아날 수 있을까, 탈출할 수 있을까 생각하며 그들은 끔찍한 절망 속에 빠진다고 한다.

이제 이들의 심리는 두 번째 단계로 접어든다. 바로 '무감정'의 단계다. 이들은 며칠 만에 급속도로 무감각해진다. 감정이 사라지고, 모든 생각과 에너지는 오로지 하루를 살아남는 데에만 쓰인다. 이 단계에서 살아남은 자들은 미래에 희망을 품지 않게 된다. 오히려 곧 전쟁이 끝날 것이라는 기대를 가진 사람들이 결국 실망하고 시름시름 앓다 죽는다고 한다.

마지막 단계는 수용소에서 '해방'된 직후에 온다. 수감자들은 자유를 얻지만 이들이 진짜 기뻐할 수 있기까지는 꽤 많은 시간이 걸린다고 한다. 왜냐하면 그동안 수용소 안에서 너무나 무감각해졌기 때문이다. 그들은 살아있으면서도 죽은 자였다. 삶도 죽음도 아무런 가치가 없었다. 그렇기에 수감자들은 기뻐하는 것을 처음부터 다시 배워나가야 했고, 이를 어려워했다고 한다. 심지어 해방되었음에도 자살하는 사람도 많았다고 한다.

삶의 의미를 찾는 세 가지 방법

이러한 심리 관찰을 토대로 빅터 프랭클은 정신 분석 요법 '로고 테라피'를 창시한다. 로고테라피의 '로고'는 '의미'를 뜻하는 그리스어 로고스(Logos)에서 온 말이다. 이 이론은 인간 존재의 의미는 물론, 그 의미를 찾아나가는 인간의 의지에 초점을 맞춘 것으로, 한마디로 '의미를 찾고자 하는 의지'를 뜻한다.

로고테라피에 따르면 우리는 삶의 의미를 세 가지 방식으로 찾을 수 있다.

1) 무엇인가를 창조하거나 어떤 일을 함으로써
2) 어떤 일을 경험하거나 어떤 사람을 만남으로써
3) 피할 수 없는 시련에 어떤 태도를 취하기로 결정함으로써

이에 따르면 삶의 의미는 무엇을 창조하는 일을 통해서, 또는 어떤 사람을 사랑하면서도 찾을 수 있다. 하지만 이 중에서도 삶의 의미로 들어가는 가장 중요한 길은 세 번째 길이다. 어떤 것을 창조하거나 어떤 사람을 만나는 것은 사실 외부 조건에 많이 좌우된다. 하지만 어떤 상황에 대해, 시련에 대해 어떤 태도를 취하겠다고 결정하는 것은 온전히 나에게 달린 일이다. 어떠한 시련과 불행이 닥쳐도 내가 좌절하지 않는 태도를 선택한다면 그 길로 들어설 수 있는 것이다.

저자 빅터 프랭클은 아무리 절망스러운 시련 속에서도 우리는 삶의 의미를 찾을 수 있다고 강조한다. 그리고 이를 잊어서는 안 된다고 말한다.

인간은 시련이 가져다주는 상황을 변화시킬 수는 없지만 시련에 대한 자신의 태도를 선택할 수는 있다. 삶의 태도는 나의 것이기 때문이다. 바로 온전한 나의 자유이기 때문이다.

고통에 대한 책임과 대답, 삶에 '예'라고 답하는 법

아우슈비츠에서 살아남은 수감자들은 종종 "그럼에도 우리는 삶에 '예'라고 말하려 하네"라는 노래를 불렀다고 한다. 이루 말할 수 없이 어려운 조건에서도 그렇게 노래를 부른 것이다. 빅터 프랭클은 이렇게 하는 인간은 강하고 용기 있고 삶을 책임질 줄 안다고 한다. 이런 삶의 태도 때문에 그들은 고난과 질병, 심지어 강제 수용소라는 운명에 '예'라고 답하고 이겨낼 수 있었던 것이다. 《죽음의 수용소에서》는 다음과 같이 말한다.

> "우리는 '내가 삶으로부터 무엇을 기대할 수 있는가'하고 물어서는 안 된다. '삶이 나에게 기대하는 것은 무엇인가'를 물어야 한다."

지금 삶이 힘들다면, 삶이 던지는 질문을 받는 자신을 매일 매시간 상상해 보자. 그리고 그 대답에 맞추어 행동해 보자. 우리는 행동하고 책임을 져야 한다. 삶이 우리에게 어떤 기대를 품고 있기 때문이다. 삶이 우리에게 시련과 무기력이라는 질문을 던진다면, 우리는 그것 또한 인생 과제로 받아들여야만 한다.

결국 고통이 의미가 있는가 그렇지 않은가는 인간에게, 오직 그에게만 달려 있다. 우리는 운명을 선택할 수는 없다. 단지 대답만 할 수 있을 뿐이다. '예'라고 할 것인가, '아니오'라고 할 것인가. 책임을 질 것인가, 회피해 버릴 것인가.

이렇게 삶에서 도망치고 싶은 날, 무기력한 마음이 가득한 날 빅터 프랭클의 책들은 용기를 불어넣어 줄 것이다. 삶에 '예'라고 답할 수 있게 도와줄 것이다.

함께 읽으면 좋은 책

《빅터 프랭클》빅터 프랭클, 특별한 서재, 2021 빅터 프랭클이 노년에 쓴 자서전으로, 그의 어린 시절부터 노년에 이르기까지 다양한 인생 이야기가 사진과 함께 담겨있다.
《이것이 인간인가》프리모 레비, 돌베개, 2007 아우슈비츠에 수용된 이탈리아 출신 화학자 겸 작가 프리모 레비의 책으로《죽음의 수용소에서》보다 인간의 잔혹함을 증언하는데 좀 더 초점을 둔 책이다.
《마음 감옥에서 탈출했습니다》에디트 에바 에거, 위즈덤하우스, 2021 열여섯 살의 나이에 아우슈비츠에 끌려가 살아남은 뒤, 미국으로 건너가 심리학자가 된 한 여성의 여정을 담은 책이다.

인생을 두 번째로 살고 있는 것처럼 살아라.
그리고 지금 당신이 막 하려고 하는 행동이
첫 번째 인생에서 이미 그릇되게 했던
바로 그 행동이라고 생각하라.

인간에게 모든 것을 빼앗아갈 수 있어도
단 한 가지,
마지막 남은 인간의 자유,
주어진 환경에서 자신의 태도를 결정하고,
자기 자신의 길을 선택할 수 있는 자유만은
빼앗아갈 수 없다.

아무리 절망스러운 상황에서도,
도저히 피할 수 없는 운명과 마주쳤을 때에도
삶의 의미를 찾을 수 있다는 사실을
잊어서는 안 된다.

08

두 번째 산

The Second Mountain
: The Quest for a Moral Life

#중년의위기

#관계주의

#개인주의

#바람직한삶

"삶은 '혼자'가 아닌
'함께'의 이야기다."

데이비드 브룩스 David Brooks

미국의 저널리스트로, 사회문화에 대한 예리한 분석과 해학이 녹아 있는 문체로 유명하다. 시카고 대 역사학과 졸업 후 월스트리트 저널에서 근무했으며, '위클리 스탠더드' 편집장이자 '뉴스위크' 객원 편집위원이다. 저서로 《보보스》, 《인간의 품격》, 《소셜 애니멀》 등이 있다. 그는 책 속에서 줄 곧 따뜻한 시선으로 우리가 사회 안에서 어떻게 결함을 딛고 성취할 수 있는지를 모색한다.

이 책을 선정한 이유

《두 번째 산》은 출간되는 책마다 화제가 되는 작가 데이비드 브룩스의 최신작이다. "나는 브룩스 를 읽고 삶의 균형을 찾았다"라는 빌 게이츠의 말처럼, 특히 삶의 깊은 골짜기를 지나고 있는 이들 에게 도움이 되는 책이다. 서평 전문 매체 〈커커스〉는 "커리어의 씁쓸함과 실존적 무게로 힘겨워 하는 이들에게 용기를 북돋워 주는 사려 깊은 책"이라고 평했다.

왜 성공해도 행복해지지 않을까?

오늘도 많은 이들이 자기계발에 몰두한다. 대단한 스펙, 멋진 휴가, 넓은 인맥을 위해. 사회가 말하는 현실적인 행복을 위해 모두 한 방향을 보고 달린다. 이렇게 열심히 살아왔으면 이제는 좀 행복해져도 좋을 텐데, 하루하루 성공을 향해 가면서도 어찌된 건지 도통 행복해지지 않는다. 오히려 불행한 것 같다. 숨이 턱턱 막히기도 한다. 멈춰 서서 걸어온 길을 돌아보며 묻고 싶어진다. "이게 내가 바라던 전부인가?"

이렇게 달리다가 잠시 멈춰 선 순간, 그리고 고통스러운 현실을 마주한 순간. 어떤 사람들은 "아!"하고 깨달음을 얻는다. 첫 번째 산이 알고 보니 내 산이 아니었구나. 돈과 권력, 명성이 전부가 아니었구나. 이 산보다 더 큰 또 다른 산이 저기 있구나. 저 산이 바로 내 산이구나!

책《두 번째 산》에 등장하는 두 번째 산은 첫 번째 산의 반대가 아니다. 첫 번째 산을 내팽개치라는 뜻도 아니다. 두 번째 산은 첫 번째 산에 이어지는 또 하나의 여정이다. 여기서 말하는 두 번째 산이란 구체적으로 무얼 의미하는지 한번 살펴보자.

첫 번째 산 vs 두 번째 산

첫 번째 산이 개인주의적 삶이라면, 두 번째 산은 관계주의적 삶이다. 첫 번째 산이 자아를 세우고 규정하는 것이라면, 두 번째 산은 자아를 버리고 내려놓는 것이다. 첫 번째 산이 무언가를 획득하는 것이라면, 두 번째 산은 무언가를 남에게 주는 것을 의미한다. 첫 번째 산이 정복하는 것이라면, 두 번째 산은 산이 오히려 나를 정복하는 것이다. 이는 어떤 소명에 굴복하고 이를 따르게 되는 것을 의미한다.

첫 번째 산을 오르는 우리들은 고립된 느낌을 받는다. 자기 인생에서 무언가 중요한 것이 사라진 것 같다. 하지만 그게 무엇인지조차 알지 못하는 답답함을 느낀다. 답답한 마음에 속도를 낸다고 효율성을 따진다. 그러면서 불안정한 과잉 성취자가 된다. 하지만 아무리 많은 성취를 이루어도 자기가 갈망하는 사랑을 얻지 못한다.

두 번째 산을 오르는 사람들은 이와는 다르다. 그들에게 인생은 외로운 여정이 아니다. 함께 집을 짓는 것이고, 애착을 주고받는 과정이며, 또한 후손에게 선물을 물려주는 세대 간의 위대한 사슬이다. 이들에게는 '우리'가 '나'보다 선행한다.

좋은 인생이란 무엇인가

《두 번째 산》은 좋은 인생이란 자기 자신에서부터 타인을 향한 봉사로 나아가는 것이라 말한다. 그 과정에서 중요한 것은 헌신, 그리고 소명의 발견이다.

두 번째 산을 오르는 사람들은 헌신하는 삶을 산다. 이들은 다른 사람에게 최대치로 헌신하며, 또 이 삶에 강렬하게 몰입해서 살아간다. 이들은 직업, 배우자와 가족, 철학과 신앙, 공동체라는 네 가지 가운데 하나 또는 전부를 위해 단호하게 헌신의 결단을 내린다.

헌신이란 대가를 기대하지 않은 채로 무언가에 매진하는 것이다. 깊은 사랑이다. 흔한 예로 아이를 양육하는 부모를 들 수 있다. 육아는 힘들다. 하지만 힘들어서 육아를 당장 때려치우고 싶다고 말하는 부모가 몇 명이나 되겠는가? 풍성한 인생, 충만한 삶은 헌신과 의무로 정의된다. 잘 사는 인생은 자유로운 선택에서 달콤한 강제로 넘어가는 여정이다.

그렇다면 소명이란 무엇일까? 소명은 직업 찾기와는 전혀 다르다. 우리가 직업을 선택할 때, 보통 자신이 가진 여러 재능을 하나하나 조사해서 파악한다. 나는 무엇을 잘할까? 어떤 재능이 시장에서 비싸게 먹힐까? 이런 고민을 한다. 그런 다음 좋은 교육을 받는 것으로 자신을 개발하는 데 투자한다. 그리고 성공이라는 정상을 향해 올라가는 경로를 전략적으로 찾고, 그 경로를 따른다. 그 결과 세속적인 성공을 거둔다.

소명은 이와 다르다. 돈을 많이 받는다거나 생활이 편해진다는 이유로 어떤 일을 하지 않는다. 소명이라는 관점을 가질 때 사람은 자신의 타고난 본성에 깊게 사로잡힌다. 그리고 내면에서 자신을 부르는 소리를 듣는다.

심리학자 빅터 프랭클은 "소명이란 우리가 인생에서 기대하는 것이 아니라 인생이 우리에게서 기대하는 것"이라고 말한 바 있다. 이러한 소명은 흔히 사랑이라는 형태로 찾아온다. 자기의 배우자, 아이, 이웃, 그리고 신과 사랑에 빠지는 것이다. 소명의 부름을 받을 때, 사람들은 자기 자신의 온전한 깊이, 인생의 전모를 알게 된다. 진정한 자신만의 삶을 살게 된다.

중년에게 꼭 필요한 두 번째 산

《두 번째 산》은 특히 삶의 위기를 겪는 중년에게 좋은 책이다. 많은 이들이 첫 번째 산을 오르다 실패와 좌절을 겪는다. 문득 첫 번째 산이 내 삶의 전부가 아니라는 생각이 든다. 혹은 예상치 못한 일을 만나 예기치 않게 옆길로 빠지기도 한다. 부모의 죽음이나 암 투병, 혹은 퇴사처럼 인생을 바꾸어 놓는 비극이 찾아오기도 한다. 보통 이런 드라마 같은 일은 젊을 때보다는 중년이라는 시기에 펼쳐진다.

이렇게 첫 번째 산에서 굴러떨어진 사람들은 고통의 시기를 경험한다. 자신이 생각하던 모습이 사실은 진정한 자신이 아니었음을 깨닫는다. 이들은 고통을 통해 자신의 내면을 깊이 탐구한다. 그리고 결심한다. 첫 번째 산은 더 이상 오르지 않겠다고. 두 번째 산을 오르겠다고 말이다.

두 번째 산을 오르는 이는 인간관계를 일구고, 주변 사람들에 헌신하며, 인간의 존엄성을 높이는 일을 우선시한다. 무언가를 나눠주기, 함께 이야기 나누기, 춤추고 노래하기, 함께 저녁 먹기, 날마다 기도하기 등 서로를 위로하거나 공동의 이익을 위해 함께 노력한다.

물론 평생 첫 번째 산에서 잘 살아가는 사람도 있다. 사실 많다. 이들은 두 번째 산이 있다는 걸 깨닫지 못한 채, 평생 실용적이고 개인적인 삶을 살아간다. 이러한 삶이 옳지 않다는 건 아니다. 하지만 불충분하다. 우리 삶은 데이터로 환산할 수 있는 것이 아니다. 또한 혼자서 고립된 채 살아갈 수 있는 것도 아니다. 우리는 각각 한 개인이지만 서로 연결되어 있다. 자아보다 더 크고 높은 삶의 차원이 존재하는 것을 안다.

"나는 이 책을 읽고 삶의 균형을 찾았다"는 빌 게이츠 말은《두 번째 산》의 장점을 잘 표현해 준다. 조화로운 삶을 위해, 불안한 중년에게 이 책을 추천한다.

함께 읽으면 좋은 책

《영웅의 여정》조지프 캠벨, 갈라파고스, 2020 신화학자 조지프 캠벨이 말하는 삶의 여정에 관한 책. 이 삶은 '태어남-부름-모험-역경-귀환'으로 구성된다.
《나는 이제 나와 이별하기로 했다》제임스 홀리스, 빈티지하우스, 2020 미국 최고 융 심리학 전문가가 말하는 '진정한 나'로 성장하기 위해 던져야 할 21가지 질문을 담고 있다.
《인간의 품격》데이비드 브룩스, 부키, 2015 삶은 성공이 아닌 성장의 이야기다! 데이비드 브룩스의 또 다른 역작으로 외적 성공이 아닌 내적 성숙을 주장하는 책이다.

인생에서는 나쁜 일들이 많이 일어난다.
그러나 때로 고통이 변화와 구원이라는
더 큰 서사에 연결될 수 있을 때
우리는 고통을 통해 지혜로 나아가는 길을 갈 수 있다.

행복은 기본적으로 전심전력을 다해서
아무런 미련이나 후회도 없이
오로지 한곳만을 향해서 가고 있는 상태이다.
우리가 이것을 실천하는 방법은
어떤 대상에 온전히 몰두해 헌신하는 것이다.

결혼 생활을 별문제 없이 잘해 나갈 수 있는 유일한 방법은
각자 더 나은 사람으로 개선되는 것이다.
참을성을 더 기르고, 더 현명해지고, 더 따뜻한 마음을 가지고,
더 많이 듣고, 또 많이 말하고, 또 더 겸손해지는 것이다.

09

프리드리히 니체 | 민음사

차라투스트라는 이렇게 말했다

Also sprach Zarathustra

#서양철학

#불멸의고전

#아포리즘

"인간은 짐승과 초인 사이에
놓인 밧줄이다.
심연 위에 걸쳐진 밧줄이다."

프리드리히 니체 Friedrich Nietzsche

19세기 독일의 철학자이자 음악가, 문학가이다. 1844년 독일의 목사 집안에서 태어났으며, 어린 시절부터 총명함을 보여 20대 중반 스위스 바젤 대학교 고전문헌학 교수로 임용된다. 하지만 건강이 급격하게 악화되면서 35세에 교수직을 그만두었다. 이후 10년간 호텔을 전전하며 다양한 철학 책을 집필했다. 1889년 초부터 정신 이상 증세에 시달리다가 1900년 바이마르에서 생을 마감했다.

이 책을 선정한 이유

원제는 《차라투스트라는 이렇게 말했다: 만인을 위한, 그러나 어느 누구를 위한 것도 아닌 책》이다. 니체는 이 책을 두고 "인류에게 이제까지 주어진 그 어떤 선물보다 더 크다"라고 말했을 정도로 자부심이 컸다고 한다. 서양철학은 확실히 니체 이전과 이후로 나뉜다. 그는 '망치를 든 철학자'라고 불리며, 서양 전통 철학을 깨고 새로운 가치를 세운 철학자로도 유명하다. 이 책은 니체의 대표작으로, 괴테의 《파우스트》만큼이나 많이 읽히며 다양한 해석이 공존하는 책이기도 하다.

한국에서 가장 인기 많은 철학자, 니체

인터넷 서점에서 '니체'를 검색하니 국내 도서로 무려 580여 권이 검색된다. 한국에서 가장 인기 있는 철학자는 단연 이 사람, 니체이지 싶다. 니체는 왜 그렇게 한국에서 인기가 많을까. 다양한 이유가 있겠지만 무엇보다 그의 책은 여느 철학 책보다 이해하기 쉬운 편이다. 니체는 짧은 글을 많이 썼다. 논리적이고 이성적이라기보다는 감성적이고 비유와 상징이 많다. 그래서 읽다 보면 문학적으로 읽히기도 한다. 그래서 철학을 처음 접하는 사람들이 읽기 편한 구석이 있다.

또 다른 이유로는 니체의 글이 자기계발서와 비슷한 느낌을 준다는 점이다. 니체는 형이상학적인 이야기보다는 현실 삶에 관한 이야기를 주로 썼다. 삶을 사랑하고 자신의 운명을 긍정하며 현실에 충실하라는 가르침을 남겼다. 이런 요소가 현대의 자기계발서, 특히 긍정 심리학 내용과 유사한 부분이 많아 철학을 좋아하지 않는 사람들에게도 인기가 있는 것 같다. 이런 점에서 니체는 확실히 대중적이다.

활활 타오르는 불과 같은 철학자

니체를 한마디로 말하자면 삶에 대한 열정이 가득한 철학자라고 할 수 있다. 하지만 사실 그의 삶은 행복했다기보다는 처절한 고통과 상처로 가득했다. 첫사랑에 실패했으며, 시력이 나빠져 글을 읽지 못할 정도였고, 일찍 생을 마감한 아버지처럼 단명하지는 않을까 늘 걱정 속에 살았다. 무엇보다 그의 철학은 생전에 전혀 인정받지 못했다.

이런 좌절과 고통을 이겨내고, 마치 붉은 피를 뚝뚝 흘리듯 자신의 열정을 바쳐 글을 써 내려간 작가가 바로 철학자 니체다. 그래서 지금 삶이 힘들다면, 그 누구의 말도 위로가 되지 않는다면, 운명을 거부하기보다는 온전히 사랑하고 싶다면 니체의 책이 울림을 줄 것이다.

"인간의 위대함은 그가 다리일 뿐 목적이 아니라는 데 있다. 인간이 사랑스러울 수 있는 것은 그가 건너가는 존재이며 몰락하는 존재라는 데 있다. … 나는 사랑한다. 상처를 입어도 그 영혼의 깊이를 잃지 않으며 작은 체험만으로도 멸망할 수 있는 자를. 나는 사랑한다. 자유로운 정신과 자유로운 심장을 가진 자를."

낙타가 사자가 되고 아이가 되는 이야기

《차라투스트라는 이렇게 말했다》는 차라투스트라가 홀로 10년간 수행하다 깨달음을 얻고 산에서 내려와 사람들에게 지혜를 나누어주는 이야기다. 그는 우매한 대중들에게 계속 말한다. 신이 죽었다는 것에 대해서, 초인에 대해서, 정신의 세 가지 변화에 대해서, 그리고 영원회귀에 대해서. 이 중 가장 중요한 핵심인 '정신의 세 가지 변화'를 한 번 살펴보자.

"나는 그대들에게 정신의 세 가지 변화에 대해 말하고자 한다. 어떻게 정신이 낙타가 되고, 낙타는 사자가 되며, 사자는 마침내 아이가 되는가를."

차라투스트라에 따르면 인간의 정신은 세 가지 변화를 거치며 위대해진다. 1단계는 바로 '낙타의 정신'이다. 낙타는 무릎을 꿇고 짐을 가득 싣고 사막을 건너며 살아가는 동물이다. 이와 비슷하게 낙타의 정신을 닮은 사람은 "나는 해야만 한다"고 외치며, 인내하고 순종한다. "학생은 공부를 열심히 해야지"와 같은 사회의 가치와 도덕 규범을 무조건 복종하며 성실히 따른다. 이러한 낙타의 삶엔 자유가 없고 삶의 의미 또한 없다.

이런 낙타의 정신에 2단계 변화가 일어나는데, 바로 '사자의 정신'이다. 사자는 이제 주인이 되기를 원한다. '나는 원한다'고 당당히 외치며 자유를 쟁취하는 단계로 지금까지 짊어지고 있었던 낙타의 짐을 내던진다. 사자 단계에 이르러 인간의 정신에 의지가 생긴다. 자유를 욕망하게 된다.

하지만 이것만으로는 부족하다. 니체는 '사자의 정신은 기존의 가치를 파괴하지만 새로운 가치를 창조하지는 못한다'라고 썼다. 그의 삶을 무겁게 누르는 가치와 의미는 파괴되지만, 그

안은 다른 무언가로 채워지지 못한 채 공백의 상태로 남게 되기 때문이다. 아직 사자의 정신은 더 나아가야 한다. 그렇지 못한다면 삶의 허무만 느낄 뿐이다.

마지막 3단계는 바로 '아이의 정신'이다. 아이는 새로운 놀이와 체험을 통해 삶을 긍정적으로 살아간다. 왜 놀아야 하는지, 혹은 놀기만 하면 가난해지는 건 아닌지 걱정하지 않는다. 아이는 단지 놀이에 푹 빠져 몰입할 뿐이다. 그를 둘러싼 온 세계와 놀이로 하나가 될 뿐이다. 이렇게 아이의 정신 단계에서는 즐거운 놀이를 하듯 삶 속에 적극적으로 뛰어든다. 왜 살아야 하는지 궁금해하지 않는다. 혹은 내 삶이 아닌 다른 누군가의 삶을 욕망하지도 않는다. 그러면서도 매일 놀이를 통해 새로운 삶을 창조해 나간다.

이렇듯 니체는 '아이의 정신'이야말로 가장 바람직한 삶의 모습이라고 보았다. 그리고 이렇게 살아가는 사람은 결국 자신의 삶을 긍정하게 된다고 말했다.

이 삶을 영원토록 반복해서 살라

니체는 《차라투스트라는 이렇게 말했다》를 실스 마리아에서 썼다. 이곳은 스위스에 위치한 작은 마을이다. 니체는 이곳에 대해 "실스 마리아, 해발 6천 피트, 그리고 모든 인간사로부터 훨씬 높이 떨어진 곳에서!"라고 썼다. 여기서 그는 높은 산들을 산책하며 그의 중요 사상 중 하나인 '영원회귀'를 구상하게 된다.

니체의 '영원회귀'란 말 그대로 한 삶을 영원토록 반복해서 다시 사는 것을 말한다. 당신은 지금 이 삶을 다시 살기를 희망할 정도로 긍정할 수 있는가? 오늘의 하루를 내일 똑같이 반복해서 살아낼 수 있는가? 진정으로 나의 삶을 원하고 사랑할 수 있는가? 니체의 영원회귀 사상은 이렇게 삶을 처절하게 긍정하라고 가르친다.

> "보라. 만물은 영원히 회귀하고 우리 자신도 만물과 함께 영원히 회귀한다는 것, 그리고 우리는 영원한 시간에 걸쳐 존재해 왔고 만물도 우리와 함께 영원한 시간에 걸쳐 존재해 왔다는 것을 알고 있다. … 나는 만물의 영원회귀를 다시 가르치기 위해, 가장 위대한 것에게서도 가장 왜소한 것에게서도 한결같은 이 삶으로, 똑같은 이 삶으로 영원히 되돌아온다."

때때로 삶이 마음대로 흘러가지 않을 때가 있다. 좌절감을 느끼고, 도망가고 싶고, 남들처럼 살고 싶다는 욕망으로 부풀어 오를 때가 있다. 그럴 때는 니체를 읽어보는 건 어떨까. 온전히 나 자신답게 살아간다는 것이 무엇인지 보여주는 그의 책을 읽다 보면 삶에 대한 용기와 자신감이 생길 것이다. 이 삶을 반복해서 살고 싶다고 욕망하게 될 것이다.

함께 읽으면 좋은 책

《니체의 삶》수 프리도, 비잉, 2020 2018년 타임스 선정 올해의 전기 도서이자 2019년 영국의 호손덴상 수상작으로 니체에 관한 색다른 평전이다. 오해 많은 니체의 삶을 제대로 이해하기 좋은 책이다.

《니체는 이렇게 말했다》백승영, 세창출판사, 2022 은유와 상징이 많아 해석하기 어려운《차라투스트라는 이렇게 말했다》를 온전히 이해하고 싶다면 풍부하고 세심한 해설이 돋보이는 이 책을 추천한다.

《마흔에 읽는 니체》장재형, 유노북스, 2022 니체 철학을 접하기 쉬운 입문서로, 특히 인생의 변곡점에 선 '마흔'에 꼭 필요한 니체의 말 25가지를 선별해 담고 있다.

창조라는 유희를 위해서는,
형제들이여,
성스러운 긍정이 필요하다.
이제 정신은 자신의 의지를 원하고
세계를 상실한 자는
이제 자신의 세계를 되찾는다.

삶 자체가
내게 비밀을 말해 주었다.
보라.
나는 언제나
자기 자신을 극복해야 하는
그 무엇이다.

높이 오르고자 한다면
그대들 자신의 다리를 사용하라!
그대들은 위쪽으로 실려 가는 일이 없도록 하라.
다른 사람의 등이나 머리에
올라타지도 마라!

10

아직도 가야 할 길
The Road Less Travelled

#아마존장기베스트

#영적성장

#인생지침서

#심리치료

"삶은 고통이다.
하지만 이러한 평범한 진리를
이해하고 받아들일 때
삶은 더 이상 고통이 아니다."

M. 스캇 펙 Morgan Scott Peck

정신과 의사이자 사상가, 신학자이다. 하버드 대학과 컬럼비아 대학에서 의학을 전공한 뒤 미 육군에서 일했다. 이때의 경험은 후에 개인과 조직에서의 인간 행험을 연구하는 데 귀중한 자료이자 책의 소재가 되었다. 1978년 마흔두 살에 쓴 첫 책 《아직도 가야 할 길》이 〈뉴욕타임스〉 최장기 베스트셀러 목록을 차지할 정도로 인기를 끌었다. 2005년 69세의 나이로 세상을 떠나기 전까지 다양한 집필과 강연 활동을 이어갔다. 저서로 《거짓의 사람들》, 《그리고 저 너머에》 등이 있다.

이 책을 선정한 이유

전 세계 23개국에 번역되었으며 13년간 〈뉴욕타임스〉 최장기 베스트셀러가 된 이 책은 한국에서도 꾸준히 인기 있는 스테디셀러다. 인생을 어떻게 살아야 좋을 것인지 고민하는 사람에게, 특히 영적 성장 면에서 깊은 지혜를 들려준다. 책 내용이 어렵지 않고 정신과 의사로서 본인이 경험한 환자 이야기가 많아, 특히 심리적 문제를 겪는 사람이라면 더 도움이 될 것이다.

영혼의 성숙을 위한 필독서

대학 시절 교회를 열심히 다니던 친구가 있었다. 그 친구는 무척 밝은 미소를 가지고 있었고, 나는 그 친구의 그런 미소와 맑은 마음이 부러웠다. 그런 친구가 이 책《아직도 가야 할 길》을 자신의 인생 책이라고 말하곤 했다. 자주 곁에 두고 꺼내어 읽는다고 했다. 그래서인지 이 책은 나에게 기독교의 영성과 신앙에 관한 책으로 깊이 각인되었다.

시간이 흘러 15년쯤 지난 뒤, 이 책을 다시 읽게 되었다. 생각했던 것보다 종교에 관한 이야기는 많지 않았다. 오히려 삶을 살아가는 데 있어 필요한 태도에 관한 이야기가 눈길을 끌었다. 그리고 신경증, 불안, 우울, 예민함으로 삶에 지쳐있는 사람들에 관한 이야기도 많았다. 아마도 저자 모건 스캇 펙이 정신과 의사였기 때문에 환자들을 만난 경험이 녹아들어 자세히 담겼을 것이다. 그래서인지 책을 읽으면서 심리학 책이나 자기계발서를 읽는 느낌도 들었다.

이 책은 한마디로 말하자면 영혼의 성숙에 관한 책이다. 여기에 더해 스캇 펙은 영혼의 성숙을 위해서 반드시 뛰어넘어야 할 장애물이 하나 있다며, 그것은 바로 '게으름'이라고 말한다. 그는 사람이 게으름을 극복할 수 없다면 다른 어떤 장애물도 뛰어넘을 수 없다고 말한다. 그리하여 이 책은 또한 게으름에 관한 책이기도 하다.

삶의 고통을 성장의 기회로 바꾸는 법

《아직도 가야 할 길》은 크게 네 부분으로 이루어져 있다. 훈련, 사랑, 종교, 은총.

첫 번째 '훈련'에서는 저자 모건 스캇 펙의 환자들 이야기가 종종 등장한다. 그는 정신과 의사를 찾아오는 환자들은 대개 노이로제(신경증) 아니면 성격 장애로 고생하는 사람들이라 말한다. 그리고 이 두 경우는 공통점이 있는데, 바로 삶에 대한 책임 앞에서 자기 탓을 하거나 세상 탓을 한다는 점이다.

> "신경증인 사람들은 너무 책임을 지려고 하고, 성격 장애 사람들은 응당 져야 할 책임을 지지 않으려고 한다. 신경증인 사람들은 갈등이 생겼을 때 자신에게 잘못이 있다고 생각한다. 그러나 성격 장애 사람들은 세상이 잘못됐다고 단정 지어 버린다."

저자에 따르면 이렇게 삶이 힘든 사람들에게는 일종의 '훈련'이 필요하다. 여기서 훈련이란 문제 해결의 괴로움을 회피하지 않고 정면으로 맞서는 것이다. 영혼의 성장은 고통 없이는 달성할 수 없다. 따라서 지금 심리적으로 문제가 있다면, 가장 먼저 필요한 것은 '삶이 고통스럽다'는 사실을 받아들이는 것이다.

> "삶은 고통이다. 하지만 이러한 평범한 진리를 이해하고 받아들일

때 삶은 더 이상 고통이 아니다. 다시 말해 삶이 고통스럽다는 것을 알게 되고, 그래서 이를 이해하고 수용하면 삶은 더 이상 고통스럽지 않다. 왜냐하면 비로소 삶의 문제에 대해 그 해답을 스스로 내릴 수 있게 되기 때문이다."

'삶은 고통이다'라는 말이 너무 힘겹게만 느껴진다면 이렇게 바꿔 써봐도 좋다. '삶은 문제의 연속이다!' 삶에는 언제나 문제가 가득하다. 하나를 해결하고 나면 또 다른 하나가 온다. 이러한 문제를 해결하려면 우리는 훈련이 필요하다.

저자 모건 스캇 펙은 이러한 훈련의 방법으로 네 가지 기술을 설명하는데, 이렇게 하면 모든 생의 문제들이 해결될 수 있다고 단언한다. 이 네 가지는 바로 즐거운 일을 미루는 것, 책임을 지는 것, 진리와 현실에 충실한 태도, 그리고 마지막으로 균형을 잡는 것이다.

자기계발을 막는 게으름과 두려움

이 책은 '현대적 자기계발서의 시작을 알린 책'으로도 평가받는다. 그런 평가를 받을 만한 것이, 이 책은 무엇보다 '게으름'을 경계한다. 모두가 알다시피 자기계발서는 다른 장르보다 '열심히 살지 않는 삶', '게으른 삶'을 호되게 꾸짖는 편이다. 그래서인지 주변을 보면 열심히 살고 싶을 때 자기계발서를 읽는 사람들이 많다. 이런 자기계발서들은 주로 '노력하라'. '변하라'. '현실을 극복할 수 있다고 믿어라'라고 강조한다.

이 책도 방법은 이와 비슷하게 제시한다. 하지만 근본적으로 일반 자기계발서와 다른 점이 있다. 대부분의 자기계발서가 보통 부자가 되기 위해, 성공하기 위해 열심히 살라고 한다면, 이 책 《아직도 가야 할 길》은 영적 성장을 위해 열심히 살라고 말한다.

"게으름은 사랑의 반대말이다. 영혼의 성숙에는 반드시 노력이 필요하다. 게으름이란 단지 일을 열심히 하지 않는다거나 다른 사람을 위해 헌신하지 않는 것과는 다른 차원의 문제이다. 게으름의 주된 형태는 두려움이다."

우리는 삶이 바뀌길 원한다. 더 성숙한 사람이 되길 원한다. 하지만 많은 이들이 그렇게 하지 못한다. 여전히 게으른 상태에 머무르게 된다. 그 배경에는 바로 두려움이 깔려있다. 현실을 변화시키는 데 따른 두려움, 현재의 위치에서 더 나아가면 무언가를 잃게 될지도 모른다는 두려움. 이러한 두려움이 우리의 삶을 훼방 놓는다. 반드시 해야만 하는 일을 못 하게 만든다. 결국 어제와 판에 박히게 똑같은 오늘을 살아가게 만드는 것이다.

특히 요즘은 더 많은 이들이 두려움에 사로잡혀 있는 것 같다. 세상에 새로운 정보가 너무 많다. 새로운 정보를 받아들이는 과정은 현실에 대한 인식을 계속 바꿔나갈 것을 요구한다. 하지만 사람들은 본능적으로 이를 싫어한다. 결과적으로 새로운 정보를 수용하기보다는 그것에 대항하여 싸우려는 경향을 보인다. 이러한 저항은 사실 두려움과 게으름 때문에 일어난다. 게으르기 때문에 새로움을 거부하고, 이내 두려워지고 마는 것이다.

이러한 게으름은 사랑에서도 나타난다. 《아직도 가야 할 길》에서 저자는 사랑이란 자아를 새로운 영역, 헌신, 관계 등으로 확대하는 모험이라고 말한다. 사랑이란 달콤하다. 하지만 지금 그대로의 나 자신을 잃어버릴지도 모르는 위험이 존재한다. 그러기에 '새로운 나'가 되어가야 하는 사랑은 두려운 일이기도 한 것이다.

또한 사랑은 노력이 필요하다. 하지만 게으른 사람은 사랑을 위한 노력조차 기울이지 못한다. 잘못된 사랑에 빠진 경우 여기서 벗어나려고 노력하기보다는 그냥 고통스러운 현실에 안주해 버리기도 한다. 게으름은 이래저래 여러 핑계로 자신을 합리화해 버리는 편이다.

《아직도 가야 할 길》에서 말하는 영적으로 성숙한 사람, 자기계발을 완성한 사람은 자신의 게으름을 잘 아는 사람이다. 사실 완벽하게 부지런한 사람은 없다. 다들 어떤 부분은 게으르고 또 부지런하다. 하지만 이러한 자신의 게으름을 감추기보다는 솔직하게 깨닫고 인정하는 게 중요하다. 자신이 게으르다는 것을 잘 알고 있는 사람이야말로 가장 덜 게으를 수 있는 것이다.

지금 당신은 두려운 게 아니다. 예민한 것도 아니다. 단순히 게으른 것이다. 그러니 게으름을 떨쳐 버리는 것부터 시작해 보자. 남은 삶의 여정이 여전히 멀게만 느껴진다면 《아직도 가야 할 길》이 좋은 지침서가 되어 줄 것이다.

함께 읽으면 좋은 책

《스캇 펙의 거짓의 사람들》 모건 스캇 펙, 비전과리더십, 2007 스캇 펙이 쓴 '악'에 관한 책으로, 악의 원인과 폐해, 치료 사례들을 생생하게 보여주고 있는 또 다른 대표작이다.

《싯다르타》 헤르만 헤세, 민음사, 2002 《아직도 가야 할 길》은 '삶은 고통이다'라고 표현한 만큼 불교적 색채를 띠고 있는데, 이런 관점에서 같이 읽어볼 만한 헤르만 헤세의 대표작이다.

《라이프 이즈 하드》 키어런 세티야, 민음사, 2024 '철학적' 관점으로 삶의 위기와 고난을 이겨내는 방법을 말해 주는 책으로, 2022 미국 철학 분야 화제작이기도 하다.

신경증인 사람들은 "내가 꼭 해야 했는데",
"내가 마땅히 해야 할 도리인데" 등등의 말을 많이 한다.
이들은 한 개인의 자기 이미지를 열등한 존재로 자각한다.

무기력은 자유에 대한 고통을
피하고 싶은 욕망에서 생겨난다.
무기력한 사람은 삶이나 문제에 대해
책임질 줄을 모른다.
그들이 느끼는 무력감은
사실 자신들의 권리를 포기했기 때문이다.

전이란 어린 시절에 형성된 세계관이
어린 시절에는 매우 적합하나,
변화된 어른의 환경에는 적절하지 못함에도 불구하고
어린 시절의 것을 그대로 옮겨
적용하는 것을 말한다.

자기 신뢰
Self-Reliance

#내인생은나의것
#초월주의
#버락오바마인생책
#자신감

"당신 자신을 믿어라.
결코 모방하지 마라.
매 순간 자기 재주를 내보여라."

랄프 왈도 에머슨 Ralph Waldo Emerson

'에머슨이 없었다면 진정한 의미의 미국 문학은 탄생할 수 없었다'라는 말이 있을 정도로 미국 문학 발전에 지대한 영향을 준 19세기 미국 최초의 철학자이자 시인이다. 1803년 보스턴 목사 집안에서 태어나 1829년 유니테리언파 보스턴 제2교회 부목사가 되었다. 정통 교리에 집착하지 않고 다양성과 자유를 찬미하던 그는 교회와 충돌이 잦아졌고, 결국 목사를 그만두고 콩코드에 정착해 저술 활동에 전념한다. 40년간 1,500회 이상의 강연으로 개인주의 철학을 전파했으며, 남녀평등과 노예제 폐지를 주장했다. 저서로 《대표적 인간들》, 《삶의 태도》, 《자기 신뢰》 등이 있다.

이 책을 선정한 이유

에머슨의 철학은 '미국의 가장 중요한 정신'으로 높게 평가되고 있으며, 링컨은 그를 '미국의 아들'이라고 칭송하기도 했다. 이 책 《자기 신뢰》는 버락 오바마, 니체, 간디, 마이클 잭슨 등 여러 유명인들이 인생 책으로 꼽는 책이기도 하다. 또 다른 미국의 위대한 사상가인 《월든》의 작가 헨리 데이비드 소로에게 큰 영향을 끼치기도 했다.

내 인생은 나의 것

인생은 자신을 위한 것이지 남에게 보여주기 위한 것이 아니다. 하지만 SNS가 일상이 되어버린 세상에서 이 원칙을 지키기란 참 쉽지 않다. 우리는 특별한 존재로 대접받길 원한다. '좋아요' 도 받고 싶고, 구독자도 늘었으면 좋겠다. 그래서 종종 과장하고 전시한다. 진정으로 내가 원하는 게 아닌 다른 사람들이 원하는 삶을 살게 된다. 이런 현대인에게 에머슨은 남이 중요하다고 생각하는 것을 할 것이 아니라 내가 중요하다고 생각하는 것을 해야 한다고 말한다.

시간은 늘 한정적이다. 남이 중요하다고 생각하는 것만 하고 살다 보면, 정작 내가 중요하다고 생각하는 걸 할 시간이 없어지고 만다. 또한 사람들은 참견쟁이다. 이 삶이 옳다, 저 삶이 옳다고 조언하는 사람은 늘 있다. 이렇게 세상의 여론, 세상의 유행에 따라 살아가는 건 쉬운 일이다. 그러나 위대한 사람은 그렇게 살지 않는다. 위인은 군중의 한가운데서 자신의 고독을 지키면서도 아주 품위 있는 생활을 해나간다.

부러움은 무지에서 나온다

"당신 자신의 생각을 믿는 것, 은밀한 마음속에서 당신이 진실이라고 생각하는 것이 모든 사람에게도 그대로 진실이 된다고 믿는 것,

이것이 천재의 행동이다."

남의 말을 따라 하는 건 쉽다. 요즘 세상엔 조언과 방법이 넘쳐난다. 특히 빠른 시간에 대단한 성과를 얻었다고 과장하는 사람들을 바라보며, 부러움 없이 자신의 중심을 지키기란 쉽지 않은 일이다.

이 책《자기 신뢰》는 말한다. 우리는 자신의 생각을 신뢰하는 법을 배워야 한다. 마음속 깊은 곳을 들여다보면, 그 안에는 번쩍거리며 지나가는 빛줄기 같은 깊은 통찰이 있다. 하지만 우리는 종종 그것이 자신에게서 나왔다는 이유만으로 그 생각을 무시해 버린다. 타인의 생각을 믿는다. 유행하는 생각을 따른다. 우리 자신도 위대한 생각을 해낼 수 있다는 그 진실을 믿지 않는다.

"부러움은 무지에서 나오고, 모방은 자살 행위다."

저자 에머슨은 특히 '좋든 나쁘든 자신이라는 존재를 제 운명의 몫으로 받아들여야 한다'라고 말한다. 깊이 있는 삶을 살다 보면, 이런 확신이 찾아오는 순간이 온다. 누구나 자신의 운명이 있다. 그 운명은 사람마다 다르다. 또한 인간은 자신이 무엇을 할 수 있는지 예상하지 못한다. 우리는 직접 뭔가를 해보아야만 비로소 자신의 능력을 알게 된다. 그렇게 살면서 우리는 자신을 탐구하게 된다. 그러면서 나에게 주어진 운명의 비밀을 깨닫게 된다.

자기 신뢰의 네 가지 실천

"자기 자신을 믿어라.

모든 사람의 가슴은 이 원칙에 따라 살아야 한다.

신의 섭리가 당신을 위해 마련한 자리,

사람들과의 어울림, 사건 사이의

상호 연결을 받아들여라."

그냥 벌어지는 일은 없다. 모든 것은 연결되어 있다. 자신을 믿게 되면, 운명을 이해하게 된다. 편견 없는 마음으로 눈치 보기를 거부하고 두려움 없는 솔직함을 지니게 된다. 이런 사람이야말로 진정으로 자신을 신뢰하는 사람이다.《자기 신뢰》는 이렇게 자신을 믿고자 하는 사람들에게 아래와 같은 네 가지 실천법을 알려준다.

  1) 진정한 기도를 올려라
  2) 어디를 가든 너 자신이 되라
  3) 독창적인 사람이 되라

4) 문명의 본모습을 파악하라

먼저 기도는 신에게 드리는 것 이상의 의미를 지닌다. 에머슨에 따르면, 기도는 가장 높은 관점에서 인생의 피할 수 없는 사실들을 관조하는 힘이다. 흔히 하듯이 자신의 소망을 이뤄달라고 하는 기도와는 다르다. 마치 영혼의 독백과도 같은 행위다. 인생을 관조하며 기뻐하고 즐거워하는 '행복한 기도'라고 할 수 있다.

다음으로 어디를 가든 나 자신이 되어야 한다. 우리는 일상의 지루함을 피해 종종 여행을 떠난다. 희망을 품는다. 즐거움을 얻으려고, 자신에게 없는 것을 얻으려고 다른 곳을 향한다. 하지만 자신에게 없는 것을 얻으려고 여행하는 사람은 결국 자기 자신에게서 도망치는 여행을 하는 것이다. 삶의 진실과 기쁨은 여행지에서와 마찬가지로 일상에도 숨어 있다. 지금 이곳에서 자신을 발견하지 못하는 자는 여행지에 가서도 마찬가지일 것이다.

세 번째는 모방하지 말고 독창적인 사람이 되는 것이다. 우리는 매 순간 자기 재주를 내보여야 한다. 평생에 걸쳐 쌓아온 누적된 힘을 보여줘야 한다. 빌려온 남의 재주는 일시적이고 그나마 절반도 채 당신의 소유가 되지 못한다. 우리는 운명이 자신에게 가르쳐 준 것을 가장 잘할 수 있다.

마지막으로 문명의 본모습을 이해해야 한다. 이는 바로 우리 사회가 잃어버리고 있는 것들을 말한다. 에머슨이 볼 때 사회는 결코 진보하지 않는다. 한쪽에서 빠르게 진전하면 다른 한쪽에서는 빠르게 후퇴한다. 우리는 자동차를 만들어 냈으나 그 대신 두 다리를 사용하지 않게 되었다. 우리는 더 빨리 멀리 갈 수 있지만 천천히 음미하며 걷는 즐거움을 잃어버렸다. 뭔가 얻는 것이 있으면 잃는 것도 있다. 우리는 잃어버린 그 진실을 되찾으려고 노력해야 한다.

운명에 맞서라

《자기 신뢰》는 미국 대통령이었던 버락 오바마가 특히 아끼고 좋아하는 책으로도 유명하다. 실제로 이 책을 읽다 보면 세상의 풍파에 시달리지 않고 자신의 길을 똑바로 가겠다는 강한 의지가 고스란히 전해지기도 한다. 시련은 늘 찾아오고, 오늘의 기쁨은 내일 금방 사라질지도 모른다. 그렇기에 우리가 믿을 건 기쁨 혹은 슬픔이 아니라 결국 나 자신밖에 없다. 자신에게 평화를 가져다주는 것은 자신밖에 없는 것이다.

"힘은 자기 내부에서 생겨나는 것임을 아는 사람, 자기 밖이나 다른 곳에서 선을 찾는 자는 허약하다는 것을 아는 사람, 그래서 지체 없이 자기 생각으로 돌아가서 즉각 자신을 바로잡고 우뚝 서는 사람."

에머슨이 말하는 '자기 신뢰'는 니체의 '초인'과도 닮았다. 초인은 자신의 능력을 최대한 발휘하고, 자신의 삶을 스스로 결정하며, 자신의 가치를 스스로 창조하는 존재다. 실제로 에머슨의 사상은 니체에게 영향을 주었다고 한다. 니체는 여행길에 항상 에머슨의 책을 가지고 다녔고,《자기 신뢰》를 읽으며《차라투스트라는 이렇게 말했다》를 구상했다고 한다.

이렇듯 자신을 극복하는 것, 운명과 외부 상황에 굴하지 않는 것, 자신을 온전히 믿고 살아가는 것이 자기 신뢰다. 결국 우리는 자신을 믿지 못하기에 늘 불안하고 불행한지도 모른다. 그래서 자기 신뢰 회복이 절실하다.

함께 읽으면 좋은 책

《월든》헨리 데이비드 소로, 은행나무, 2011 법정 스님이 가장 사랑한 책으로 랄프 왈도 에머슨의 제자이기도 한 데이비드 소로의 대표작.

《세상을 밝히는 에머슨 명언 500》랄프 왈도 에머슨, 창해, 2021 랄프 왈도 에머슨의 저서와 연설 중에서 핵심적인 문장만 가려 뽑은 명언집. 특히 영어 원문도 같이 포함하고 있어 필사하기 좋은 책이다.

《차라투스트라는 이렇게 말했다》프리드리히 니체, 민음사, 2004 니체의 초인 사상은《자기 신뢰》의 영향을 받은 것으로 알려져 있다. 그래서인지 이 책 또한 자기 신뢰에 대한 강렬한 믿음이 느껴진다.

앞으로 좋은 날이 이어지리라 기대도 될 것이다.
하지만 전적으로 믿지는 마라.
그렇지 않을 수도 있으니 말이다.
자신에게 평화를 가져다주는 것은 자신밖에 없다.

우리는 각자 자신의 성품을 견뎌야 한다.
(…) 운명으로부터 달아나려고
갖은 노력을 기울여 보지만
결국 우리는 그 운명에 빨려 들어간다.

당신 자신을 믿어라. 결코 모방하지 마라.
매 순간 자기 재주를 내보여라.
평생에 걸쳐 쌓아온 누적된 힘을 보여줘라.
빌려온 남의 재주는 일시적이고
그나마 절반도 채 당신 소유가 되지 못한다.

모든 것은 빛난다
All Things Shining

"오늘날 우리의 문제는
의미있게 사는 법을 모른다는 데 있지 않다.
오히려 의미있는 삶에 대해 충분히 오래
초점을 맞출 수 없는 게 문제다."

휴버트 드레이퍼스 Hubert Dreyfus
미국 현대 철학자 가운데 가장 영향력 있는 인물 중 한 명으로 현상학과 실존주의 철학자이다. 하버드 대학에서 박사학위를 받고 MIT, 캘리포니아 대학교 버클리캠퍼스에서 40년 넘게 철학과 문학을 가르쳤다. 대표작으로《컴퓨터가 할 수 없는 것》,《인터넷의 철학》 등이 있다.

숀 도런스 켈리 Sean Dorrance Kelly
하버드 대학 철학과 교수이자 '마음, 두뇌 행동을 위한 하버드 학제간 연구회' 의장이기도 하다. '마음' 문제에 관한 심도 깊은 연구로 유명하며, 구겐하임 재단과 미국 국립과학재단 회원이다.

이 책을 선정한 이유
현대 미국 철학계의 거장 휴버트 드레이퍼스와 하버드대 철학과 학과장 숀 켈리가 같이 쓴 것만으로도 충분히 읽을 만한 가치가 있는 책이다. 허무주의에 빠져 무기력한 사람들이 삶의 의미를 되찾을 수 있는 방법을 '서양 고전'을 통해 안내하는 책으로, 미국의 버락 오바마 전 대통령이 '자신에게 영향을 준 책'으로 이 책을 언급한 바 있다.

서양 고전에서 찾은 빛나는 삶의 가치

어떤 막막한 하루를 지나고 나면 갑자기 이런 생각이 든다. 나는 왜 태어났을까. 그리고 왜 하필 한국에서 태어났을까. 이렇게 무기력하게 살다가 내 인생마저 무의미해지진 않을까. 나중에 나이 들어 후회하지 않을 자신이 있을까. 내 삶은 의미가 있을까.

이런 질문을 자신에게 계속 던지다 보면 어떤 '병'에 걸리고 만다. 그 병의 이름은 바로 '허무주의'다. 인생이 아무런 의미가 없어 보이고, 삶에서 가치 있는 건 아무것도 없는 것처럼 느껴진다. 불안하고 무기력한 현대인에게 허무주의는 딱 어울리는 전염병이다. 한 번 걸리면 헤어 나오기 힘들다.

《모든 것은 빛난다》는 이러한 허무주의에 정면으로 맞서는 책이다. 미국 현대 철학자인 두 명의 저자는 서양 고전을 통해 우리 삶 속에서 '반짝반짝' 빛나고 가치 있는 것들을 찾고자 한다. 호메로스의 그리스부터 단테의 중세, 데카르트의 근대, 마지막으로는 《모비딕》을 쓴 멜빌의 시대까지, 서양 역사에서 빛나는 고전들을 다시 읽어낸다. 그러면서 과거 조상들이 '어떻게' 허무주의에 맞섰으며, 삶 속에서 반짝이는 '무엇을' 찾아냈는지 그 지혜를 알려준다.

선택의 무게를 견딜 수 있는가

아침을 알리는 알람이 울린다. 우리는 하루의 시작부터 고민한다. '5분 더 잘까, 말까?' 이렇게 시작한 하루는 늘 선택의 연속이다. 점심으로 햄버거를 먹을까, 아니면 샐러드를 먹을까? 이 일을 할까, 말까?

이런 사소한 결정은 괜찮다. 하지만 때로는 인생의 큰 선택이 우리를 짓누른다. '어떤 직업을 선택할까?' '누구와 결혼할까?' 이런 고민 앞에서 과감하게 결정하는 사람도 있겠지만 대부분 우리는 우유부단하다. 어떤 근거로 선택을 내려야 할지 도통 모르겠다. 수많은 선택지 가운데서 어떤 것을 골라야 할지 기준이 확실하지 않아서이다.

많은 현대인들이 그래서 선택을 회피한다. 강박이나 중독의 노예가 되어 아무것도 하지 않으려 한다. 당장 내일까지 결정해야 하는 문제가 산더미인데, 오늘의 나는 밤새도록 무의미한 SNS 스크롤만 계속 내리고 있다. 혹은 충동적으로 선택한 뒤 그걸 끝까지 고집하며 밀어붙인다. 이게 옳다고 믿지만 사실 근거는 없다.

《모든 것은 빛난다》는 현대인들의 이러한 '선택의 짐'이 사실 오늘날의 삶에만 해당하는 것이라고 말한다. 옛날에는 이런 '실존적인 질문'을 생각조차 하지 못했다는 것이다. 가령 중세 기독교 시대에는 한 개인의 정체성이 신을 통해 결정되었다. 그들은 신 없이는 자기 스스로를 경험조차 할 수 없었다. 당시에는 기독교의 신이 자신들이 살고 있는 세계를 이해하는 방식이었다.

이와 달리 현대에 사는 우리 대부분은 신을 믿지 않는다. 니체에 따르면 '신은 죽었다'. 그리하여 우리는 과거에는 신을 통해 얻었던 삶의 의미를 이제는 스스로 얻어야 한다. '우리가 누구인가?', '어떻게 살아야 하는가?'와 같은 깊은 질문에 스스로 답해야 하는 것이다.

더구나 오늘날 우리 대다수는 삶의 의미를 찾지 못하고 있다. 사실 문제는 우리가 의미 있게 사는 방법을 모른다는 데 있지 않다. 오히려 '왜 살아야 하는가?'라는 질문에 우리가 충분히 오래 초점을 맞출 수 없다는 데 있다. 삶의 기준이 없기 때문에, 무언가에 중독되어 있기 때문에, 혹은 너무 바쁘기 때문에, 우리의 주의력은 금세 사라지고 마는 것이다.

단테가 허무주의에 빠지지 않은 이유

그렇다면 과거에는 허무주의를 어떻게 극복했을까?

《모든 것이 빛난다》는 그리스의 '호메로스'에서 시작한다. 당시는 그리스의 다양한 신들이 세상을 지배하던 시대였다. 그 시대의 그리스인들이 보기에 인간은 신에 비해 할 수 있는 게 많지 않았다. 그렇기에 인간은 누구나 신을 필요로 했다.

그리스인들은 성공과 실패는 자신이 완벽하게 통제할 수 없는 것이라고 보았다. 성공에는 물론 노력이 필요하다. 하지만 신의 선택이라는 '운'도 필요하다. 따라서 그리스인들은 성공한 것을 모두 자기 공으로 돌리지 않았다. 그들은 삶에 감사했고 무엇보다 신에게 감사했다. 성공을 당연한 게 아니라 경이로운 것으로 여겼다. 성공은 내부에서 오는 게 아니라 외부로부터 오는 것이 틀림없다고 생각했다. 그렇기에 삶이 허무하지 않았다.

그렇다면 중세는 어떠했을까? 기독교가 지배하던 중세 시대, 허무주의를 반대한 대표주자는 바로 《신곡》을 쓴 단테였다. 중세에 인간으로 산다는 것은 신이 만들어 주는 최선의 상태를 열망하도록 창조되었다는 것을 의미한다. 인간은 욕망할 수 있다. 사랑할 수 있다. 하지만 잘 훈련받아 올바른 욕망을 가져야 한다. 그러면 우리 각자는 활을 떠난 화살처럼 곧장 신에게로 날아갈 것이다. 자기 자신을 만든 창조주의 사랑 속에 삶의 의미를 찾을 수 있을 것이다. 그리하여 기독교의 신 덕분에 허무하지 않을 것이다.

한편 이렇게 신을 통해 허무주의를 극복하고자 했던 세계관은 근대에 이르러 산산조각 나고 만다. 그 시작을 알린 건 데카르트였다. 데카르트는 인간을 생각하는 존재, 의지를 가진 존재로 보았다. 칸트는 여기서 한발 더 나아간다. 인간이 자기 스스로 자신에게 부여하는 법칙 외에는 다른 어떤 법칙도 있을 수 없다고 주장했다. 그러니까 우리의 행동을 결정하는 건 신이 아니라 우리 자신이라는 이야기다.

사실 오늘날에는 많은 이들이 자신의 선택은 '오로지 자기 자신이 내리는 것'이라고 당연하게 믿는다. 하지만 데카르트 이전에는 그렇지 않았다. 그 시기 인간의 선택과 결과 뒤에는 늘 신이 있었다. 하지만 칸트에 이르러 인간에게 절대적인 자유가 주어지고, 이에 따라 인간에게는 선택의 자유와 함께 선택의 책임도 뒤따르게 되었다. 이윽고 신을 잃은 사람들은 마침내 허무해지고 말았다.

'모비딕', 허무주의를 극복하는 여정

《모든 것은 빛난다》에서 현대인들이 허무주의를 극복하기 좋은 책으로 추천하는 것은 바로 허먼 멜빌의 《모비딕》이다. 이 소설에 등장하는 다양한 인물들이 삶의 의미를 어떻게 추구해야 하는지 상징적으로 보여주고 있기 때문이다.

먼저 에이해브 선장을 보자. 그는 이전에 거대한 흰고래 모비딕에게 다리를 빼앗긴 인물이다. 그는 단 하나에 미쳐 있는데, 바로 흰고래 '모비딕'이다. 이 책에서 에이해브 선장이 찾는 '모비딕'은 '유일한 진리'를 의미한다. 즉 세상의 모든 일은 그 이면에 단 하나의 심오한 진리를 감추고 있고, 만약 우리가 그 최종적인 진리를 찾는다면 모든 것이 확실해질 것이다. 삶의 의미를 구할 수 있고 행복이 찾아올 것이다. 이는 전통적인 '신'과 같은 무언가가 존재한다는 생각과도 같다.

한편, 또 다른 등장인물 이슈마일은 에이해브와 정반대의 가치관을 가진 인물이다. 그는 절대적인 진리를 추구하지 않는다. 우주 자체에 숨겨진 진리라는 것이 있다고 생각하지 않으며, 심지어 우주는 우리에게 무관심하다고 생각한다. 혹시 우주에 신이 있다고 해도 선하고 선한 유일신은 아닐 것이라 믿는다. 즐겁고 성스러운 신도 있지만 사악하고 복수심에 차 있는 신들도 있을 것이며, 우주는 번갈아 가며 이런 신들의 모습을 띤다는 것이다. 이렇게 이슈마일은 진리를 추구하기보다는 표면에 머문다. 일상에 감춰진 목적을 찾는 대신 일상이 선사하는 의미를 그대로 받아들인다. 그 속에는 즐거움도 있지만 슬픔도 있다. 그렇게 즐거움과 슬픔에 만족하고 머무르며, 현실 너머가 아닌 일상에 충실하며 허무주의를 극복한다.

우리 삶은 어떻게 다시 빛날 수 있을까

그렇다면 최종적으로, 현대를 사는 우리는 어떻게 허무주의를 극복해야 할까?《모든 것은 빛난다》는 크게 세 가지 대안을 이야기한다.

먼저, '퓌시스적'인 감정을 느껴보자는 것이다. 여기서 '퓌시스'란 그리스어로 '반짝이는 것'을 의미한다. 이는 축구 경기를 바라보면서 응원하는 선수가 슛을 성공시켰을 때 느끼는 감정과 비슷하다. 이 순간 우리는 모두 흥분에 사로잡히고, 나에게서 벗어나 '하나'가 된다. 이런 반짝이는 순간들을 마주했을 때, 무아경에 빠질 때 허무주의는 극복될 수 있다는 것이다.

둘째, 장인들이 작품을 만들면서 느끼는 '장인 정신'을 배워볼 수도 있다. 예를 들면, 가구를 만드는 장인은 자신이 다루는 나무를 이해하고 또 존경한다. 나무를 한갓 사물로 바라보지 않는다. 또한 기계적이고 자동적으로 나무를 깎지 않는다. 그는 각각의 나무 특징을 잘 알고 있고, 결국 그 누구도 흉내 낼 수 없는 최상의 작품을 만들어 낸다. 이러한 장인의 삶은 허무하지 않을 수 있다.

셋째, 일상과 사물을 효율성의 관점이 아닌 '유일한 것'으로 바라보는 것이다. 매일 커피를 마실 경우에도 생각해 볼 수 있다. 왜 나는 카페인 음료나 홍차보다 커피 마시기를 더 좋아할까? 커피의 어떤 점 때문일까? 커피가 가진 각성 효과보다는 그 향내와 온기, 그것을 마시는 의식 때문이 아닐까? 나는 집에서 혼자 마시는 게 좋은가? 혹은 카페에 나가서 마시는 게 좋은가? 이렇게 자신에게 어떤 것이 더 깊고 의미 있는 몰입을 가져다주는지 끊임없이 살펴보는 것이다. 이런 작은 습관은 우리가 허무주의를 극복하게 도와준다.

결국 삶이 의미가 있는가, 없는가는 중요하지 않다. 인생의 숨은 의미를 구태여 열심히 찾을 필요도 없다. 인생의 의미는 표면 위에 잔물결처럼 숨어 있으며, 삶의 의미는 아침마다 마시는 모닝커피 위에도, 퇴근길에 들이키는 한 잔의 맥주 위에도 존재하기 때문이다.

비록 우리는 하나라고 굳게 믿을 수 있는 가족과 사회라는 공동체도 잃었고, 심지어 신도 잃었지만, 우리는 더 이상 허무하지는 않다. 왜냐하면 그 모든 것이 이미 우리에게 주어져 있고, 우리가 눈을 크게 떠서 그 반짝이는 것들을 발견하기만 하면 되기 때문이다. 모든 것은 의미가 있다. 그래서 모든 것은 빛난다.

함께 읽으면 좋은 책

《모비딕》허먼 멜빌, 작가정신, 2024《모든 것은 빛난다》에서 삶의 의미를 되찾기 위해 가장 중요하게 언급하는 책이다. 영어로 쓰인 3대 비극 중 하나로도 유명하다.
《정체성》밀란 쿤데라, 민음사, 2012 무의미가 가득한 세상에서도 자유를 선택할 수 있다는 것을 보여주는 소설로, 역시 무기력하고 허무주의에 빠진 사람들이 읽기 좋은 책이다.
《철학책 독서 모임》박동수, 민음사, 2022 철학책 편집자인 박동수 저자가 출판 현장에서 동료들과 읽은 10권의 철학책을 소개하는 책으로, 《모든 것은 빛난다》가 소개되어 있다.

모든 일이 순조롭게 돌아갈 때
우리 행동은 마치 외부의 힘에 의해
내부로부터 솟아난 듯이 보인다.
즉 일들이 최선의 상태로 돌아갈 때,
우리가 취할 수 있는 가장 탁월한 모습을 가질 때
우리는 그렇게 느낀다.
이것이야말로 인생의 빛나는 순간이며,
절로 감사가 우러나오는 순간이다.

인간 존재의 확장은
무엇에 관심을 가질지를
결정하는 데 있지 않고,
이미 관심을 기울이고 있는 것을
발견하는 데 있다.

세상에는 또 다른 신들, 즉 즐겁고 성스러운 신들과
사악하고 복수심에 차 있는 신들도 있다.
우주가 그 신들 가운데 궁극적으로 어떤 신이냐고 묻는다면,
어떤 하나의 신도 아니라고 대답할 수밖에 없다.
실제로 존재하는 것은 신들의 만신전일 것이다.

방법서설
Discours de la methode

#이성

#행복해지는법

#도덕규칙

#코기토

"나는 가장 행복하게 살아갈 수 있도록
네 개의 준칙들로만 이루어진
하나의 임시도덕을 만들었다."

르네 데카르트 Rene Decartes

프랑스의 철학자이자 수학자, 과학자이다. '근대 철학의 아버지'라 불린다. 1596년 프랑스 중서부 투렌 지역의 소도시에서 귀족 집안의 아들로 태어났다. 데카르트는 예수회가 운영하는 학교에서 고전어, 수사학, 철학, 물리학을 공부하며 어린 시절을 보냈다. 프아티에 대학에 입학해 법학사 학위를 받았지만, '세상'이라는 큰 책을 배우고자 여행길에 올랐다. 그로부터 10년 후 《정신지도 규칙》을 집필했고, 《방법서설》, 《성찰》, 《철학의 원리》 등을 차례로 내놓았다.

이 책을 선정한 이유

서양은 데카르트로 인해 중세라는 긴 잠에서 깨어나게 되었다. 현대에 이르러, 철학자들은 그를 '근대 철학의 아버지'라 부르고 칭송한다. "나는 생각한다, 고로 존재한다"는 말로도 유명한 이 책은, 서울대 필독서에 포함되어 있으며 길이가 짧아 필독서 치고 읽기 어렵지 않은 책이다.

방황했던 청년, 데카르트

"나는 생각한다. 고로 존재한다."

르네 데카르트가 한 이 말은 너무나 유명하다. 하지만 그 유명세에 비해 그의 대표작《방법서설》을 실제로 읽어본 사람은 많지 않다. 철학 책이라 어려울 것 같다는 편견 때문일 것이다.

사실 단호한 명제가 주는 느낌과 달리, 실제 이 책을 읽어보면 많이 주저하고 고심하는 데카르트의 망설임이 느껴지기도 한다. 그는 단호하고 호통치는 철학자가 아니었다.《방법서설》에서 데카르트는 "나는 이 서설에서 내가 어떤 길을 따라왔는지를 보여주고, 내 삶을 한 폭의 그림으로 표현할 것"이라고 말하기도 했다.

실제로 이 책 속에서 그는 계속 고민하는 모습을 보인다. 인생에 대해서, 신에 대해서, 그리고 이성에 대해서. 그는 인생에서 확신을 갖고 살아가기 위해, 참과 거짓을 구별하는 법을 배우려는 극도의 욕망을 내보인다. 다음에 오는 문장을 보면, 자신이 가야 할 길을 앞에 두고 고뇌하던 청년 데카르트의 모습을 확실히 느낄 수 있다.

"세상이라는 책 안에서 공부하는 데, 그리고 약간의 경험을 얻으려고 애쓰는 데 몇 년을 보낸 후, 어느 날 나 자신에서 공부하자고, 내가 따라야 할 길들을 선택하는 데 내 정신의 모든 힘을 바치자고 결단했다."

최고 철학자에게 배우는 행복의 비밀

《방법서설》은 서양 근대 철학의 문을 연 책이다. 이 책은 절대적 진리를 탐구하는 책이며, 어떤 것에도 흔들리지 않을 확고한 진리를 확신하고자 한 책이다. 하지만 철학 전공자가 아닌 일반 독자로서 《방법서설》에서 가장 감명받은 부분은 그의 행복에 대한 '도덕 준칙들'이었다.

데카르트가 대체 왜 모든 것을 의심하고 절대적 진리를 원했을지 생각해 보면, 행복해지고 싶었기 때문이 아니었을까 싶다. 바로 '이 삶을 더 잘 살고 싶었기 때문'이었던 것이다. 책 속에서 그는 "내가 가급적 가장 행복하게 살아갈 수 있도록, 세 개 혹은 네 개의 준칙들로만 이루어진 하나의 임시 도덕을 만들었다"고 말한다.

데카르트가 말한 행복의 도덕 준칙은 다음과 같다.

첫째, 그는 가장 사려 깊은 이들의 가장 온건한 가르침을 따르자고 말한다. 왜냐하면 이 방법보다 더 좋은 것은 있을 수 없기 때문이다.

둘째, 할 수 있는 한 가장 확고하고 결단적인 태도를 취하자고 말한다. 그에 따르면 일단 따르기로 결정했다면 변함없이 따라야 하며, 이쪽저쪽 맴돌며 헤매서는 안 되고 한자리에 머물러서는 더욱 안 된다. 되도록 늘 같은 방향으로 곧장 걸어가야만 한다.

셋째, 세계의 질서를 바꾸기보다는 내 욕망을 바꾸려고 늘 애쓰자고 말한다. 물론 최선을 다한 후에도 성공하지 못할 수 있다. 그러면 그 일을 깨끗히 단념하는 게 낫다. 우리에게 절대적으로 불가능한 것으로 여겨 버리는 것이다. 사람이 운을 이길 수는 없으니 운보다는 나 자신을 이기도록 노력해 보자고 그는 말한다.

이 도덕 준칙들에 따른 결론으로, 그는 다양한 직업을 검토한후 자신에게 가장 잘 맞는 직업을 택하라고 말한다. 데카르트 시대에도 인기 있는 직업이 분명 있었을 것이다. 하지만 그는 다른사람의 욕망을 쫓지 않았다. 자신의 강점에 집중했다. 그는 다양한 직업을 살핀 뒤, 가장 좋은 것을 택하려고 애썼다. 여기서 가장 '좋은 것'이란 자기 자신에게 잘 맞는 것을 뜻한다.

데카르트는 자신의 이성을 계발하는 것에 관심이 있었다. 따라서 그는 "스스로 규정한 방법을 따르면서 진리 인식에서 내가할 수 있는 만큼 앞으로 나아가는 것을 가장 잘할 수 있다"고 결론 내렸다. 그렇게 데카르트는 이성에 헌신하는 삶을 살며 극도의 만족을 느꼈다.

'난로 방'의 청년이 만든 네 가지 규칙

"나는 그 무렵 독일에 있었다.
아직 끝나지 않은 전쟁이 나를 그곳으로 불렀다.

나는 그곳에서 나를 다른 데로 돌리는 어떠한 대화도,

내 마음을 흔드는 어떠한 근심도 정념도 없이,

온종일 난로 방에 홀로 틀어박혀 내 사유들에 대해

나 자신과 이야기 나누면서 한가로운 시간을 보냈다."

따스한 난로 방에 홀로 앉아 고민하던 32세의 데카르트. 그는 마침내 해냈다. 수많은 규정들 대신 확고하고 변함없는 결단 네 가지를 발견한 것이다. 이 규칙은 다음과 같다.

첫째, 명증성의 규칙이다. 자신이 명증하게 참이라고 인식하지 않은 어떠한 것도 결코 참으로 받아들이지 않는 것, 다시 말해 속단과 편견을 피하는 것이다. 둘째, 분해의 규칙이다. 조사한 어려움들 각각을 가능한 만큼 작은 부분들로 나누는 것이다. 셋째, 복합의 법칙이다. 가장 단순한 대상에서 시작해 조금씩 단계적으로, 가장 복합적인 대상들로 올라가기 위해 사유를 순서에 따라 인도하는 것이다.

마지막은 바로 열거의 법칙이다. 데카르트는 기하학자들이 증명을 위해 사용하는 긴 연쇄 방식이 사람이 생각할 수 있는 모든 것에 똑같이 적용된다고 생각했다. 따라서 참과 거짓을 잘 구분한 뒤 그것들을 연역하는 순서만 지킨다면, 도달하지 못할 진리는 없다고 여겼다.

이렇게 그는 모든 것을 의심한 끝에 확고한 진리를 확신할 방법을 얻었다. 그리고 "나는 사유한다, 그러므로 나는 존재한다"라는 진리는 그 어떤 의심에도 흔들리지 않는다는 확신을 갖게 되었다.

나 자신을 계속 연마해 나간다는 것

서양철학의 역사는 데카르트 전후로 나뉜다. 데카르트 이후로 완전히 바뀌게 되었다. 그렇다 보니 당대에는 그가 믿고 따를 만한 멘토, 철학자가 없었다. 그는 홀로 새로운 길을 걸어가야만 했다. 이제까지 나온 지식 중 참된 것과 거짓된 것을 철저히 구별하며 앞으로 나가야만 했다. 이렇듯 데카르트는 자신이 확고하게 믿을 수 있는 '이성'이라는 지혜를 가지고 참과 거짓을 철저히 구별하며 진리의 길로 나아갔다.

"나는 확고하지 않은 토대 위에는
견고한 것을 아무것도 세울 수
없을 것으로 판단했다."

데카르트는 판단을 거치지 않은 것들은 아무것도 믿지 않았다. 그는 스승들의 구속에서 해방될 수 있는 나이가 되자마자 대학을 떠났고, 그의 표현에 의하면 글로 하는 공부를 완전히 그만두었다. 그리고 나 자신 안에서, 혹은 세상이라는 커다란 책 안에서 발견할 수 있는 지식 외에 다른 것은 더 이상 찾지 말자고 결단을 내렸다. 운명이 그에게 허락하는 모든 상황에서 자신을 시험하는 데 노력을 기울였다. 그렇게 그는 근대의 문을 연 위대한 철학자가 되었다.

> "나는 이 삶에서 확신을 가지고 걸어가기 위해,
> 참된 것을 거짓된 것에서 구별하는 것을
> 배우려는 극도의 욕망을 가지고 있었다."

현대를 사는 우리들은 아마도 우리가 데카르트 시절보다 확실하고 참된 것을 더 많이 안다고 생각할 것이다. 기술과 과학이 발전했고, 미신은 사라졌으며, 심지어 이제 사람들은 신조차 잘 믿지 않게 되었다. 하지만 내가 보기에 오히려 지금 이 시대야말로 데카르트의 정신이 필요한 게 아닌가 싶다.

우리가 사는 지금 세상은 진실처럼 보이지만 하나하나 따져보면 사실 거짓이 많다. 가짜 뉴스가 세상을 뒤덮고 있고, 인공지능은 새로운 거짓말을 만들어 낸다. 데카르트가 말하는 비판적 사고와 의심을 통해 진실을 추구하고, 자신의 생각과 행동에 책임을 지는 자세가 무엇보다 지금 우리에게 필요한 것이 아닐까? 데카르트의 가르침을 통해 좀 더 진실된 삶, 의미 있는 삶에 한 발짝 더 다가갈 수 있길 바라 본다.

함께 읽으면 좋은 책

《근대철학사: 데카르트에서 칸트까지》R.샤하트, 서광사, 1993 근대 철학을 이해하기 좋은 책으로, 데카르트에서 칸트까지 이어지는 철학의 계보를 담았다.

《성찰》르네 데카르트, 문예출판사, 2021 《방법서설》에 이어서 읽기 좋다. 이 책에서 데카르트는 "나는 사유한다. 고로 나는 존재한다"를 철학의 제일원리로 정립한다.

《데카르트의 오류》안토니오 다마지오, NUN, 2017 현대에 이르러 데카르트는 많은 비판을 받는다. 그중 뇌과학적 입장에서 들여다본 데카르트의 오류에 관한 책이다.

우리가 최선을 다한 후에도
성공하지 못한 것은 모두, 우리 입장에서는
절대적으로 불가능한 것이라고
믿는 것에 익숙해지자.

아주 느리게 걷는 이들이
늘 곧은 길을 따라간다면
뛰어가되 곧은 길에서 벗어나는 이들보다
훨씬 더 앞으로 나아갈 수 있다.

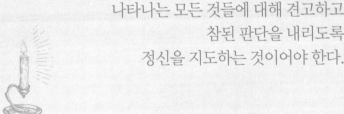

학업의 목표는
나타나는 모든 것들에 대해 견고하고
참된 판단을 내리도록
정신을 지도하는 것이어야 한다.

3장.
지금 내가 불행하다고
생각하는 이유

공정하다는 착각

The Tyranny of Merit

#능력주의

#공정

#학벌주의

#노력의배신

"지금 서 있는 그 자리
정말 당신의 능력 때문인가?"

마이클 샌델 Michael J. Sandel

현존하는 가장 존재감 있는 미국의 정치철학자로 평가받는다. 1953년 미국에서 태어났으며, 27세에 옥스퍼드대에서 철학 박사학위를 받았고, 같은 해에 하버드대 교수가 되었다. 29세에 존 롤스 정의론을 비판한 《자유주의와 정의의 한계》를 발표하면서 젊은 나이에 세계적인 명성을 얻었다. 그는 영미권 정치철학의 큰 흐름인 자유주의-공동체주의 논쟁의 한 축을 담당하는 중요한 학자이자 대중 지식인이다. 대표작으로 《정의란 무엇인가》, 《공정하다는 착각》, 《당신이 모르는 민주주의》 등이 있다.

이 책을 선정한 이유

요즘 MZ 세대를 설명하는 키워드 중 하나는 바로 '공정'이다. 이들은 공정에 민감하다. 모두 비슷한 출발선에 서서 평가받기를 원한다. 이런 한국 사회에 살고 있는 우리가 꼭 읽어야 할 책 《공정하다는 착각》은 미국 내에서도 '능력주의의 한계'를 비판한 수작으로 평가받는다.

성공은 실력이 아니다

해마다 11월은 수능의 계절이다. 이 시기가 오면 좁은 교실에 옹기종기 모여 앉아 시험을 치렀던 그 기억이 떠오른다. 평생 끈질기게 따라다니는, 그 지긋지긋한 '학력'이라는 꼬리표를 만들기 위해 우리는 20년 동안 공부하고, 또 공부했다. 그런데 입시는 공정한가? 그렇지 않다. '공정하다는 착각'일 뿐이라고 이 책은 주장한다.

잊을만하면 자꾸 터지는 입시 비리 스캔들. 자식의 경력을 조작하거나 심지어 시험지 답안을 훔치는 행위들. 너무 흔한 뉴스가 되어버렸다. 이러한 입시 스캔들은 미국 또한 한국과 다르지 않다. 미국에서도 2019년 33명의 부유한 부모들이 아이들을 아이비리그에 넣기 위해 입시 부정을 저질렀다. 그들은 악덕 입시 상담가를 고용해 자녀들의 경력을 부풀렸다. 축구를 해본 적도 없는 딸을 축구 특기생으로 예일대에 들어가게 할 정도였다고 한다.

사실 미국에는 이렇게 '부정 입학'이라는 '뒷문'으로 대학에 가는 방법도 있지만, '옆문'으로 가는 방법도 있다. 바로 '기부금 입학' 제도다. 그럼에도 그들이 '뒷문'을 택한 이유는 무얼까? 자녀들에게 '옆문' 딱지가 붙는 게 싫었기 때문이다. '정문'을 통과한 능력 있는 사람처럼 보이게 하고 싶었던 것이 이유였다.

노력해서. 머리가 좋아서. 정당하게. 대학에 입학한 것처럼 꾸미고 싶은 마음. 그런 욕망 때문에 그들은 '뒷문'을 선택했다.

도덕적으로 정당한 성공

'개천의 용'이라는 성공 신화는 요즘 드물다. 공부 잘하는 아이들은 대부분 부자 부모를 두었다. 부유한 학생일수록 수능과 SAT 점수가 높다. 또한 입시 컨설턴트를 고용해서 입시 스펙도 예쁘게 다듬는다. 드라마 〈SKY 캐슬〉에서 보듯, 이제 입시제도는 공정하다는 착각을 만들 뿐이다.

대학 입시는 '피라미드의 꼭대기에 누가 수단과 방법을 가리지 않고 도달하는가'의 문제가 되어 버렸다. 꼭대기에 오른 사람들은 자신들의 성공이 '도덕적으로' 정당하다고 평가받고 싶어한다. "나 스스로의 재능과 노력으로 여기에 섰다"라고 그들은 외친다. 이것이 바로 입시 부정 학부모들이 자녀에게 선물하려던 것이다. 자신감. 스펙. 정당한 대가. 그들이 단지 자녀에게 부를 물려줄 마음뿐이었다면 다른 방식을 택했을 것이다. 그러나 그들은 뭔가 다른 것을 원했다. 명문대 간판이 줄 수 있는 '능력의 지표' 말이다.

성공은 실력인가 운인가

그럼 이런 '입시 비리'만 막으면 사회는 공정해질까? 그렇지 않다. 사회에는 여전히 불평등이 존재한다. 입시에 성공한 사람들을 생각해 보자. 그들은 정말 오직 '자기 스스로' 성공한 것일까? 그들이 스스로 해내도록 도와준 부모의 돈과 노력은 어떻게 볼 것인가? 타고난 재능 같은 유전은? 오직 노력만으로 성공했다고 하더라도 그 노력 또한 재능이 아닐까? 그리고 노력에 집중할 수 있도록 해준 부유한 환경은 어떻게 볼 것인가? 이런 질문을 간과할 경우 능력주의는 승자들을 오만으로, 패자들을 굴욕과 분노로 몰아가기 쉽다.

이러한 능력주의는 왜 생겨났을까? 한국은 우선 논외로 하자. 이 책《공정하다는 착각》은 능력주의가 미국의 그 유명한 '청교도 윤리'에서 시작됐다고 말한다. 청교도, 프로테스탄트 정신에 따라 이들은 누구든 열심히 하면 구원받을 수 있다고 믿었다. 인간의 능력과 의지를 사랑했고, 이에 따라 근면 성실했다. 그 구원은 현대 사회에서는 '부'가 되었다. 그렇게 신은 스스로 돕는 자를 돕고, 열심히 노력한 자는 부자가 된다고 믿었다.

하지만 사람들은 신의 은총 앞에서 느꼈던 겸손함을 잊어버렸다. 성공의 뒤에는 나의 노력도 있지만 분명 '운'도 있다. 재능뿐 아니라 타이밍, 인맥, 태어난 나라 등 수많은 '운'이 작용한다. 실패도 마찬가지다. 따라서 우리는 겸손해져야만 한다.

성공할수록 겸손해야 하는 이유

'100퍼센트' 완벽하게 공정한 경쟁이란 없다. 공정하다는 착각일 뿐이다. 그런 경쟁을 해도 승자와 패자는 꼭 나온다. 따라서 중요한 것은 '겸손'이다.

"사회 속의 우리 자신을, 그리고 사회가 우리 재능에 준 보상은 우리의 행운 덕이지 우리 업적 덕이 아님을 찾아내는 것이 필요하다. 우리 운명의 우연성을 제대로 인지하면 일정한 겸손이 비롯된다. '신의 은총인지, 어쩌다 이렇게 태어난 때문인지, 운명의 장난인지 몰라도 덕분에 나는 지금 여기 서 있다.' 그런 겸손함은 우리를 갈라놓고 있는 가혹한 성공 윤리에서 돌아설 수 있게 해준다."

세상에 하찮은 직업이란 없다. 좋은 대학을 나오지 못해서, 월급이 적다고 해서 패자는 아니다. 세상을 승자와 패자, 이렇게 흑백 논리로 바라봐서는 안 된다. 그러한 시선은 더 큰 분열만 낳을 뿐이다. 제2의 트럼프만 등장하게 할 뿐이다.

벼가 무르익으면 고개를 숙이는 것처럼, 그렇게 성공할수록 겸손해야 한다. 나의 성공엔 단순히 내 능력과 노력 이외의 덕이 있음을 스스로 인정해야 한다.

함께 읽으면 좋은 책

《정의란 무엇인가》마이클 샌델, 와이즈베리, 2014 한국에 '정의' 열풍을 불러일으킨 책으로, 국내에 200만 부 이상 판매된 마이클 샌델의 대표작이다.
《노력의 배신》김영훈, 21세기북스, 2023 열심히 하면 누구나 다 잘할 수 있을까? 노력이 성공을 가져오지 않는다면 당신의 성공은 정당한가? 공정성의 진짜 의미와 능력주의의 한계를 꼬집어 이야기하는 책이다.
《잠실동 사람들》정아은, 한겨레출판, 2015 계급 상승을 위해 아이들 '교육'에 매달려 사는 사람들의 이야기를 담은 소설로, 한국 사회 교육 열풍의 민낯을 적나라하게 보여주는 책이다.

"민주정치가 다시 힘을 내도록 하려면,
우리는 도덕적으로
보다 건실한 정치 담론을 찾아내야 한다.
그것은 우리 공통의 일상을 구성하는
사회적 연대에 심각한 피해를 입히는 능력주의를
진지하게 재검토함으로써 가능하다.

"사회 속의 우리 자신을,
그리고 사회가 우리 재능에 준 보상은
우리의 행운 덕이지 우리 업적 덕이 아님을
찾아내는 것이 필요하다.
우리 운명의 우연성을 제대로 인지하면
일정한 겸손이 비롯된다.

"노력은 중요하다.
아무리 재능이 뛰어난 사람일지라도
자신의 재능을 갈고닦지 않고 성공할 수는 없다.
그렇지만 비록 노력이 그만큼 중요하더라도,
노력만 가지고 성공하기란 드문 일이다.

15

피로사회
Müdigkeitsgesellschaft

#성과사회

#소진증후군

#자기착취

#성공중독

"피로사회는 자기착취의 사회다.
피로사회에서 현대인은
피해자인 동시에 가해자이다."

한병철

1959년 서울에서 태어났다. 고려대학교에서 금속공학을 전공한 뒤 독일로 건너가 브라이스가우의 프라이부르크대학교와 뮌헨대학교에서 철학, 독일 문학, 가톨릭 신학을 공부했다. 베를린 예술대학교 철학문화학 교수를 지냈다. 대표작으로 《피로사회》, 《투명사회》, 《서사의 위기》 등이 있다.

이 책을 선정한 이유

저자는 한국에서 태어나 독일에서 활동 중인 독특한 이력의 철학자다. 《피로사회》가 독일에서 사회적 반향을 일으키며, 그는 현재 가장 주목받는 문화비평가이자 철학자로 떠올랐다. 《피로사회》는 왜 우리는 지금 '피로한' 사회에 살고 있는지 그 이유를 사회 구조적인 면에서 탁월하게 분석해낸 책이다. 특히 한국의 '지금'을 정확하게 진단하고 있어 읽다 보면 우리 사회에 관한 다양한 통찰을 얻을 수 있다.

우리가 '갓생'을 사는 이유

"한국인이라면 누구나 자기를 착취한다는 것이 무슨 말인지 즉시 이해할 것이라고 생각한다."

저자 한병철은 《피로사회》 한국어판 서문에 이렇게 썼다. 이 책이 나온 지 벌써 12년이 되었지만 한국인의 '자기 착취'는 여전히 심각한 수준이다. 우리는 자발적으로 자기 자신을 착취한다. 가해자와 피해자는 더 이상 분리되지 않는다.

작년에 인기를 끈 유행어 중 하나가 '갓생'이었다. 갓생은 신을 의미하는 '갓(god)과 인생을 뜻하는 '생'을 조합한 신조어로, 매일 생산적인 계획을 세우고 이를 실천하기 위해 부지런히 사는 인생을 의미한다. 이는 여전히 한국 사회가 사람들에게 '더 부지런해라', '더 갈아 넣어라', '더 노력하면 성공할 것이다'라고 주문을 외우고 있음을 보여준다. 자기 자신의 노예로 스스로 착취당하는 사람들, 주인이자 동시에 노예인 사람들이 바로 한국 사람들이다. 우리는 이러한 사회에서 더욱 피로해지고 있다. 그런데 왜 우리 사회는 이렇게 '성공' 중심의, '성과' 중심의 피로사회가 되어 버렸을까?

이 책에 따르면, 우리 사회가 '모든 것이 가능해진 것처럼 보인다'는 점을 한 가지 이유로 들 수 있다. 과거 신분제 사회에서는 귀족, 농민, 왕이 정해져 있었다. 그래서 어떤 방법을 쓰더라도 개인은 그 사회적 한계를 넘어설 수 없었다. 하지만 현대 사회는 그렇지 않다. 우리는 모두 평등하다고 배웠으며, 자신의 노력으로 부자가 된 사람을 주변에서 가끔 볼 수 있게 되었다. 이제 현대 사회에서 가난하다는 것은 그 개인이 스스로 노력하지 않았다라는 관점에서 해석되고 있다.

또한 지금 세상의 원리인 자본주의 경제는 생존을 절대화한다. 자본주의의 관심은 '좋은 삶'이 아니다. 이 경제는 더 많은 돈이 더 많은 삶을, 더 많은 능력을 낳을 거라는 생각을 자양분으로 발전하고 있다. 따라서 더 많은 성과를 올려야 하는 것은 당연하고, 돈을 더 많이 벌수록 더 행복해질 거라는 환상이 우리 사회를 지배하고 있는 것이다.

우리 사회의 피로, 어디에서 오는가?

《피로사회》는 시대마다 어떤 특징, 고유한 질병이 있다고 이야기한다. 과거에는 박테리아적인 질병이 유행했다고 한다. 그렇다면 지금은 어떤 질병이 유행하고 있을까? 바로 '신경증'이다. 우울증, ADHD, 경계성 성격 장애, 소진 증후군 같은 신경적인 질환들이 유행하고 있다고 한다. 이런 질병들은 과거의 질병과 달리 타인이 나를 착취하거나 억압하게 하지 않는다. 대신 우리 스스로 자신을 착취하게 만든다. 그렇다면 이러한 사태를 야기한 원인은 무엇일까?

《피로사회》는 사회적 변화를 이유로 든다. 20세기에서 21세기로 넘어오면서 세상은 변했다. 20세기가 규율사회였다면 21세기는 성과사회다. 규율사회에서는 타인이 우리를 억압했다. 그래서 사회에 적응하지 못한 자들은 범죄자가 되거나 광인이 되기도 했다. 하지만 성과사회는 다르다. 자기 착취가 주를 이루는 성과사회는 우울증 환자와 낙오자를 만들어 낸다.

이러한 성과사회는 '긍정성'을 바탕으로 한다. '아무것도 불가능하지 않다'라고 외치는 사회. 그 무한한 긍정성 속에서 사람들은 자유롭게, 혹은 효율적으로 자신을 착취한다. 그 속에서 우리는 끝없이 우울해진다. '아무것도 가능하지 않다'라고 말하는 우울한 개인의 한탄은 사실 '아무것도 불가능하지 않다'고 믿는 사회에서만 가능한 것이기 때문이다.

한국 사회는 우리를 속인다. 모든 것이 가능하다고. 긍정적으로 생각하라고. 우울증은 이러한 긍정성 과잉에 시달리는 사회의 질병으로, 다른 사람이 아닌 자기 자신과 전쟁을 벌이고 있는 인간을 잘 보여준다. 자기 착취는 자유롭다는 느낌을 동반하기 때문에 다른 사람이 착취하는 것보다 더 효율적이다. 시간제한도 없다.

성과사회는 사람들에게 '해야 한다'고 말하는 게 아니라 '할 수 있다'고 말한다. 이제 우리는 무한히 일할 수 있게 되었다.

피로사회에서 벗어나 행복하게 사는 법

한병철 철학자는 꾸준히 책을 쓰는 작가다. 또 현대 사회를 진단하는 데 탁월한 철학자다. 한국에서 인기가 많은 작가여서인지 그가 쓴 거의 모든 책이 번역되어 있다. 《피로사회》와 함께 그의 다른 저작 《투명사회》와 《서사의 위기》를 읽어보는 것도 좋다. 현대 사회의 시스템과 관련하여 나도 모르는 나의 문제를 발견할 수 있기 때문이다. (보통 이런 문제는 온전히 나의 잘못이 아니라 사회 시스템의 문제인 경우가 많다.)

그의 또 다른 저작인 《투명사회》는 세상이 점점 투명해지고 있다고 이야기한다. 모든 것이 즉각적으로 투명하게 공개되고, 그 결과 반응도 빠르게 나온다. 요즘 유튜브와 같은 소셜 미디어에 유명인의 치부가 공개되면 너무나 빠르게 확산되는 것처럼 투명 사회에는 비밀이 없다. 서로가 서로를 감시하는 '통제 사회'가 된다. 그 속에서 우리는 스스로가 자신을 전시하고 노출함으로써, SNS에 자신의 일거수일투족을 올림으로써, 이러한 감시와 통제를 더욱 용이하게 한다. 이제 유튜브 알고리즘은 내가 고민하지 않아도 손쉽게 좋아할 만한 동영상을 척척 추천해 준다. 이런 SNS는 사실 '자유의 공간'이 아니라 '자발적인 통제의 공간'일지도 모른다.

이러한 '투명' 사회에 이제 속도감까지 붙었다. 한병철 철학자의 최근작 《서사의 위기》는 피로하고 불안한 2024년의 위기를 다룬다. 이제 세상은 '쇼츠'와 '릴스'의 시대가 되었다. 더 이상 사람들은 깊이 있게 한자리에 머물러 있지 못한다. 이 영상을 보다가 저 포스팅을 본다. 긴 글을 읽을 수 있는 능력이 사라져 짧고 자극적인 영상만 시청한다. 우리 또한 그 속도에 맞추어 좀 더 빠르게 업로드하고 공유하고 싶어한다.

> "우리는 끊임없이 게시하고 '좋아요'를 누르고 공유하면서 벌거벗은, 공허해진 삶의 의미를 모르는 척한다. 오늘날의 위기는 '사느냐, 이야기하느냐'가 아닌 '사느냐, 게시하느냐'가 된 데 있다."

이렇게 우리는 자극적인 이슈만 좇으며 깊은 허무의 시대를 아무 생각 없이 살아간다. 그 결과 우울과 불안이 늘 찾아온다. 삶은 의미를 상실해 버리게 된다.

이러한 사회의 대안으로 저자가 꾸준히 주장하는 것은 '천천히 사색하는 능력의 회복'이다. 멀티태스킹처럼 빠르게 초점을 이동하는 산만함은 창조적인 삶에 필요한 '깊은 심심함'을 허용하지 못한다. 사람은 단순하게 분주할 때보다 깊이 있게 심심할 때 정신적으로 이완될 수 있다. 편안한 상태에서 삶의 피로를 회복할 수 있다. 길고 느린 것을 즐기는 것, 잘 눈에 띄지 않고 금세 사라져 버리는 것의 비밀을 알아보는 것과 같은 일들이다. 철학자 니체는 이렇게 말했다.

"우리 문명은 평온의 결핍으로 인해 새로운 야만 상태로 치닫고 있다. 활동하는 자, 그러니까 부산한 자가 이렇게 높이 평가받은 시대는 일찍이 없었다. 따라서 관조를 강화하는 것은 시급히 이루어져야 할 인간 성격 교정 작업 가운데 하나이다. 인간은 어떤 자극에 즉시 반응하지 않고, 속도를 늦추고 중단하는 본능을 발휘하는 법을 배워야 한다."

삶을 잘 살고 있다면, 행복하다면 괜찮다. 하지만 내 삶에 뭔가 빠져 있다고 느낀다면, 혹은 종종 불안하고 우울하다면 꼭 읽어봐야 할 책이다.

함께 읽으면 좋은 책

《서사의 위기》 한병철, 다산초당, 2023 쇼츠와 이슈만 좇는 깊은 허무의 시대, 특히 SNS에 중독되어 있다면 읽어보기 좋은 한병철 작가의 최신작이다.
《필경사 바틀비》 허먼 멜빌, 문학동네, 2011 《피로사회》에서 '규율사회'의 특징을 설명할 때 등장하는 책으로, 주인공 바틀비는 아무런 의욕도 없는 무감각적인 인간을 상징적으로 보여준다.
《어느 개의 연구》 프란츠 카프카, 솔, 2020 《피로사회》에서 '치유적인 피로'를 잘 보여주는 소설로 카프카의 〈프로메테우스〉를 꼽는데, 이 단편집 속에 수록되어 있다.

"우리는 자기 자신과 경쟁하면서
끝없이 자기를 뛰어넘어야 한다는 강박,
자기 자신의 그림자를 추월해야 한다는
파괴적 강박 속에 빠지게 된다.
자유를 가장한 이러한 자기 강요는
파국으로 끝날 뿐이다.

"깊은 사색적 주의의 거장이었던 화가 폴 세잔은
언젠가 사물의 향기도 볼 수 있노라고 말한 바 있다.
이처럼 향기를 시각화하는 데는 깊은 주의가 필요하다.
인간은 사색하는 상태에서만 자기 밖으로 나와서
사물들의 세계 속에 침잠할 수 있는 것이다.

"오늘날은 분노 대신
어떤 심대한 변화도 일으키지 못하는
짜증과 신경질만이 점점 더 확산되어 간다.
분노가 특정한 대상에 관한 것이라면
불안은 존재 자체의 문제이다.

소유냐 존재냐
To Have or To Be

"소유는 사물과 관계하며
사물이란 구체적이며 묘사할 수 있는 것이다.
존재는 체험과 관계하며
체험이란 원칙적으로 묘사할 수 없는 것이다."

에리히 프롬 Erich Fromm
1900년 독일 프랑크푸르트에서 유대인 아버지와 핀란드계 어머니의 외동아들로 태어났다. 1934년 나치의 유대인 학살을 피해 미국으로 이주했다. 에리히 프롬은 마르크스로부터 사회 구조의 변혁에 대한 감각을, 프로이트로부터 인간의 심연을 분석하고 해방하고자 하는 의도를 배웠다. 그는 다양한 작품 속에서 사회심리학적 시각으로 현대인들의 소외 양상을 유형별로 고찰하고 근대 세계 속에서 인간이 참다운 자기를 실현해 가는 길을 찾고자 하였다. 대표작으로《소유냐 존재냐》,《사랑의 기술》,《자유로부터의 도피》등이 있다.

이 책을 선정한 이유
20세기 사상가 중 대중에게 가장 큰 사랑을 받은 작가인 에리히 프롬의 대표작이다.《소유냐 존재냐》는 전 세계적으로 1,500만 부 이상 팔렸다. 그의 철학은 불안한 현대인의 모습을 정확히 진단한다.《소유냐 존재냐》는 그러한 에리히 프롬의 철학이 집대성된 책으로, 입문서로 적절하다.

소유냐 존재냐, 당신의 선택은?

현대인들은 다들 어딘가 강박적으로 매달리는 것 같다. 특히 가장 심한 것이 '소유하는 삶'이다. 다들 끊임없이 무언가를 사는 데 열중한다. 소비하기 위해 전전긍긍하며 새로운 것을 탐색한다. 이렇게 소비하면서 사람들이 궁극적으로 원하는 것은 다름 아닌 만족, 그리고 행복일 것이다. 하지만 우리는 다 안다. 계속 소비한다고 해서 결코 행복해지지는 않는다는 것을.

소유는 끝이 없다. 더 많이 소유하면 할수록 우리는 그만큼 나의 존재가 더 커진다고 느낀다. 더 멋있어지고, 더 위대해 보이며, 더 부유하게 느낀다. 그러면서 우리는 점점 더 탐욕스러워진다. 소유는 자기 파괴적이다. 결코 만족할 수가 없다. 늘 나보다 더 많이 소유한 사람이 있기 때문이다. 이러한 소유를 향한 갈망은 쳇바퀴처럼 24시간 반복된다. 따라서 소유를 추구하는 한, 그 누구도 쉴 수 없게 된다.

이런 소유하는 삶에 중독된 우리에게 꼭 필요한 철학자는 에리히 프롬이다. 그의 대표작 《소유냐 존재냐》는 '소유하는 삶'과 '존재하는 삶'을 정면으로 고찰하는 책이다. 세상을 살아가는 삶의 방식에는 '소유하는 삶'만 있는 게 아니다. 그와는 정반대로 '존재하는 삶'도 있다. 《소유냐 존재냐》는 특히 소유하는 삶에 지쳐 있거나, 자주 불안과 충동, 강박을 느끼는 이들이 읽어보면 좋을 책이다.

소유하는 삶

그렇다면 구체적으로 소유하는 삶과 존재하는 삶이란 어떤 걸까?《소유냐 존재냐》에서는 소유하는 삶의 예시로 자동차 이야기가 등장한다. 자동차는 삶의 필수품이다. 동시에 나의 신분과 자아의 상징이기도 하다. 우리는 외제 차를 보면서 보통 차 주인이 부자일 거라 상상한다. 이렇듯 자동차는 단순히 '차를 소유한다는 것' 이상의 의미가 있다.

한편 대부분 자동차는 몇 년에 한 번씩 바꾸게 된다. 이렇게 뭔가를 샀을 때 오는 기쁨은 우리에게 '성공한 것 같다'는 느낌을 준다. 동시에 이렇게 자동차를 바꾸는 건 '싫증이 났다'는 의미이기도 하다. 현대를 사는 우리는 새로운 자극을 끊임없이 추구하고자 하는 욕망을 갖기 때문이다.

소유를 원하는 삶은 결국 이렇게 말하게 된다. "나는 나 자신이 아니다. 내가 가지고 있는 것이 나를 존재하게 해준다." 결국 나의 소유물이 나를 정의하고 심지어 나의 소유물이 나를 소유하기도 한다. 결국 소유물의 노예, 자본주의의 노예가 되어버리는 것이다.

이렇게 소유가 존재의 근간이 되어버린 사람들은 소유를 잃으면 위기에 빠진다. 자기 자신 또한 없어져 버리기 때문이다. 그래서 그들은 소유물을 잃을까 봐 항상 불안해한다. 이러한 강박을 지닌 사람들에게 자유란 없다.

존재하는 삶

그렇다면 존재하는 삶이란 어떤 삶일까? 한 마디로 말해서 존재는 체험과 관계한다. 존재하는 사람들은 수동적이 아니라 능동적이다. 그래서 생산적이다. 이들은 스스로를 깊이 의식한다. 한 그루의 나무라도 그냥 지나쳐서 보지 않는다.

이들은 그저 존재한다는 것, 자기가 살아 있다는 것에 자신을 맡긴다. 자기가 가진 것을 고수하려고 전전긍긍하기보다는 열린 마음으로 새로운 것들을 받아들이고 자유를 경험한다. 존재적 실존 양식에서는 개인적 소유가 거의 무의미하다. 무언가를 즐기기 위해서 반드시 소유할 필요는 없다. 혼자 즐기기보다는 모두와 함께 나눈다. 이런 상황은 경쟁을 막을 뿐 아니라 기쁨을 나누고 공감한다는 인간 행복의 가장 깊은 체험을 낳는다.

존재한다는 것은 인간이 선천적으로 타고난 풍요로운 재능의 표출이다. 다시 말하면 자기를 새롭게 하는 것, 자기를 성장시키고 흐르게 하며 사랑하는 것, 고립된 자아의 감옥을 극복하며, 타인에게 관심을 가지고 귀 기울이며 베푸는 것을 의미한다.

소유와 존재: 세상을 살아가는 두 가지 삶의 자세

소유와 존재는 세상을 살아가는 삶의 자세로 나타난다. 이 둘의 생활 방식은 확연히 다르기 때문이다. 가령 '학습'을 예로 들어 보자. 소유하는 삶을 사는 학생들은 오로지 한 가지 목표만 생각한다. 학습한 것을 암기하거나 기록을 꼼꼼하게 해서 그것만 지키는 것이다. 그들은 새로운 것을 창조하거나 생산할 필요가 없다. 하지만 존재하는 삶을 사는 학생들은 수동적이지 않다. 그들은 배우는 데 그치지 않고 능동적으로 생산한다. 암기를 넘어서 생각하며, 끊임없이 변화하는 삶을 산다.

이러한 차이는 '독서'에서도 드러난다. 소유하는 사람들에게 텍스트는 TV를 보며 씹어 먹는 감자칩처럼 무심코 삼켜질 뿐이다. 그들은 줄거리만 즐긴다. 주인공이 살아남는지 죽는지, 사랑이 이루어지는지만 알고 싶어 한다. 그들은 이야기를 소유할 뿐이다. 인간의 본성을 통찰하지는 못한다. 하지만 존재하는 사람들에게 책은 깨달음을 위한 것이다. 이들은 아무리 유명한 고전이라도 다소간에 무가치한 요소를 가지고 있다는 사실을 안다. 또한 때때로 이들은 작가 자신보다 그 책을 더 잘 이해하기도 한다. 작가에게는 자신이 쓴 것이 모조리 중요하게 보였을 테니 말이다.

마지막으로 '사랑'을 살펴보자. 소유하는 사람들은 사랑 역시 소유하기를 원한다. 그들은 사랑하는 사람을 구속하고 가두며 지배하려고 한다. 반면 존재하는 사람들은 사랑의 행위에만 집중한다. 사랑한다는 것은 생산적인 활동이다. 상대방을 배려하고 알고자 하며 그에게 몰입하고 그를 보고 즐거워하는 모든 것이다. 사랑은 이들에게서 다시 태어나고 꽃핀다.

소유하는 사람들은 늘 불안정하다. 자주 경쟁심, 적대감을 느끼며 쾌락을 추구한다. 죽음을 두려워하며 과거와 미래에만 살아간다. 하지만 존재하는 사람들은 안정되어 있다. 연대감을 가지고 있으며 기쁨을 추구한다. 삶을 긍정하며 지금 여기에서 살아간다.

사실 이렇게 '존재'만 하는 삶은 절대로 쉽지 않다. 부처나 예수처럼 성인이 되어야만 이를 수 있는 그런 경지이기 때문이다. 그래서 일상을 살아가는 평범한 우리들은 살짝만, 조금씩만 존재하는 삶을 살아도 성공이 아닐까 싶다. 사람의 행복이 꼭 소유에서 오는 것이 아님을 알아차리고 더 나은 행복이 있다고 믿을 수 있다면, 이 책을 읽는 의미가 충분하리라 생각한다.

함께 읽으면 좋은 책

《우리는 여전히 삶을 사랑하는가》에리히 프롬, 김영사, 2022 이 책이 어렵다면 입문서로 추천하는 책이다. 그의 미발표작도 수록되어 있다.
《사랑의 기술》에리히 프롬, 문예출판사, 2019 에리히 프롬의 또 다른 대표작으로, '사랑은 기술인가?'라는 질문에 대한 대답이 담겨 있다.
《에리히 프롬》예스 푀르스터, 아르테, 2019 사랑의 혁명을 꿈꾼 휴머니스트, 에리히 프롬의 일생이 담긴 평전으로, 에리히 프롬을 독창적으로 해석했다고 평가받는 전문가가 쓴 책이다.

존재적 실존 양식은 오로지 지금,
여기에만 있다.
반면 소유적 실존 양식은
과거, 현재, 미래라는
시간 안에 있다.

현대 소비자는
나=내가 가진 것=내가 소비하는 것이라는
등식에서 자신의 실체를 확인하는지도 모른다.

시장 경제 사회에서는 자기 자신을 상품으로,
그리고 자신의 값을 '사용 가치'로서가 아니라
'교환 가치'로서 여긴다.
인간이 '인간 시장'에 진열된 상품이 된 것이다.

17

한나 아렌트 | 한길사

예루살렘의 아이히만

Eichmann in Jerusalem

#악의평범성

#홀로코스트

#인간의본성

#나치즘

"두려운 교훈,
즉, 말과 사고를 허용하지 않는
악의 평범성."

한나 아렌트 Hannah Arendt

20세기 최고의 여성 철학자 중 한 명이다. 1906년 독일에서 태어난 유대인으로, 대학에서 하이데 거에게 철학을 배웠고 이후 정치적 억압과 유대인 박해를 피해 프랑스로 망명한다. 망명 후 발터 벤야민 등 많은 지식인을 만나 저항 운동을 하던 그녀는 다시 수용소에 갇혔다가, 이후 미국으로 망명해 거기서 활발하게 활동한다. 대표작으로 《전체주의의 기원》, 《예루살렘의 아이히만》, 《인 간의 조건》 등이 있다.

이 책을 선정한 이유

20세기 정치철학 책 중 가장 유명한 책이다. 《예루살렘의 아이히만》은 세 가지 면에서 큰 가치가 있다. 첫 번째, 20세기 가장 유명한 사건 중 하나인 나치즘과 유대인 대학살을 다뤘다. 둘째, 그럼 에도 그 악행을 저지른 사람은 평범할 수 있다는 걸 보여주었다. 세 번째, 여성 철학자가 드문 철학 계 현실에서 그녀가 쌓은 학문적 성과는 그 자체로서 가치를 인정 받고 있다.

악의 평범성: 아이히만의 재판

수백만 명을 죽음으로 몰아넣은 한 남자가 있다. 우리는 생각한다. '그는 분명 악인이다, 뼛속까지 악인일 것이다. 분명 평범하지 않고, 사이코패스이거나 나르시시스트처럼 우리와 사고 체계가 전혀 다른 존재일 것이다.'라고 말이다.

하지만 때로 악은 평범하다. 끔찍하게도 정상적이다. 그들은 괴물이라기보다는 광대, 혹은 연기자와 같다. 아무 생각 없이 맡은 역할을 성실히 수행할 뿐이다. 그것이 부당하게 사람을 죽이라는 사형 선고일지라도 상관없다. 그들은 그 살인 계획을 실천한다. 유대인을 수용소로 보내라는 문서에 도장을 찍고, 그들을 죽음으로 몰아넣는 가스를 구입하는 서류에 서명한다. 그 결과 수백만 명의 유대인이 죽임을 당하게 될지라도 말이다.

《예루살렘의 아이히만》은 실제 사건을 다룬 책이다. 유대인이었던 철학자 한나 아렌트는 나치를 피해 미국으로 망명하여 그곳에서 지내던 중 1960년 이스라엘에서 나치 전범, 아돌프 아이히만의 재판이 열린다는 소식을 듣게 된다. 그녀는 특파원 자격으로 재판을 참관하는데, 현장에서 큰 충격을 받게 된다. 대량 학살이라는 무시무시한 범죄를 저지른 아이히만이 의외로 평범한 모습이었기 때문이다.

"아이히만은 중간 정도 체격에 호리호리하며 중년으로, 근시에다

희끗희끗한 머리와 고르지 않은 치아를 지니고 있었다. 재판 때는 줄곧 가는 목을 의자 쪽으로 길게 젖힌 채 앉아 있었다."

이렇게 평범해 보이는 아이히만. 그는 대체 왜 이런 일을 저지르게 된 걸까?

사고하지 않는 평범한 인간

《예루살렘의 아이히만》은 평범한 악인인 아이히만의 과거를 추적한다. 그는 나치 독일의 고위층 간부는 아니었다. 그는 말단 공무원에 불과했다. 이러한 아이히만은 상부 지시를 수행하는 역할을 맡는다. 그는 유대인들의 옷에 노란색 표지를 단다. 기차로 수십만 명을 죽음의 수용소로 이송시킨다. 거기서 어떤 사람은 가스실로 보내 즉시 죽일지 결정한다. 이 모든 일을 수행했던 아이히만. 사실 그는 수용소에서 직접 유대인을 마주한 사람은 아니었다. 수용소에서 멀리 떨어져, 서류에 사인만 하는 집행자에 불과했다. 하지만 그럼에도, 그의 사인 하나에 수십만 명이, 수백만 명이 목숨을 잃었다. 아무런 잘못도 없이 말이다.

사실 아이히만에겐 다른 선택도 있었다. 유대인들을 죽음의 수용소로 내모는 대신 제3국으로 망명을 허락하여 대량 학살을 막을 수도 있었다. 하지만 그는 나치 총통의 명령을 그대로 따랐다. "총통께서는 유대인의 신체적 전멸을 명령하셨다"라는 구호 아래 살인을 행했다. 이후 그는 이렇게 고백한다. 자신은 그러한 말, 그러한 폭력에 대해 별생각을 해본 적이 없었다고, 자신은 사실 일에 대한 기쁨이나 주도권, 관심을 잃어버린 지 오래라고, 이미 지친 상태였고, 그렇기에 자신은 명령받은 바를 행했을 뿐이라고 말이다. 그런 아이히만을 바라보며 한나 아렌트는 다음과 같이 말한다.

> "그는 무엇이든 느낄 필요를 상실하게 되었다. 이것은 총통의 명령에 기초한 이 땅의 새로운 법이었다. 그가 행한 모든 일은 그가 법을 준수하는 시민으로서 행동한 것이었다. 그는 법정에서도 계속 의무를 준수했다. 명령을 지켰을 뿐만 아니라 법을 지키기도 했다."

그가 사고하지 않은 것, 선과 악을 구분할 생각조차 하지 않은 것은 결국 홀로코스트라는 인류 최악의 사건을 불러왔다.

한편 아이히만은 승진을 간절히 원하는 허풍쟁이기도 했다. 그는 재판을 받는 8개월 동안 왜 자신이 승진하지 못했는지 반복적으로 설명했다. 그의 심문 서류는 운 나쁜 인생살이에 대한 한탄으로 가득했다. 이에 대해 아렌트는 이렇게 적고 있다.

> "아이히만은 자신의 승진을 도모하는 데 특별히 부지런히 노력한 것 외에는 살인 동기가 없었다. 그리고 이러한 부지런함 자체는 결

코 범죄는 아니다. 그는 상관을 죽여 그의 자리를 차지하려고 살인을 저지르지는 않았을 것이다.…그는 단지 자기가 무엇을 하고 있는지 결코 깨닫지 못한 것이다."

아이히만의 마지막 순간

허풍, 유명해지고자 하는 욕망은 결국 아이히만을 파멸시키게 된다. 사실 아이히만은 체포 당시 독일에 있지 않았다. 그는 아르헨티나로 망명해 평범하게 살고 있었다. 심지어 체포 전 잠적할 시간이 충분했고, 체포 과정에는 그 어떤 폭력도 사용되지 않았다고 한다. 그러니 그는 재판에 순순히 협조한 셈이다.

기록에 따르면 아이히만은 아르헨티나에서 자신이 익명으로 지내는 것에 대해 무척 지겨워했다고 한다. 또한 전쟁이 끝날 무렵 휘하의 사람들에게 '나는 내 무덤에 웃으며 뛰어들 것이다. 500만 명의 유대인의 죽음에 내 양심이 거리낀다는 사실이 나에게 대단한 만족감을 주기 때문이다'라고 말한 적도 있다고 한다. 그의 왜곡된 욕망이 얼마나 심각한지 엿볼 수 있는 부분이다.

이와 함께 그는 자신의 과거를 계속 부풀려 말했다. 그는 자신이 게토 체계를 '발명'했고, 모든 유럽의 유대인을 마다가스카르로 보낼 '생각을 해냈다'고 말했다. 하지만 실제 게토를 설치한 것은 다른 나치 간부인 하이드리히의 생각이었고, 마다가스카르 계획 또한 독일 외무부에서 '탄생'한 것이었다. 이러한 그의 허풍은 이스라엘 재판 당시 더욱 폭발하는데, 아이히만은 자신이 순순히 재판을 받은 이유에 대해 이렇게 말했다고 한다.

> "저는 1년 반쯤 전부터 어떤 죄책감과 같은 느낌이 독일 청년 일부의 마음을 사로잡고 있다는 말을 들었습니다. 그것은 저의 내면생활의 핵심이 되었죠. 이것이 제가 자신을 공개처형 하라고 제안한 이유입니다. 저는 독일 청년들로부터 죄책감을 덜어주기 위해 뭔가를 하고 싶었어요. 왜냐하면 이 젊은이들은 무엇보다도 지난 전쟁에서 있었던 사건들에 대해 결백하기 때문이죠."

그의 이러한 태도는 사형을 언도받고 교수대에 걸어갈 때까지 이어졌다고 한다. 그는 사형 집행 전 자신을 '신을 믿는 자'라고 말하면서 다음과 같은 장례식 조사 같은 다음 발언을 남기기도 했다. "잠시 후면, 여러분, 우리 모두는 다시 만날 것입니다. 이것이 모든 사람의 운명입니다. 독일 만세. 아르헨티나 만세. 오스트리아 만세. 나는 이들을 잊지 않을 것입니다."

이를 두고 아렌트는 그가 죽기 직전까지도 의기양양했고, 심지어 자신의 장례식이라는 것을 잊을 정도였다고 평했다.

> "이는 마치 마지막 순간에 그가 인간의 연약함 속에서 이루어진 이 오랜 과정이 우리에게 가르쳐 준 교훈을 요약하고 있는 듯했다. 두

려운 교훈, 즉 말과 사고를 허용하지 않는 악의 평범성을."

악의 평범성에 대한 고찰

사실 이 재판에는 많은 반론이 있을 수 있었다. 먼저 유대인을 죽음으로 내몰자는 아이디어를 낸 건 아이히만이 아니라는 반론이다. 그는 단순히 국가의 명령을 수행한 '희생양'이었다는 관점이다. 이는 아이히만을 변호했던 세르바티우스 박사의 변론이기도 했다.

또한 아이히만은 이스라엘 국민이 아니었다. 따라서 어찌 보면 그는 아르헨티나에서 '납치'되었다고도 볼 수 있다. 이러한 행위가 비윤리적이라고 지적하는 반론이 충분히 있을 수 있다. 이와 비슷한 의미로, 그를 심판할 자격이 있는 건 이스라엘 법정이 아니라 '국제 재판소'라는 주장도 있을 수 있다. 그가 유대인은 아니기 때문이다.

이 책의 놀라운 점이라면, 한나 아렌트는 직접 홀로코스트를 경험한 유대인임에도 불구하고 이 재판에 담긴 다양한 관점들을 세심하게 써내려갔다는 사실이다. 그는 아이히만을 무작정 감정적으로 비난하지 않고, 오히려 '악의 평범성'을 강조했다. 결국 이러한 태도는 유대인 공동체에 분노를 일으켜, 그녀는 가까운 친구들을 포함한 유대인 인사들로부터 엄청나게 비판받게 되었다. 하지만 그녀는 자신의 관점을 포기하지 않았다.

"나는 내 존엄이 허락하는 선에서 내 입장을 변호했습니다. 맞아요. 공포는 무시무시한 거예요. 철저한 사유의 고통보다 순응의 편안함을 바라는 사람은 누구나 그런 결과에 도달할 수 있죠. 평범성은 '의미 없음'을 뜻하는 게 아니라 '사유하지 않는' 걸 뜻해요. 이번 재판에서 드러난 행위들이 그걸 말해 주죠."

독일 나치 시대 수용소에서 유대인을 학살하라는 명령을 아무런 생각 없이 그대로 실천한 아이히만. 이렇듯 생각하지 않는다면 우리 또한 아이히만처럼 잘못된 행동을 하고 말 것이다.

한나 아렌트는 말한다. 살아있는 것과 생각하는 것은 결국 같은 것이라고. 그렇기에 우리는 생각해야 한다. 더욱 치열하게 반성해야만 한다.

함께 읽으면 좋은 책

《인간의 조건》한나 아렌트, 한길사, 2019 한나 아렌트의 또 다른 대표작으로, 노동과 행위 속에서 인간의 조건을 다시 사유하는 내용을 담고 있다.
《한나 아렌트, 세 번의 탈출》켄 크림슈타인, 더숲, 2019 한나 아렌트의 전 생애를 그래픽노블로 만나볼 수 있는 책으로, 그녀의 대작들을 읽기 전 입문서로 적합하다.
《한나 아렌트의 말》한나 아렌트, 마음산책, 2016 한나 아렌트의 말년인 1964년부터 1973년 사이에 이루어진 네 편의 굵직한 인터뷰를 책으로 엮은 것으로 그녀의 생생한 육성을 들을 수 있다.

이처럼 현실로부터 멀리 떨어져 있다는 것,
이러한 사유하지 않음이
인간 속에 존재하는 모든 악을 합친 것보다도
더 큰 파멸을 가져올 수 있다는 것.
이것이 사실상 예루살렘에서 배울 수 있는 교훈이었다.

정의는 은둔을 요구하고,
분노보다는 슬픔을 허용하며,
그 자신을 주목받는 자리에 놓음으로써
갖게 되는 모든 쾌락을
아주 조심스럽게 피하도록 처방한다.

아이히만은 갑자기
자기가 전 생애에 걸쳐 칸트의 도덕 교훈,
특히 칸트의 의무에 대한 정의에 따라 살아왔다는 것을
아주 강조하며 선언하듯 말했다.

18

평균의 종말

The End of Average

- #평균의시대
- #표준화
- #교육
- #창의성

"우리에게는 일평생 평균이라는
잣대가 졸졸 따라다닌다.
하지만 평균적인 사람은 아무도 없다.
당신도 평균적인 사람이 아니다."

토드 로즈 Todd Rose

1974년 미국에서 태어난 교육신경과학 분야의 사상가로, 하버드 교육대학원에서 지성·두뇌·교육(Mind, Brain, and Education) 프로그램과 개개인학 연구소를 맡아 이끌고 있다. 하버드 대학교 교육대학원에서 인간 발달학 박사를 취득 후 비영리단체인 포퓰리스를 설립했고, 구글, 애플, TedX 등 다양한 곳에서 강연을 펼치고 있다. 대표작으로 3부작 《평균의 종말》, 《다크호스》, 《집단 착각》이 있다.

이 책을 선정한 이유

토드 로즈는 중학교 때 ADHD 판정을 받은 뒤 성적 미달로 고등학교를 중퇴했으나, 꾸준한 노력 끝에 하버드 대학교 교수가 된 사람이다. 평균적인 교육의 피해자였으나, 결국 성공한 사람이기도 하다. 현재 구글, 마이크로소프트 등 다양한 기업에서 《평균의 종말》에 나온 원칙을 직원 채용 시 활용하고 있다고 한다. 특히 AI 시대에 학부모나 교사가 꼭 읽어야 할 책이다.

평균주의의 함정

우리는 평생 평균이라는 기준에 맞춰 살아간다. 평균에 얼마나 근접한가, 평균을 얼마나 뛰어넘을 수 있는가에 따라 평가를 당하며 살아가고 있다. 학교에 다닐 때는 평균 성적에 따라 등급이 매겨지고, 직장인이 된 이후에는 평균 소득이 얼마인지에 따라 사회적 평가가 갈린다. '나는 평균적인 한국인인가?', '평균적인 40대인가?'라는 물음을 강박처럼 던지며 평균적인 삶을 향해 전력투구한다. 《평균의 종말》은 이런 우리에게 확실하게 단언한다.

'평균적인 사람은 아무도 없다!'

이 책은 우리가 당연하게 생각하는 평균주의가 사실은 산업화가 시작되면서 사용된 편리하고 효율적인 잣대일 뿐이라고 주장한다. 그리고 이런 평균적 인간을 기준 삼아 설계된 시스템은 결국 실패하기 마련이라고 말한다. 개인의 개성을 지워버리고 획일적인 평균주의를 조장하기 때문이다.

이 책의 저자 토드 로즈는 그 자신이 평균주의에 반하는 삶을 살아온 인물이다. 그는 고등학생 때까지 인생의 낙오자였다. 열여덟 살 때는 낙제를 했다. 미성년 시기에 아내와 아들을 부양하느라 최저임금 일자리를 이리저리 전전해야 했다. 주위의 모든 이들이 그를 '문제아'라고 불렀다. 하지만 그는 포기하지 않았다. 그는 시스템에 순응하려는 노력은 그만두고 대신 시스템을 자신에게 맞출 방법을 찾아보려 매달렸다. 그 결과 고등학교를 중퇴한 15년 뒤 하버드대 교육대학원 교수가 되었다. 정말이지 평균주의에서 해방된 특별한 사람이라 할 수 있다.

평균주의의 탄생

사실 세상이 예전부터 이렇게 '평균!'을 외쳤던 건 아니다. 평균주의가 세계적으로 유행하게 된 데에는 프레더릭 윈슬로 테일러라는 인물의 역할이 컸다.

테일러는 19세기 후반 산업화가 한창 진행되던 미국에서 태어난 사람이다. 지인의 공장에 들어간 그는 고속 승진을 거듭하다가 기업 전체를 총괄하게 된다. 테일러는 이 공장에 노동력 낭비가 심각하다고 생각했다. 그래서 평균주의의 핵심인 '개개인성을 등한시하기'를 과제로 삼았다. 그에 따르면 특정 공정을 완수할 단 하나의 최선책은 바로 '표준화'였다.

'과거에는 인간이 최우선이었다면, 미래에는 시스템이 최우선되어야 한다'라는 구호 아래, 테일러는 표준화 시스템을 만들었다. 그리고 사람에 따라 시스템을 수정하는 게 아니라 시스템에 맞게 사람을 육성해야 한다고 주장했다. 이렇게 공장에서 시작된 테일러주의는 교육 영역에까지 확산되었다. 이제 공교육의 목표는 개개인의 특출난 재능을 키워주는 것이 아니라 평균적인 학생을 위한 표준 교육을 실행하는 것이 되었다.

이후 등장한 심리학자 손다이크는 테일러의 평균의 개념을 이용해 우등생과 열등생을 나누어 교육하는 방식을 도입한다. 이제 아이들마저 시험 성적에 따라 등급이 나뉘게 되었다.

《평균의 종말》은 이렇듯 우리 모두가 사회로부터 한 가지 기준만을 강요받고 있다고 말한다. 성공하기 위해서는 특정의 편협한 기대치를 따라야 한다는 말에 속고 있다는 것이다.

다들 개인성과 창의성을 발휘하는 것이 중요하다고 주장하지만 정작 많은 학교와 직장의 현실은 누가 봐도 시스템이 중요하게 설정되어 있는 상황이다. 직장인들은 기계의 톱니바퀴처럼 취급당하는 기분을 느끼며 일한다. 학생들은 나의 꿈과 멀어지는 듯한 불안한 시험 결과를 받아 든다. 대부분 사람들이 학교나 일터에서 성공에 이르는 바른길은 한 가지뿐이라는 식의 말을 듣는다. 뛰어난 역량 발휘가 시스템 순응보다 우선시되는 경우는 드물다.

평균주의에서 벗어나기

그렇다면 어떻게 평균주의에서 벗어날 수 있을까? 《평균의 종말》은 크게 세 가지를 이야기한다. 바로 들쭉날쭉의 원칙, 맥락의 원칙, 경로의 원칙이다.

먼저 들쭉날쭉의 원칙이란 인간의 능력은 단순히 한 가지로 평가할 수 없다는 것을 말한다. 예를 들면, 지적 재능은 들쭉날

쭉하다. 따라서 IQ 점수 같은 일차원 값으로는 평가하는 것이 불가능하다. 같은 IQ여도 어떤 사람은 어휘력이 풍부하거나 퍼즐을 잘 맞출 수 있다. 또 다른 사람은 숫자 암기를 잘하거나 행렬 추리를 잘 할 수 있다. 하지만 이러한 재능을 모두 평균에 초점 맞춰 버리면, 개개인의 능력은 제대로 발휘되지 못한다.

두 번째, 맥락의 원칙이란 사람의 성격은 고정된 것이 아니라는 뜻이다. 요즘 사람들은 만나면 흔히 MBTI 이야기를 많이 한다. 그리고 '나는 내성적이야', '나는 계획적이야'라고 단정 지어 말한다. 하지만 《평균의 종말》은 이런 말이 틀렸다고 지적한다. 우리는 외향적이면서도 동시에 내향적일 수 있다.

예를 들면 학교에 다니는 한 여자아이가 있다. 그 아이는 매점에서는 외향적인 모습을 보이지만 운동장에서는 내향적인 모습을 보인다. 물론 어떤 사람이 내향적인 편에 가깝거나 외향적인 편에 더 가깝다고 말할 수는 있다. 하지만 사람의 성격은 맥락에 따라 다르게 발휘된다. 개개인의 행동은 특정 상황과 따로 떼어서는 설명될 수 없다.

마지막으로 경로의 원칙이란 성장하거나 배우는 데에는 여러 경로가 존재한다는 믿음이다. 평균주의 세상에서는 '정상적'인 경로만이 전부인 줄 안다. '나이 들면 취직하고 결혼하고 애를 낳아야 한다'와 같은 흔한 인생 숙제를 들 수 있다. 하지만 삶은 다양하다. 우리의 개개인성도 다양하다. 그리고 누구나에게

나 자신에게 좀 더 잘 맞는 경로와 방법이 있을 수 있다. 심지어 같은 목표에 도달하기까지 걸리는 시간도 각각 다를 수 있다. 어떤 아이는 이차 방정식을 2주 만에 터득한다. 하지만 다른 아이는 한 달이 넘게 걸리기도 한다. 하지만 그게 무슨 상관인가? 결국 방정식을 풀 수 있다면 된 것 아닌가? 모든 사람은 저마다 다른 속도로 발전한다. 하지만 우리는 더 빠른 것을 더 훌륭한 것과 동일시하고 있다.

《평균의 종말》은 우리 모두가 특별하다고 말한다. 그리고 더는 당신 스스로를 평균 점수가 말하는 모습으로 평가하지 말라고 당부한다. 있는 그대로 자신을 바라보자. 새로운 길에 도전해 나에게 딱 맞는 경로를 찾아보자. 그 방향을 따르면 평균적인 경로를 따르는 것보다 성공에 이를 가능성이 높아질 것이다. 저자 토드 로즈처럼 말이다.

함께 읽으면 좋은 책

《다크 호스》토드 로즈, 21세기 북스, 2019 《평균의 종말》을 잇는 두 번째 책으로 성공의 표준 공식을 깨는 비범한 승자들의 원칙을 말하는 책이다.
《집단 착각》토드 로즈, 21세기 북스, 2023 토드 로즈 3부작 완결판으로 인간 본능이 빚어낸 집단 사고의 오류와 광기에 대해 실명하는 책이다.
《다중지능》하워드 가드너, 웅진지식하우스, 2007 아이들은 모두 다른 방식으로 발달되어야 한다고 주장하는 책으로, 인간의 지능은 단일한 능력이 아니라 다수의 능력으로 구성되어 있다고 말한다.

"지금 우리가 살아가는 세계는
우리 스스로 수많은 평균과 비교해
평가하도록 조장하며,
아니 강요하며, 우리에게 그 정당성을
끝도 없이 제시하고 있다.

"우리는 개개인성을 인정받고 싶어 한다.
진정한 자신이 될 수 있는 사회에서 살고 싶어 한다.
인위적 기준에 순응할 필요 없이
자신의 고유한 본성에 따라 자기 방식대로 배우고
발전하고 기회를 추구할 수 있는 그런 사회를 바란다.

"발달의 사다리는 없다.
사다리라기보다는,
우리 각자가 저마다 발달의 그물망을 가지고 있다.
이는 각각의 새로운 단계마다
우리 자신의 개개인성에 따라
새로운 가능성이 온갖 다양한 형태로
펼쳐진다는 얘기다.

군중심리
Psychologie des foules

"군중 속의 개인은 충동적이고 난폭하며
잔인할 뿐만 아니라 원시인처럼 열광하며
때로는 용맹하게 나서기도 한다."

귀스타브 르 봉 Gustave Le Bon
1841년 프랑스에서 태어났다. 일찍이 부모의 유산을 물려받아 경제적으로 여유로웠던 덕분에 전 세계를 수시로 여행했고, 이러한 경험과 다방면에 걸친 왕성한 호기심을 바탕으로 여러 분야에서 활약한다. 의사로서 사회 경력을 시작한 르 봉은 파리 코뮌과 제3공화정의 혼란 속에서 현실 정치에 도움이 되고자 하는 소명 의식에서 사회심리학 연구에 몰두한다. 한편 그는 1903년 노벨 물리학상 후보로 지명될 정도로 뛰어난 과학자이기도 했다. 탐험가로서 다양한 민족의 특성과 문화를 연구한 여행기도 남겼다.

이 책을 선정한 이유
《군중심리》의 영향력은 대단하다. 정신분석 창시자인 프로이트, 미국 대통령 루스벨트, '유럽의 버핏'으로 불리는 전설적 투자자 코스톨라니에 이르기까지 수많은 리더들이 이 책을 자신의 분야에 적용해 성과를 거두었다. 지금 세상에도 여전히 통하는 사회심리학의 고전으로 평가받고 있다.

세상을 움직이는 힘, 대중의 심리를 파헤치다

요즘 사회는 군중, 대중이 지배하는 듯하다. 많은 이들이 군중을 이용하려고 눈빛을 번뜩인다. 특히 연예인, 인플루언서, 정치인, 기업가들은 대중의 심리를 이용해 자신의 뜻대로 세상을 휘두르고 싶어 한다. 귀족과 왕, 그리고 절대적인 종교가 없어진 지금, 세상을 바꾸는 것은 결국 대중의 힘이라는 것을 아는 것이다.

《군중심리》는 대중의 심리를 냉철하게 분석한 책이다. 사실 인류는 과거부터 지금까지 군중의 심리를 본능적으로 이용해 왔다. 성공적인 지배자, 종교와 제국의 창시자, 저명한 정치인들은 모두 군중의 심리를 무의식적으로 조종해 왔다. 특히 왜 사람들이 비합리적이고 감정적인 지도자에게 쉽게 흔들리는지 궁금하다면 꼭 읽어봐야 할 책이다.

군중 심리의 다섯 가지 특징

우리는 크든 작든, 선하든 악하든 군중에 속해 있다. 일반적으로 '군중'이란 한자리에 모인 개개인의 집단을 의미한다. 그리고 이런 '군중'은 심리학적으로는 군중을 구성하는 개인이 누구든 간에, 즉 삶의 방식, 직업, 성격, 지능이 비슷하든 그렇지 않든 간에 군중이 되었다는 사실만으로 일종의 집단 심리를 갖게 된다. 그렇기에 군중은 독립된 개인으로 있을 때와는 완전히 다른 방식으로 생각하고 행동한다. 이러한 군중의 특징은 크게 다음 다섯 가지로 이야기할 수 있다.

첫째, 충동성, 변덕, 과민성을 갖는다. 군중은 거의 언제나 무의식에 지배된다. 군중은 충동의 노예다. 항상 그 순간에 일시적으로 받는 자극의 영향 아래 놓인다. 마치 거센 바람이 불면 사방으로 흩날렸다가 바람이 그치면 우수수 떨어지는 낙엽과도 같다. 또한 군중은 그 수가 많다 보니 자신들이 천하무적이라 생각한다. 이런 생각에 들떠서 '불가능'이라는 개념 자체를 상실해 버린다. 혼자서는 절대로 하지 않을 왕궁에 불을 지르는 일도 손쉽게 해낸다.

둘째, 피암시성과 맹신의 특징이 있다. 군중의 생각과 감정은 쉽고 빠르게 감염된다. 이들은 하나의 목표와 생각으로 쉽사리 휩쓸린다. 최면에 걸린 듯 홀린다. 군중에 포함된 개인은 마치 최면에 걸려 황홀경에 빠진 것처럼 집단을 맹신하게 된다. 옳고 그름을 판단하지 못하고 암시에 걸려 버리는 것이다. 자신의 행동을 의식하지 못한 채 암시받은 대로 즉시 행동을 취하려 한다.

셋째, 단순하고 과장된 감정이 존재한다. 군중이 드러내는 감정은 좋은 것이든 아니든 매우 단순하다. 그리고 과장된 이중적 특성을 보인다. 군중의 감정은 순식간에 극단으로 치닫는가 하면 가볍게 내뱉은 의혹이 논란의 여지가 없는 명백한 증거로 돌변하기도 한다. 개인에게는 별 힘을 얻지 못하는 반론도, 군중에게는 곧바로 흉포한 증오로 돌변한다.

넷째, 편협하고 보수적인 특징이 있다. 군중은 극단적인 감정만 느낀다. 군중은 어떤 진리나 오류를 조금도 의심하지 않을뿐더러 그 힘이 강력하다는 것을 확신한다. 따라서 권위적이며 때로 독선적이다. 개인은 반론과 토론을 허용하지만 군중은 결코 용납하지 않는다. 또 군중은 무의식의 지배를 받기 때문에, 달리 말해 오랫동안 축적된 정신적 유산의 영향을 크게 받기 때문에 지극히 보수적이다.

다섯째, 도덕성은 대체로 낮은 편이다. 하지만 이중적이기도 하다. 만약 '도덕성'을 이기적인 충동을 누르는 힘으로 본다면, 군중은 지나치게 충동적이고 변덕이 심하기 때문에 결코 도덕적이라 할 수 없다. 사실 군중의 잔혹성은 사냥꾼의 특성과 매우 유사하다. 군중은 무방비 상태의 희생물을 서서히 죽이며 비열한 잔혹성을 여실히 드러내기 때문이다. 그러나 헌신, 자기희생 같은 특성을 도덕성에 포함한다면, 군중도 때로는 무척 고결한 도덕성을 띤다고 말할 수 있다. 군중은 자기희생적 성격이 강하기 때문이다.

이러한 특징을 지니는 군중 속 개인은 더 이상 자기 자신이 아니다. 자기 의지대로 행동하지 못하는 꼭두각시에 불과하다. 게다가 군중의 일원이 되면, 사람들은 좀 더 야만인처럼 행동하게 된다. 거기다가 개인이었다면 아무런 영향을 미치지 못했을 말과 이미지에 쉽게 휘둘린다. 자신의 이익을 해치는 것들도 서슴지 않고 행동한다. 이렇게 군중 속의 개인은 바람결에 이리저리 흩날리는 무수한 모래알과 같은 모습을 보인다. 이렇게 완전히 다른 사람이 된다.

영웅을 숭배하는 군중, 그들에게 영웅은 신과 같다

이 책에서 가장 인상적이었던 부분은 군중의 확신을 '종교'에 비유해 설명한 부분이었다. 사실 요즘 정치를 보면 '이게 정치인가, 사이비 종교인가' 헷갈릴 정도로 정치인을 맹신하는 경우를 자주 보게 된다. 마치 종교 교주를 따르듯이, 옳고 그름을 냉정하게 판단하지 않은 채 군중 심리에 휩쓸려서 특정 정치인을 옹호하는 모습을 보이는 것이다. 《군중심리》는 이러한 군중 심리를 종교와 비슷하다고 말한다.

"군중은 이성적으로 추론하지 않는다는 것, 사상을 뭉뚱그려 받아들이거나 거부한다는 것, 토론이나 반론을 허용하지 않는다는 것을 앞에서 살펴보았다. 군중은 어떤 이상에 대한 암시를 적절하게 받으면 그 이상을 위해 기꺼이 자신을 희생한다는 것도 보았다. 또 군중은 과격하고 극단적인 감정만 느끼며, 그들의 세계에서는 호감이 숭배를 받고 반감은 금세 증오로 바뀐다는 것도 보았다. 이 모든 현상을 보면 군중의 확신은 종교적인 감정을 띤다는 걸 짐작해볼 수 있다."

종교적 감정은 무척 단순하다는 특징을 지닌다. 이는 신을 숭배하는 것과 무관하게 우월해 보이는 자를 숭배하고, 그가 지닌 듯한 마법적 힘을 두려워한다. 명령을 맹목적으로 따르고, 그의 가르침에 반론을 제기하지 못한다. 또한 가르침을 널리 전파하며, 가르침을 인정하지 않는 사람들을 모두 적으로 간주하는 경향이 있다. 정치가 이런 모습을 보인다면 결국 정치도 종교화되는 것이다.

"우리가 어떤 신을 숭배할 때만 종교성을 갖는 건 아니다. 생각하고 행동하는 목적 그리고 기준이 된 대의나 인물을 위해 정신적 자원을 모두 투입하면서 개인의 의지를 접고 열정적으로 맹신하는 경우에도 종교성을 갖게 된다. 군중이 찬양하는 영웅은 그들에게 신과 다를 바 없다."

군중의 신념을 좌우하는 요인

이러한 군중의 신념에 영향을 주는 것으로, 직접 요인과 간접 요인이 있다. 직접 요인에는 크게 다음 네 가지로 1) 이미지, 단어, 경구, 2) 환상, 3) 경험, 4) 이성이 있다.

먼저 군중은 이미지나 단어, 경구에 영향을 받는다. 이미지나 단어가 꼭 실제 의미 그대로 쓰일 필요는 없다. 때로는 의미를 규정하기 힘든 단어가 막강한 힘을 발휘할 때도 있다. 대표적인 단어가 민주주의, 사회주의, 평등, 자유 등이다. 사실 이 단어들은 의미가 매우 모호해 그 뜻을 정확히 규정하려면 두꺼운 책 몇 권으로도 부족하다. 하지만 그 단어들이 쓰이면, 모든 문제의 해결책이라도 되는 것처럼 묘하게 설득된다.

두 번째로 군중은 '환상'의 영향을 받는다. 옛날 군중은 환상이 만들어낸 존재를 숭배하기 위해 신전과 조각상을 세웠다. 희망도 없고 환상도 없다면 인간은 존재할 수 없기 때문이다. 오늘날에도 '사회주의' 혹은 '자본주의'는 이런 환상을 발휘한다. 대담하게 행복을 약속하기 때문에 현실을 잘 모르는 사람들에게 지지를 받는다.

세 번째 요인은 '경험'이다. 경험은 군중에게 진실을 확고히 심어주고, 지나치게 위험해진 환상을 걷어낼 거의 유일한 방법이다. 하지만 그런 효과를 거두려면 많은 사람들이 같은 일을 경험해야 한다. 그리고 이런 경험이 자주 반복되어야 한다. 예를 들면 프랑스는 20년 동안 프랑스 대혁명을 통해 수백만 명이 죽는 걸 경험한 뒤에야 순수하게 이성만으로는 한 사회를 철저히 쇄신할 수 없다는 걸 깨달았다. 하지만 경험의 대가는 종종 이렇게 너무 크다.

마지막으로 영향을 주는 요인은 '이성'이다. 흥미로운 건 다른 요인들과 달리 '이성'은 군중의 신념에 가장 영향을 끼치지 않는다는 점에서 의미가 있다는 것이다. 군중은 이성적 추론에 전혀 영향을 받지 않는다. 연설가들도 대부분 감정에만 호소할 뿐 이성에는 호소하지 않는다. 논리적인 말은 군중에게 아무런 영향을 주지 못하기 때문이다. 그러니 군중을 설득하려면 먼저 군중에게 자극이 될 만한 감정을 철저히 파악하고, 그 감정을 공유하는 척한 다음, 기초적인 연상 작용으로 잘 암시된 이미지를 환기하며 그들의 감정을 원하는 방향으로 유도해 가야 한다.

한편 간접 요인도 있다. 여기에는 민족, 전통, 시간, 정치제도와 사회제도, 학습과 교육이 포함된다. 이 중 민족은 가장 중요한 요인으로 꼽힌다. 한국인에게 '국뽕'이 있듯이 민족, 그리고 민족의 정신적 뿌리가 되는 전통은 군중의 신념을 이끈다. 이때 필요한 건 시간이다. 민족이라는 거대한 힘은 시간 없이는 형성될 수 없기 때문이다.

제도 또한 군중의 신념에 영향을 미친다. 다만 제도는 사상과 감정과 관습의 소산이며, 법률로 개정해도 쉽사리 바뀌지 않는다는 점을 기억하는 게 좋다. 제도는 민족의 산물이자 그 시대의 피조물이기 때문이다. 마지막으로 학습과 교육은 군중의 정신을 개선하거나 나빠지게 할 수 있다. 하지만 인간과 민족의 본성까지 바꾸지는 못한다.

답답한 한국 정치, 군중 심리에서 답을 찾다

이러한 이야기가 담긴 《군중심리》는 사실 호불호가 꽤 갈릴 수 있는 책이다. 무엇보다 군중이라는 힘이 '세상을 선하게 바꿀 수 있다'는 믿음을 가진 사람들에게는 거부감이 느껴질 수도 있기 때문이다. 물론 우리 사회에 선하고 똑똑한 사람도 분명 많다. 하지만 대체 왜 사람들이 집단이나 대중이 되면 그렇게 어리석은 선택을 하고 마는 건지 답답함이 느껴질 때도 많다.

이런 답답함을 느끼는 이들이라면 이 책을 읽고 어느 정도 속시원한 '사이다' 같은 느낌을 받을 수도 있을 것이다. 한국 사회 속의 군중 심리도 잘 해석해 내고 있기 때문이다. 개인적으로 한국 정치가 군중 심리에 이용당하는 정치가 되지 않기를, 군중 심리의 원리가 적용되지 않는 정치가 되기를 바라는 마음이다.

함께 읽으면 좋은 책

《넛지 : 파이널 에디션》리처드 탈러 외, 리더스북, 2022 '인간은 천재인 동시에 바보다!' 인간 행동과 선택에 관한 새로운 관점을 제시하는 책이다.
《제정신이라는 착각》필리프 슈테르처, 김영사, 2023 우리가 지금 보고 믿고 진실이라 생각하는 모든 것은 정말 진짜일까? 이 책은 인간 이성의 오류를 파헤친다.
《컬트》맥스 커틀러 외, 을유문화사, 2024 왜 사람들은 사이비 종교를 믿을까? 이 책은 20세기 미국을 경악하게 한 집단 광기의 역사를 기록한 책으로, 총 9명의 컬트 지도자들을 분석하여 그 이유를 들여다 본다.

확언이 충분히 반복되고
그 과정에서 의견이 일치될 때,
이른바 여론의 흐름이 형성되면
전염이란 강력한 메커니즘이 개입한다.
사상과 감정, 정서, 신념은
군중 안에서 병원균만큼이나
강력한 힘으로 전염된다.

군중의 지도자는 대부분
사상가가 아니라 행동가다.
그들 중에는 병적으로 신경증 환자나
광기가 폭발할 지경에 다다른
반쯤 미친 사람이 많다.

광신적 감정에 사로잡히면
사람들은 누군가를 숭배하고
그에게 순종하는 것에서 행복을 찾으며
우상을 위해 기꺼이 목숨까지 바치려 한다.
이런 현상은 어느 시대나 다를 바 없었다.

20

감시와 처벌
Surveiller et punir

#정상과비정상

#감옥의탄생

#구조주의

#프랑스철학

"각 개인을 대상으로
끊임없이 행해지는 정상, 비정상의 구분은
오늘날까지 계속되고 있다."

미셸 푸코 Michel Paul Foucault

1926년 프랑스에서 태어났다. 현대 프랑스를 대표하는 철학자 중 한 명으로, 철학뿐 아니라 역사학, 사회학, 정치학, 심리학, 문학 이론 등에 폭넓은 영향을 미쳤다. 권력·지식·담론 같은 개념을 바탕으로 고고학과 계보학의 방법론을 사용하여 사회를 분석한 것이 특징이다. 지은 책으로는 《광기의 역사》, 《말과 사물》, 《지식의 고고학》, 《성의 역사》 등이 있다.

이 책을 선정한 이유

미셸 푸코는 질 들뢰즈, 자크 데리다와 더불어 저명한 포스트모더니즘 철학자로 불린다. 《감시와 처벌》은 미셸 푸코의 중기 대표작으로, 이 책은 중세부터 현대까지 처벌의 역사를 통해, 그 속에 숨어 있는 권력관계를 파헤친다. 서울대 권장도서 중 하나로, 당연한 것을 당연하지 않게 바라볼 수 있는, 생각하는 힘을 키울 수 있는 책이다.

형벌의 역사

여기 흉악한 범죄자가 있다. 그는 폭력을 행사해 다른 사람의 다리를 부러뜨렸다. 우리는 그 범죄자를 손가락질하며 말한다. "빨리 감옥에 처넣으세요." 반면 그 누구도 "빨리 저 사람의 다리를 부러뜨리세요."라고 말하진 않는다. 죄를 지으면 감옥에 간다는 사실은 우리에게 너무나 당연한 일이다.

하지만《감시와 처벌》에 따르면, 18세기 이전까지만 해도 이러한 '감옥'은 일반적인 형벌 수단이 아니었다. 이전에는 오히려 공개 형벌이 많았다. 죄인은 구경거리가 되었다. 고문이 흔했고, 육체적으로 큰 고통을 받았다. 이러한 강력한 신체 형벌은 왕의 권력을 한층 강화시켜주었다. 그 누구도 함부로 왕에게 대항하지 못할 테니 말이다.

그러던 형벌의 모습이 18세기를 지나면서 갑자기 감옥의 형태로 변하게 된다. 사회, 정치, 경제의 변화와 함께 권력이 세상을 통제하는 방식 역시 변했기 때문이다.《감시와 처벌》은 이런 '감옥의 역사'를 담은 책으로, 미셸 푸코의 대표작이다.

이 책을 읽고 나면 세상에 변치 않는 당연한 건 없다는 걸 새삼 깨닫게 된다. 감옥이 일반적인 형벌이 아니었다니. 그리고 우리 모두 자본주의라는 거대한 감옥 속에 살고 있다니. '더 나은 사회를 위한 대안은 없는 걸까?'하고 묻게 만드는 책이 바로《감시와 처벌》이다.

신체 형벌에서 감옥으로

"형벌을 완화시켜 범죄에 적합한 것으로 해야 한다. 사형은 살인범에게만 부과해야 한다. 인간성에 위배되는 신체형은 폐지해야 한다."

신체에 가하는 형벌에 대한 항의는 18세기 후반에 이르러 흔해졌다. 신체를 체벌하는 것은 잔인하다는 의견이 팽배해졌다. 무엇보다 흉악한 살인자라 하더라도, 그 또한 '인간'임을 존중받아야 한다는 이유에서였다. 사실 이런 가치는 오늘날 일반적으로 받아들여진다. 심한 흉악 범죄가 아니면, 범죄자의 신원도 비공개 처리되는 세상이다. 하지만 이러한 생각이 과거엔 당연하지 않았다. 물론 형벌은 인간의 역사 속에 늘 존재했으나, 항상 같은 모습은 아니었다. 감옥과 형벌의 역사를 읽다 보면 '세상이 참 많이 변했구나' 하는 생각이 든다.

《감시와 처벌》에 따르면 이제 범죄 자체도 중요하지만, 범죄를 저지른 사람 또한 중요해졌다. 만약 살인죄를 저지른 사람이 있다고 하자. 이제 법정은 "당신이 살인을 정말 저질렀습니까? 어떻게 저질렀습니까?"만 묻지 않는다. "당신은 누구입니까? 당신은 정상인입니까?"도 묻는다. 한국에서도 흔히 일어나듯, 술을 마신 사람, 정신병 진단을 받은 사람은 범죄의 책임을 면해준다. 이렇듯 현대의 법정은 범죄를 저지른 사람의 신체를 처벌하지 않는다. 범죄 행위와 위반사실에만 주목하지 않는다. 범죄자가 위험한지 아닌지, 치료가 가능한지 아닌지까지 묻는다. 이제 법정은 범죄를 저지르는 영혼을 처벌한다. 그리고 모든 처벌이 '감옥화'되면서 세상은 변하게 된다.

권력의 감시 : 판옵티콘

《감시와 처벌》은 '처벌'의 역사와 함께 '감시'의 역사도 이야기한다. 형벌이 달라진 것과 마찬가지로 18세기 후반, 감옥도 달라졌다. '규율화된 감시'가 더해진 것이다. 여기서 중요하게 언급되는 게 바로 그 유명한 '판옵티콘'이다. '판옵티콘'이란 사실 푸코가 만든 개념은 아니다. 영국의 법학자이자 철학자인 벤담이 제안한 것이다.

판옵티콘은 독특한 구조를 가진 건물 형태라고 할 수 있다. 바깥쪽에는 고리 모양의 건물이 들어서 있다. 그리고 그 중앙에는 거대한 탑이 서 있다. 이 건물을 관리하는 감시인은 가운데 탑에 서서, 바깥쪽에 있는 건물들을 끊임없이 감시한다. 그래서 단 한번 바라보는 것으로 모든 죄수를 몰래 관찰하고 감시할 수 있다. 또한 죄수들을 매시간 부단히 평가하고, 그들의 행동을 변화시킬 만한 행동도 즉각적으로 강요할 수 있다. 이러한 시스템하에서는 아무도 숨을 수가 없다. 이런 이야기를 읽다 보면 판옵티콘

이 마치 현대의 CCTV 같다는 생각도 든다. 우리도 판옵티콘 구조의 세상에 살고 있는 것이다.

푸코는 '판옵티콘'을 두고 일종의 권력 실험실이라고 말한다. 이 시설을 통해 모든 인간의 행동이 효율적으로 이루어진다. 판옵티콘 체계에서는 감시가 불연속적으로 작동할지라도 감시의 효과는 지속된다. 감시받는 사람들은 감시하는 사람이 나를 보고 있는지 안 보고 있는지 알 수 없기 때문이다. 또한 감시받는 사람들은 감시자가 누구인지, 한 명인지 여러 명인지조차 알 수 없다. 이제 권력은 더 이상 어떤 인물이 아니라 익명적이고 자동적으로 변한다. 이런 구조 속에서 사람은 또한 자연스레 기계가 된다. 그러면서 세상은 규율이 지배하는 사회로 바뀌게 된다.

감옥은 대실패작이다

푸코는 이 책에서 '감옥은 형사 사법의 대실패작'이라고 말한다. 일단 감옥은 범죄 발생률을 감소시키지 못한다. 아무리 감옥을 늘려도 범죄자 수는 계속 증가하고 있는 것이 현실이다.

우선 감옥은 재범을 유발한다. 우리는 감옥이 수감자들을 순화시키길 바라지만 본성과 반대로 행동하는 것은 어려운 일이다. 그 짧은 시간에 인간이 변하기는 힘들다. 또한 감옥은 범죄자들이 서로 만나게 되는 만남의 장소이기도 하다. 이들은 이곳에서 인맥을 쌓고, 이는 미래의 범죄로 이어진다. 마지막으로 석방된 수감자들에게는 여러 가지 사회적 제재가 가해지는데, 이 때문에 그들은 운명적으로 재범의 굴레에서 벗어날 수 없게 된다.

우리 사회에서 한 번 범죄자는 영원한 범죄자다. 그렇기에 수감자 본인뿐만 아니라 수감자의 가족 또한 가난해진다. 그리고 이는 또 다른 범죄자를 만들어낸다. 이런 이유로 감옥의 기능은 사실상 '범죄의 생산'이라는 것이 푸코의 주장이다.

푸코의 책을 읽다 보면, 새삼 내가 이렇게나 어마어마한 세상에 살고 있다니 하는 생각이 절로 든다. 그 속에는 점점 알아채지 못하게 교묘해지고 눈에 보이지 않는 강력한 '권력 시스템'이 숨어 있다. 푸코는 감옥을 이야기하고 있지만, 사실 이건 하나의 '예시'일뿐이다. 결국 이 시스템은 우리가 살고 있는 이 세상을 반영한 것이다. 그리고 이런 세상의 변화가 점점 더 가속화되고 있다는 불길한 느낌을 감출 수 없게 된다.

함께 읽으면 좋은 책

《미셸 푸코》 프레데릭 그로, 이학사, 2022 엄밀하고 체계적으로 푸코 사상 전체를 잘 요약 정리한 책으로, 푸코 입문서로 읽기 좋다.

《말과 사물》 미셸 푸코, 민음사, 2012 푸코의 초기 대표작으로, 이 책을 통해 푸코는 구조주의자의 선두에 서게 되었고 대중적으로도 큰 성공을 거두었다.

《마네의 회화》 미셸 푸코, 그린비, 2016 푸코는 철학서도 썼지만, 대중 강연도 많이 했다. 이 책은 화가 '마네'에 관한 강연을 책으로 옮긴 것으로, 그의 예술관을 살펴볼 수 있다.

완벽한 감시 장치라면,
단 하나의 시선만으로
모든 것을 영구히 볼 수 있을 것이다.
하나의 중심점이 있어,
그것이 모든 것을 비추는 광원이 되는 동시에
알아야 될 모든 사항이 집약되는
지점이 될 수 있을 것이다.

각 개인을 대상으로
끊임없이 행해지는 정상, 비정상의 구분은
오늘날까지 계속되고 있다.

규율의 방식은,
매 순간 서로 통합되고,
최종적인 확고부동한 시점을 지향해 가는
직선적 시간을 출현하게 한다.
요컨대 그 시간은 '진화'하는 시간인 것이다.

21

액체 현대
Liquid Modernity

#현대인의불안

#사회학

#강박중독

#자본주의

"우리는 지금 액체 현대를 살고 있다.
지난날 견고했던 것들이 이제 형체 없이 녹아 흐르는
어느 때보다도 불안정하고 유동적인
세계 한가운데를 살아가고 있는 것이다."

지그문트 바우만 Zygmunt Bauman
폴란드 출신의 저명한 사회학자이다. 폴란드 내부 반유대주의 축출 운동으로 1971년 망명한 이후 영국에 거주했다. 근대성과 홀로코스트, 그리고 포스트모던 소비주의 사이의 연관성에 대한 분석으로 잘 알려져 있다. 출간한 저서 30여 권은 대부분 세계화와 근대성, 포스트모더니티, 소비주의, 그리고 윤리학이라는 공통된 주제를 다룬다. 2017년 1월 9일 91세를 일기로 별세했다.

이 책을 선정한 이유
지그문트 바우만은 21세기에 가장 주목받는 사회학자로, 유럽 변방 폴란드 출신이지만 시대의 지성이자 문화적 아이콘으로 평가받는다. 근대의 문제점을 가장 냉철하게 판단한 학자로도 유명하다. 《액체 현대》는 이러한 세계적 지성 지그문트 바우만의 대표 저서이자, 우리 시대에 관한 가장 폭넓고 통찰적인 분석을 제시한 책이다.

내가 오늘 불안한 이유

밤에 자려고 누우면 종종 불안한 느낌이 엄습해 온다. '분초 사회'라는 신조어처럼, 1분 1초가 아까운 세상에 살고 있는 우리는 속도에 치이며 살아간다. 그뿐만이 아니다. 세상에 확실한 건 아무것도 없는 듯이 느껴진다. 어제의 진리나 법칙이 오늘은 통하지 않는다. 세상은 단단하게 모양이 잡혀 있는 고체라기보다는 유동적으로 흐르는 가벼운 액체에 가까운 듯하다.

지그문트 바우만의《액체 현대》는 현대 사회를 불확실하고 예측 불가능하며 유동하는 액체와 같다고 진단한다. 출간된 지 몇십 년이 흘렀음에도 이 책이 전하는 이야기는 여전히 우리 사회에 잘 들어맞는다. 불안하면서 무기력한 느낌, 회피적이고 산만하며 막연히 공포스럽다는 느낌.《액체 현대》는 그런 느낌을 잘 잡아낸 수작이다. 바로, 내가 왜 이토록 불안한지 명쾌하게 설명하고 있는 책이다.

고체 사회에서 액체 사회로의 변화

"액체 현대라는 것은
변화야말로 유일하게 영속하는 것이고,
불확실성만이 유일하게 확실한 것이라는,
점차 커지는 확신이다."

바우만에 따르면, 이제 우리에게는 '목적지'가 없다. 세상은 빠르게 변화한다. 사람들은 단지 막연하게 바랄 뿐이다. 부자가 되고 싶다, 행복하고 싶다고. 하지만 이러한 바람은 결국 중압감과 고된 노동으로 돌아올 뿐이다. 행복에 도착했다 싶으면, 다시 시작이다. 새로운 목표와 목적지가 우리를 기다린다. 그러니 영원히 목표를 향해 쳇바퀴를 굴릴 뿐이다.

예전 사회는 지금과 달리 고체로 비유할 수 있었다. 예전에는 질서가 있었다. 확고부동한 권력층이 있었고, 어길 수 없는 규칙이 있었다. 하지만 이러한 고체는 녹기 시작했다. 지그문트 바우만에 따르면 고체가 녹은 이유는 사람들이 단지 질서에 분노하고 반대해서가 아니다. 오히려 현존하는 세습된 고체 덩어리가 충분히 견고하지 않다고 사람들이 불만을 품어서다.

"이제 세상은 '액체'가 되었다. 액체는 쉽게 이동한다. 그것들은 흐르고, 엎질러지고, 튀고, 방울방울 떨어지고, 서서히 새어 나온다. 고체와는 달리, 유체는 쉽게 멈추지 않는다. 어떤 장애물이 있으면 그 주변을 빙 둘러가며 이런 장애물은 녹이고 저런 장애물은 통과하면서 담아버리거나 빨아들인다. 이런 특출한 이동성 때문에 유체는 '가벼움'이라는 개념과 연관된다."

이 책은 우리 사회의 액체성을 크게 다섯 가지로 나누어 살펴본다. 바로 해방, 개인성, 시/공간, 일, 공동체이다. 이 다섯 가지 영역에서 '액체 현대'가 기존 사회와 어떻게 다른지, 또 우리는 어디로 나아가야 하는지 해결책을 제시한다.

쇼핑하듯 조언을 찾는 현대인

이 책에서 가장 인상 깊었던 부분은 2장 '개인성' 부분이었다. 지그문트 바우만은 확실히 현대를 잘 간파했다. 강박으로 인해 중독에 빠진 우리 사회를 이미 예견한 것이다.

> "조언이나 안내를 구하는 것은 하나의 새로운 중독이다. 할수록 자꾸만 더 원하게 되고 인기 있는 새로운 약을 구하지 못하게 되면 점점 더 불행하다고 느낀다."

요즘 세상엔 조언이 무수히 많다. 심리학, 자기계발, 과학 등은 우리에게 이렇게 하라, 저렇게 하라고 조언하며 각기 매력을 뽐낸다. 하지만 그중 어떤 것도 약속한 성공을 우리에게 가져다주지 않는다. 우리는 이렇게 조언을 쇼핑한다. 쇼핑은 물건을 사는 데에만 국한된 것이 아니다. 새롭고 개선된 인생의 비결을 열심히, 끝없이 찾는 것도 쇼핑의 한 단면이다.

이러한 '조언 쇼핑'은 우리의 행복이 나 자신에게 달려있다고 생각하는 데서 기인한다. 우리는 단 한 번이라도 실수와 태만, 게으름에 대한 두려움에서 벗어나길 바란다. 자기 확신과 자신감, 믿음을 단 한 번이라도 얻기를 바란다. 그래서 열심히 노력한다. 최선을 다한다. 하지만 우리가 더 경쟁력을 갖춰야 할 분야는 너무 많다. 성공했다고 믿는 순간 또다시 새로운 시작이 된다.

이러한 모순은 강박적으로 다이어트에 매달리는 사람을 닮았다. 원하는 몸무게에 도달한 순간은 한순간뿐이다. 균형 잡힌 몸매는 평생 시도해야 하는 숙제이기 때문이다. 잠시만 방심해도 몸은 흐트러진다. 군살이 붙는다. 이런 사람들은 열심히 다이어트를 하면서도 스스로 아직은 충분하지 않다고 생각한다. 그래서 더 열심히 노력한다. 이상적인 자신의 모습을 위해 다이어트를 쉬지 않게 된다.

이렇게 영원한 자기 검열, 자기 비하, 그리고 끊임없는 고뇌 상태와 강박적인 목표 추구는 '액체 현대'를 살고 있는 현대인의 특징이라 할 수 있다. 여기서 벗어나기란 쉽지 않다.

속도가 세상을 지배한다

이렇게 끊임없이 빠르게 변하는 세상 속에 살고 있는 우리는 결국 어떻게 될까? 《액체 현대》에서는 사람들이 '즉각적인 만족'을 택할 거라 말한다.

영원히 안정적인 선택지는 없다. 내일 무엇이 올지 누가 알겠는가? 오늘 쏟아붓는 노력의 보상이 올지 안 올지는 불확실하다. 그러니 만족을 지연시키는 선택은 매력을 잃는다. 또한 오늘 근사해 보이는 보상을 기나긴 기다림 끝에 마침내 얻는다 해도, 그것이 미래에도 바람직할지는 전혀 확실치 않다.

즉 오늘의 '멋진' 스타일이 내일은 웃음거리가 될 수 있다. 유행은 빠른 속도로 나타났다 사라지고 욕망은 완전히 즐기기도 전에 해묵고 실망스럽고 혐오스러워진다. 불확실한 세상 속에서 결국 사람들은 사랑 또한 일회용품처럼, 한번 쓰고 버리는 상품으로 사용하게 된다.

세상이란 그 안에 사는 사람들이 있어야 완전해지는 것인데, 인간과 세상을 상품 창고로 생각하게 되면 인간적 유대를 지속하기 어려워진다. 이렇게 불안정해진 사람들은 성마른 성격이 된다. 무엇이든 참기 어려워하게 된다. 이게 바로 지금 우리가 살고 있는 세상이다.

이런 '액체 현대' 시대에 지배 게임은 '더 큰 것'과 '더 작은 것'이 아니라고 이 책은 말한다. 지금은 '더 빠른 것'과 '더 느린 것' 사이의 게임이다. 적이 잡을 수 없는 속도를 내는 자가 세상을 지배한다. 이러한 속도전은 '릴스'와 '쇼츠'로 빨라지는 세상과 닮아있다. 이런 세상에서 우리는 어떻게 살아가야 할까? 궁금하다면 지그문트 바우만의 《액체 현대》를 읽어보자. 당장 해결책은 구할 수 없을지라도, 지금 내가 왜 불안한지 그 이유는 찾을 수 있을 것이다.

함께 읽으면 좋은 책

《**리퀴드 러브**》지그문트 바우만, 새물결, 2023 왜 우리는 SNS를 한 시간이라도 하지 않으면 불안할까? 현대인의 사랑과 관계 맺음에 대한 지그문트 바우만의 명쾌한 분석이 담긴 책이다.

《**위험사회**》울리히 벡, 새물결, 1997 20세기 사회학의 대표자 울리히 벡의 저서로, 그는 산업화와 근대화 과정이 실제로는 '위험사회'를 낳는다고 주장한다.

《**지금 다시 계몽**》스티븐 핑커, 사이언스북스, 2021 이 책은 위 두 책과 어찌 보면 정반대의 책이다. 저자 스티븐 핑커는 세상이 점점 더 나아지고 있다고 주장하며, 지금 다시 계몽주의가 필요한 근거를 제시한다.

이제 인간은 갑작스런 변화와
끊임없이 새로워지는 자극 이외의 것들은
받아들일 수 없게 되었다.
이제 우리는 오래 지속되는 것들은
그 어떤 것도 참지 못한다.
무료함 속에서 결실을 일구는 법을
우리는 이제 모른다.

우리는 단 한 번이라도 실수와 태만,
게으름에 대한 두려움으로부터
벗어나길 바란다.
단 한 번이라도 확신과 자신감,
신뢰를 얻길 바란다.

사회학을 하는 것은,
다른 방식으로 함께 살되 덜 불행하게
혹은 전혀 불행하지 않게 살 가능성,
나날이 억제되고 무시되고 불신하게 된
이 가능성을 발견하는 데 그 목적이 있다.

4장.
역사와 종교를 통해
인간을 이해하기

22

재레드 다이아몬드 | 김영사

총 균 쇠

Guns, Germs, and Steel
: The Fates of Human Societies

#문명사

#부자나라가난한나라

#농업

#세균

#과학

"인류발전은 왜 각 대륙에서
다른 속도로 진행되었을까?
무기, 병균, 금속은 인류의 운명을
어떻게 바꿔 놓았을까?"

재레드 다이아몬드 Jared Mason Diamond

1937년 미국에서 태어났다. 하버드대를 졸업한 뒤 UCLA 생리학 교수로 재직했다. 1964년 뉴기니에서 조류를 관찰하며 진화생물학 연구를 시작했으며, 이후 지리학, 생물지리학, 생태계와 인간의 상호작용을 연구하는 환경사, 문화 인류학 등으로 연구 영역을 확장해 나갔다. 《총 균 쇠》, 《제3의 침팬지》, 《문명의 붕괴》 등을 썼으며, 2005년 영국 〈프로스펙트〉와 미국 〈포린 폴리시〉가 공동 발표한 '세계를 이끄는 최고의 지식인' 중 아홉 번째 인물로 선정되었다.

이 책을 선정한 이유

《총 균 쇠》는 '왜 어떤 국가는 부유하고 어떤 국가는 가난한가'에 대한 답을 담은 책이다. 특히 서울대 도서관 대출 최장기 1위로 선정되며 한국에서 더욱 유명해졌다. 이 책은 1998년도에 퓰리처상을 받았으며, 뉴욕 타임스가 선정한 '죽기 전에 꼭 읽어야 할 책 100권'에 포함되기도 했다.

인류 문명의 불평등을 해부하다

누구나 알고는 있지만 완독하기는 어려운 책. 그런 책 중 한 권을 꼽자면 바로 이 책《총 균 쇠》가 있다.

일단 두껍다. 780쪽이 넘는다. 내용 또한 쉽지 않다. 단순히 역사책인 줄 알고 이 책을 집어 들었다간 호되게 당할 수도 있다. 역사는 물론 생물학, 지리학, 인류학까지 다양한 학문이 담겨 있기 때문이다. 사실 저자 재레드 다이아몬드의 전공은 '역사학'이 아니다. 그는 생리학 교수였다. 그리고 취미이긴 했으나 조류 연구자로도 유명했다. 그러다 인류학까지 관심을 가지게 되고, 결국 쓰게 된 게 바로 이 책《총 균 쇠》이다. 정말 학자로서도 대단한 사람이 아닌가 싶다.

사실 복잡하고 어려워 보이는 책이지만《총 균 쇠》의 핵심은 다음 한 문장으로 간단히 말할 수 있다. "민족마다 역사가 다르게 진행된 것은 각 민족의 생물학적 차이 때문이 아니라 환경적 차이 때문이다." 우리가 사는 이 세상은 평등하지 않다. 어떤 나라는 부유하지만 또 어떤 나라는 가난하다. 왜 이런 불평등이 생겼을까? 왜 하필이면 부와 힘이 지금처럼 배분되었을까? 그 답이 바로 총, 균, 쇠에 있다고 이 책은 이야기한다.

역사에서 가진 자와 못 가진 자

그렇다면 총, 균, 쇠는 어디에서 기원했을까? 가장 기본이 되는 것은 바로 농경과 목축이었다.

처음 인류는 수렵 채집민이었다. 하지만 식물과 동물을 길들인 결과 더 많은 식량을 생산할 수 있었고 이는 자연스레 인구 증가로 이어졌다. 수렵 채집 사회에서는 구성원들이 먹을거리를 찾아 빈번하게 이동해야 했다. 하지만 농경민은 고정된 거주지에 머물렀다. 아이를 낳는 간격이 줄고, 그 효과로 인구 밀도는 더 높아지게 되었다. 보통 수렵 채집 시대 사람들은 4년 정도 터울을 두고 아이를 낳았지만, 농경민들은 그 터울이 2년 정도였다. 또한 단위 면적당 더 많은 사람을 먹여 살릴 수 있었기에 인구는 폭발적으로 증가했다.

여기에 더해 농업은 잉여 식량을 만들었다. 먹고 남은 식량을 저장할 수 있게 된 것이다. 이런 잉여 식량은 식량을 직접 생산하지 않는 전문 계급, 왕과 관료를 탄생시켰다. 이러한 엘리트 정치 조직은 중앙 집권화하고, 사회 계층을 만들며 더욱 효과적으로 사회를 관리해 나갔다.

하지만 아쉽게도 이러한 농업은 전 세계에서 동시에 시작되지는 않았다. 식량 생산은 일부 지역에서만 독자적으로 시작되었고, 지역마다 시작 시기 또한 크게 달랐다. 그리고 이렇게 식량 생산을 먼저 시작한 종족들이 총, 균, 쇠에 대해서도 우위를 차지하게 되었다.

우위를 차지한 가장 대표적인 지역은 바로 서남아시아의 비옥한 초승달 지역이었다. 페르시아만부터 현대 이라크, 시리아, 레바논, 이스라엘, 요르단에 해당하는 넓게 걸쳐진 초승달 형태의 이곳은 세계 최초로 정착 농경이 발생한 지역으로, 메소포타미아 문명의 발원지이기도 했다.

그런데 대체 왜 비옥한 초승달 지역에서 작물화와 가축화가 먼저 시작되었을까? 이 지역은 이른바 지중해성 기후대에 있어 문화 발전에 유리했다. 지중해성 기후대는 겨울은 따뜻하고 습하지만, 여름은 덥고 건조하다. 이 기후대에서는 특히 곡류와 콩류에 속하는 종이 잘 자랄 수 있었다. 보통 야생에서 자라는 식물을 농사지으려면 적응하는 데 시간이 필요하다. 하지만 이 지역의 곡류들은 야생에서도 생산성이 무척 높았기 때문에 농경을 시작한 후에도 별다른 적응이 필요 없었다. 그냥 뿌려만 놓아도 잘 자랐다.

또한 이 지역은 좁은 범위 내에 고도 차가 크고 다양했기에 다양한 야생종을 사용할 수 있었고 작물의 수확 시기도 달리할 수 있었다. 여기에 더해 이 지역은 네 종류의 대형 포유동물인 염소, 양, 돼지, 소가 매우 일찍 가축화되었다. 이러한 이점 때문에 비옥한 초승달 지역 사람들은 집약적으로 식량을 생산할 수 있었고, 그 결과 더욱 잘살게 되었다.

이는 아메리카 신대륙에 살았던 사람들과 비교해 보면 그 차이가 확연히 드러난다.

비옥한 초승달 지역은 밀과 보리가 풍부했다. 대륙의 중심축이 동서 방향으로 길었다. 동일한 위도대에 속했기 때문에, 기후가 비슷하여 농작물의 확산 속도가 빨랐다. 그리고 소, 돼지, 양, 염소 등 가축화할 대형 동물이 많았다. 이에 반해 아메리카 원주민들은 옥수수를 키웠다. 참고로 옥수수는 야생에서 생산성이 낮고 작물화하는 데도 오랜 시간이 걸렸다. 또한 아메리카 대륙은 중심축이 동서 방향이 아니라 남북 방향으로 길었다. 이에 따라 멕시코에서 잘 자라던 감자는 중앙아메리카의 뜨거운 저지대에서는 완전히 생장을 멈추고 말았다. 결과적으로 작물의 확산 속도가 매우 느렸다. 거기에 더해 이들은 가축화할 대형 포유류가 거의 없었다. 칠면조와 개가 전부였다.

아메리카 원주민들은 메소포타미아에 비해 7000년이나 늦게 농민으로 정착했다. 그리고 이 차이가 결국 현재의 빈부 격차를 불러오게 되었다.

유럽의 세균이 인디언을 몰살시킨 이유

늦은 농업과 가축화의 시작은 '세균' 감염 측면에서도 불리하게 작용했다. 사실 콜럼버스가 신대륙에 처음 도착했을 때까지만 해도 인디언 수는 2,000만 명에 가까웠다고 한다. 하지만 한두 세기가 지난 뒤 인디언 인구는 거의 95퍼센트까지 줄어든다. 백인들이 인디언을 학살한 탓도 있지만, 주된 원인은 바로 유럽의 병원균들이었다. 유럽에서 온 병원균들에 한 번도 노출된 적이 없던 인디언들은 면역력이나 저항성 유전자를 갖지 못했던 것이다. 결국 천연두와 홍역, 디프테리아, 페스트, 결핵 등으로 수많은 인디언이 죽음을 맞이했다.

그런데 대체 왜 유럽에서 온 세균이 인디언을 죽인 걸까? 왜 그 반대 현상은 나타나지 않았을까?《총 균 쇠》는 이에 대해 다음과 같이 설명한다.

먼저 인디언들은 인구가 과밀한 도시를 다소 늦게 형성했다. 그리고 이러한 신대륙의 도시들에서는 교역이 주기적이고 신속하게 이루어지지 않았다. 반대로 유럽은 아프리카, 중국 등과 로마 시대부터 연결되어 있었다. 이에 따라 서로 다른 대륙 간에 세균이 섞이기도 하고 때로 대중 전염병이 유행하며 강해지게도 되었다. 하지만 이게 주된 원인은 아니었다. 진짜 원인은 따로 있었다. 바로 가축화된 동물의 수였다. 아메리카에 가축화된 동물이 적었던 것이 주요한 원인이었다.

유럽의 유행병들은 대부분 동물에서 유래했다. 최근의 코로나바이러스가 박쥐에서 왔듯, 치명적인 유행병 세균과 바이러스는 대부분 동물에서 온다. 유럽과 유라시아에는 가축화된 동물이 많았다. 하지만 아메리카에는 다섯 종밖에 없었다. 칠면조, 라마, 알파카, 머스코비오리, 개가 전부였다. 이중 칠면조는 크게 무리 지어 살지 않는 동물이고, 라마도 보통 소규모로 키운다. 또한 인간이 라마 젖을 우유로 마시지 않아 젖을 통해 감염될 가능성도 없었다. 심지어 라마나 알파카로부터 유래된 인간 질병이 전혀 없다고도 한다. 이렇게 가축화된 동물 종류도 적은데 접촉까지 하지 않으니 아메리카 원주민들은 세균 노출 경험이 적을 수밖에 없었다. 그 결과 다양한 세균에 대한 면역력이나 저항성 또한 지니지 못했던 것이다.

기술 발전이 불평등한 이유

마지막으로 기술 또한 전 세계가 공평하게 발전하지 않았다. 농업을 빨리 시작할수록 기술 발전도 더 빨랐다. 문자가 탄생한 곳은 식량 생산이 가장 먼저 시작된 곳과 일치했다. 과학 기술 또한 마찬가지였다. 농업을 통해 정착 생활을 시작하면서 사람들이 휴대할 수 없는 물건을 만들기 시작했기 때문이다. 보통 이동하며 살아가는 수렵 채집인들은 짐이 간소했다. 임시 거처를 옮기면서 번거롭게 토기와 인쇄기까지 들고 다닐 필요는 없기 때문이다.

또한 충분한 식량 생산은 또 다른 효과를 가져왔다. 인류 역사에서 처음으로 자신이 식량을 생산하지 않고도 살아갈 수 있는 전문가가 탄생하게 되었기 때문이다. 이와 반대로 모두가 식량 생산에 전념해야 하는 사회에서는 위대한 과학자가 탄생하기 힘들다. 예를 들어 에디슨 같이 과학적으로 우수한 두뇌를 가진 사람이 정글에 산다고 가정해 보자. 그는 축음기 발명이 아니라 생존을 위해 그 능력을 사용해야 했을 것이다.

마지막으로 과학 기술은 다른 조건이 같다면 면적이 넓고, 생산적인 지역에서 가장 빨리 발달하는 경향이 있다. 인구가 많으면 발명가가 될 가능성이 있는 사람이 많고, 면적이 넓으면 그 안에 치열하게 경쟁하는 사회도 많아지기 때문이다. 또한 지리적으로 장벽이 없어 과학 기술 전파가 용이한 지역도 유리하다. 기술은 더 많은 기술을 낳기 때문에 발명 자체만큼이나 발명의 확산도 중요하다.

이러한 조건을 모두 충족시키는 곳은 아메리카나 아프리카 대륙이 아니었다. 바로 비옥한 초승달 지대를 포함하는 유라시아 지역이었다. 그렇게 이곳은 과학 기술이 가장 먼저 발전하기 시작하고, 그 결과 과학 기술 도구 또한 가장 많이 보유한 지역이 되었다.

'총 균 쇠'가 말하는 한국이 부자가 된 이유

《총 균 쇠》의 마지막 부분에는 한국에 관한 이야기도 나와 흥미롭다. 왜 필리핀이나 북한이 아니라 한국이 잘살게 되었는지에 관해서 나름의 분석을 제시하고 있는 것이다.

저자는 먼저 제도를 중요한 요인으로 꼽는다. 좋은 제도는 시민에게 뭔가를 생산하도록 동기를 부여하고, 그렇게 함으로써 더욱 부유한 나라를 만든다. 반대로 나쁜 제도는 시민의 의욕을 떨어뜨리고 결국 나라를 가난하게 만든다. 이는 지리적 차이가 크게 없는 한국과 북한만 봐도 알 수 있다.

여기에 더해, 한국은 또 다른 장점이 있었다. 사실 1960년대 한국, 가나, 필리핀은 모두 가난한 나라였다. 미국 외교관들은 대부분 필리핀과 가나가 잘살게 될 거라고 예측했다고 한다. 필리핀과 가나는 따뜻한 열대지역에 위치해 식량 재배가 쉬웠고 천연자원도 많은 반면, 한국은 그 나라들에 비해 춥고 천연자원도 거의 없어 부국으로 발전할 조건을 전혀 갖추지 못했다고 본 것이다. 하지만 60년이 지난 지금, 한국은 선진국 대열에 올라섰고, 가나와 필리핀은 여전히 가난한 상태에 머물러 있다. 그 이유는 무엇일까?

이 책은 한국이 중국에 인접해 있으며 온대지역이라는 점을 주요한 이유 중 하나로 꼽는다. 한국은 일찍이 중국의 농경 기술과 문자를 수입했고 복잡한 제도를 경험했다. 700년경에는 단일 정부로 통일도 이루었다. 반면 필리핀은 뒤늦게야 농경 기술을 습득했고, 가축화한 동물도 거의 없었다. 게다가 독자적인 문자를 개발하지 못했고 강력한 중앙정부도 없었다. 이 차이가 결국 가진 나라와 못 가진 나라의 차이를 가르게 되었다는 것이다.

빌 게이츠는 이 책을 두고 "인류 역사를 이해하는 데 필요한 초석을 놓았다"라고 말했다. 〈워싱턴 포스트〉는 이 책에 대해

"매혹적이고 중요하다! 대학을 졸업하기 전에 반드시 읽어야 하는 책이다"라고 평했다. 이처럼 이 책《총 균 쇠》는 역사를 이해하기 위해 꼭 읽어야 하는 책이다. 누구라도 읽고 나면 읽기 전으로 되돌아갈 수 없을 것이다.

함께 읽으면 좋은 책

《문명의 붕괴》재레드 다이아몬드, 김영사, 2005 과거 위대했던 문명들은 왜 몰락했을까? 재레드 다이아몬드가 다섯 가지 이유를 통해 문명 붕괴 이유를 설명한다.
《지리의 힘》팀 마샬, 사이, 2015 지리가 어떻게 개인의 운명을, 세계사를, 세계 경제를 좌우하는지 현대적인 관점에서 나라별로 풀어쓴 책이다.
《문명의 충돌》새뮤얼 헌팅턴, 김영사, 2016 문명사적인 관점으로 국제 질서 변화를 바라보는 책으로, 21세기 세계 정치의 패러다임 변화을 통찰하는 중요한 책이다.

가축화할 수 있는 동물은 모두 비슷하지만,
가축화할 수 없는 동물은 제각각 그 이유가 다르다.

폴리네시아는 환경적 요인이 인간 사회의 다양성에
어떤 영향을 미치는지 보여주는 좋은 예이다.
기후, 자원, 면적, 지형, 고립성 등 지리적 조건이
폴리네시아 여러 사회의 인구 규모에 영향을 주었고,
이는 과학 기술 및 경제, 사회, 정치조직의 차이로 이어졌다.

각 대륙의 장기적인 역사에서
나타나는 큰 차이는
그 대륙에 정착한 사람들의
타고난 차이가 아니라,
환경의 차이에서 비롯된 것이다.

사피엔스

Sapiens: A Brief History of Humankind

#우리시대고전

#인간의역사

#인간의미래

*"우리는 누구인가,
어디에서 왔는가,
어떻게 해서 이처럼
막대한 힘을 얻게 되었는가."*

유발 하라리 Yuval Noah Harari

1976년 이스라엘에서 태어났다. 예루살렘 히브리 대학과 옥스퍼드 대학에서 중세 역사와 전쟁을 전공했으며, 현재 예루살렘 히브리 대학 역사학과 교수로 재직 중이다. 2009년과 2012년 '인문학 분야 창의성과 독창성에 관한 폴론스키 상'을 수상했으며 2018년 다보스 세계경제포럼에서 인류의 미래에 관해 기조연설을 하기도 했다. 대표작으로는 '인류 3부작' 《사피엔스》, 《호모 데우스》, 《21세기를 위한 21가지 제언》이 있으며, 모두 세계적인 베스트셀러가 되었다. '21세기 사상계의 신데렐라'로 불린다.

이 책을 선정한 이유

《사피엔스》는 우리 시대 신고전으로 불릴만한 책이다. 인문학을 잘 읽지 않는 독자들도 대부분 알고 있는 '벽돌 책'이다. 출간된 지 10년이 지난 지금도 꾸준히 팔리고 있으며, 전 세계 2,800만 부, 한국에서만 100만 부가 넘게 판매되었다. 인간의 역사를 독창적으로 해석했다고 평가받았으며, 마크 저커버그, 재레드 다이아몬드 등 수많은 명사가 추천했다.

왜 지금 '사피엔스'를 읽어야 하는가

"고전이란 모든 사람이 칭찬하지만, 아무도 읽지 않는 책이다."

소설가 마크 트웨인은 이런 말을 남겼다. 우리 시대 새로운 고전이 된 유발 하라리의 《사피엔스》가 정말 딱 그런 책이 아닌가 싶다. 모든 사람이 칭찬한다. 하지만 읽기 쉽지 않고 내용도 묵직하다. 그래서 도전하기 꺼려진다. 그럼에도 불구하고 왜 《사피엔스》를 읽어야 할까? 저자 유발 하라리는 《사피엔스》 10주년 기념 특별 서문에 이렇게 쓰고 있다. '인공지능의 시대, 새로운 이야기가 필요하다'고 말이다.

"《사피엔스》 출간 이후 10년이 지난 현재 인공지능 혁명이 전 세계를 휘몰아치고 있다. 적어도 몇 년 동안은 인간이 인공지능보다는 여전히 더 강할 것이다. 따라서 이 힘을 지혜롭게 사용하는 것은 우리 삶에 결정적으로 중요하다. 기술은 결코 결정론적이지 않다. 우리는 21세기에 새로운 기술을 사용하여 천국도 만들 수 있고 지옥도 만들 수 있다. 그것은 전적으로 우리 선택에 달렸다."

우리는 선택의 기로에 서 있다. 유발 하라리는 현명한 선택을 하기 위해서는 이러한 기술의 잠재력을 이해하면서도, 특히 스스로에 대해 더 잘 파악해야 한다고 말한다. 그렇다면 우리는 누구인가? 우리는 어디에서 왔는가? 우리는 어떤 미래를 바라는가? 이것이 바로 우리가 묻고 탐구해야 할 질문이 된다.

인류는 점점 진보해 왔다. 새로운 전환점을 계속해서 맞이해왔다. 하지만 그런 변화 속에서도 굳건히 변하지 않는 것이 있었다. 유발 하라리는 그중 하나가 바로 '이야기하는 동물'이라는 사피엔스의 특징이라고 주장한다. 사피엔스라는 종으로서 인간은 근본적으로 허구의 이야기를 만들어내고, 이를 열렬히 믿고 추종해 왔다. 그리고 이러한 이야기가 우리 사회의 근간이자 삶의 의미를 주는 원천이 되었다. 유발 하라리에 따르면 국가, 돈, 신 등이 바로 우리가 존재한다고 믿고 있는 허구의 세계이며, 이 책은 그렇게 환상의 이야기 세계 속에 살고 있는 동물인 사피엔스에 대한 장엄한 역사서라 할 수 있다.

인류의 세 가지 혁명

《사피엔스》는 크게 인류의 역사에서 벌어진 중요한 세 가지 혁명과 인류를 통합시킨 세 가지 요소를 이야기한다. 세 가지 혁명은 각각 인지 혁명, 농업 혁명, 과학 혁명이다. 그리고 인류를 통합시킨 세 가지 요소는 바로 돈, 제국, 종교이다.

인류는 인지-농업-과학 혁명을 통해 지금의 세계를 창조했다. 가장 먼저 인지 혁명은 7만 년 전에 일어났다. 사실 이 당시는 현생 인류 말고도 네안데르탈인 등 다른 호모 사피엔스 조상들이 공존했다고 한다. 그런데 대체 어떻게 우리가 지구의 주인공이 되었을까?

이는 바로 인지 혁명, 즉 언어와 허구를 믿는 능력 때문이었다. 인간의 언어는 정교하다. 특히 타인에 대한 정보를 가지고 수다를 떠는 데 능숙하다. 이는 사회적 협력을 낳았고 전투와 전쟁에 능숙하게 만들었다. 또한 인간은 허구를 믿는다. 실체 없는 돈을 믿고, 신을 믿는다. 이러한 허구에 대한 믿음은 더 큰 규모의 집단을 형성할 수 있게 해주었다. 그 결과 사피엔스는 동아프리카에 살던 하잘것없던 유인원에서 점차 지구의 지배적인 동물로 변모하게 되었다.

두 번째 혁명은 농업 혁명이다. 약 1만 2천 년 전, 이 시기에 인류는 많은 동식물을 길들였다고 전해진다. 하지만《사피엔스》는 우리가 쌀과 밀을 길들인 게 아니라 오히려 쌀과 밀이 우리를 길들였다고 주장한다. 그리고 농업 혁명을 통해 인류는 행복해진 게 아니라 오히려 불행의 시작을 맞이했다고 말한다.

유발 하라리에 따르면 농업 혁명은 인간이 자연과의 공생을 내던지고 탐욕과 소외를 향해 가는 전환점이었다. 농경 때문에 인구는 급격하게 늘어 인류는 두 번 다시 수렵 채집으로 돌아갈 수 없게 되었다. 농업의 도래와 함께 사피엔스는 미래를 걱정하기 시작했다. 농부는 '비가 제때 올까?', '충분히 내릴까?' 끊임없이 노심초사하게 되었다. 부지런한 농부들은 그렇게 힘들게 일했음에도 불구하고 경제적으로 안정된 미래를 얻지 못했다. 지배자와 엘리트가 출현했기 때문이다. 그 결과 인류는 계급 사회, 불평등 사회로 진입하게 되었다.

마지막 과학 혁명은 500년 전에 일어났다. 이 혁명 기간에 인류는 자연의 법칙을 풀어나가는 법을 터득한다. 과학 혁명은 우리에게 엄청난 힘을 주었고, 그 결과 사피엔스를 신과 같은 수준으로 업그레이드하는 길목에까지 이르게 된다. 현재 인공지능 시대로 가고 있는 인류의 모습처럼 말이다.

한편 과학 혁명은 기존의 혁명에 비해 다음 세 가지 면에서 획기적이었다. 먼저 무지를 기꺼이 인정하게 되었다. 어떤 이론도 신성하지 않으며 수정 가능한 것으로 받아들이게 된 것이다. 두 번째로 관찰과 수학이 중심이 되었다. 관찰로 수많은 데이터를 얻은 뒤 그 관찰을 수학적으로 연결해 이론을 만드는 방식을 사용하게 되었다. 세 번째로 이러한 이론을 이용해서 새로운 힘, 새로운 기술을 끊임없이 개발하게 되었다.

이러한 과학 혁명은 돈, 제국주의, 자본주의와 결합하여 더욱 생산성을 높이게 되었다. 이는 소비의 확대를 부르고 환경을 파괴하는 결과로도 이어졌다. 유발 하라리에 따르면 지금 우리는 이러한 과학 혁명의 막바지 시기에 자리해 있다. 그리고 인류는 곧 새로운 혁명을 맞이하게 될 것이라고 한다.

돈, 제국, 종교: 인류를 통합시킨 상상의 힘

한편 인류를 통합시킨 세 가지는 농업 혁명 이후 등장한다. 이 시기부터 인간 사회는 점점 더 규모가 크고 복잡해진다. 그리고 이러한 사회 질서를 지탱해 주는 상상의 건축물이 필요해진다. 사피엔스는 수백만 명이 효과적으로 협력할 수 있게 하는 인공적인 본능을 창조하는데, 그것이 바로 '문화'다.

첫 번째로, '돈'은 사실 실재하지 않는다. 우리의 공통된 상상 속에서만 존재하는 것이다. 우리가 모두 '돈'으로 인정하지 않으면, 그것은 종이 쪼가리나 조개껍데기일 뿐이다. 하지만 우리는 모두 이 집단적 상상의 산물을 믿는다. 왜 믿을까? 돈은 사람들 사이에 통하는 보편적 원리를 기반하고 있기 때문이다.

먼저 돈은 물물교환의 경제에서 벗어날 수 있게 만들었다. 우리 모두는 돈으로 거의 모든 것을 다양하게 교환 가능하다고 믿고 있다. 군인이 자신의 월급으로 대학 수업료를 낸다면 체력이 지력으로 바뀐 경우다. 의사가 진료비를 받아 변호사를 고용한다면 건강이 재판으로 바뀐 경우다. 이상적인 형태의 돈은 이렇게 어떤 것을 다른 것으로 바꿀 수 있게 해준다. 이뿐 아니라 부를 축적할 수 있게도 해준다. 돈은 이동하기도 편리하며 금고에 넣어둘 수 있을 정도로 작기 때문이다. 이렇듯 돈은 우리 모두가 신뢰하는 그 무엇이 되었다.

돈을 매개로 삼으면 잘 모르는 두 사람도 어떤 일이든 협력할 수 있다. 나와 내 이웃들이 모두 돈을 신뢰하기 때문이다. 이런 원리 덕분에 수백만 명의 사람들이 무역과 산업에서 효과적으로 협력하고, 사피엔스는 나날이 번창할 수 있게 되었다.

인류를 통합시킨 두 번째는 '제국'이다. 제국은 지난 2500년 간 세계에서 가장 일반적인 형태의 정치 조직이었다. 이러한 제국은 상당히 많은 숫자의 서로 다른 민족이나 국민을 지배했다. 이에 따라 제국 내에서 다양한 아이디어와 사람, 재화와 기술이 더욱 쉽게 퍼져나갔다. 그 속에서 인류는 더욱 발전하고 통합되었다. 이러한 제국의 역사는 현재에도 계속되고 있다. 미국이라는 제국 속에서 말이다. 유발 하라리는 미래의 사피엔스도 분명 제국 안에서 살게 될 것이라 말한다. 그리고 특히 글로벌한 협력을 우선시하는, 전체 인류의 이익에 도움이 되는 제국이 절실하다고 말한다.

세 번째는 '종교'다. 오늘날 종교는 흔히 차별과 분열의 근원으로 여겨진다. 하지만 실상 종교는 돈과 제국 다음으로 강력하게 인류를 통일시키는 매개체였다. 사실 모든 사회 질서와 위계는 상상의 산물이기에 취약하게 마련이다. 더구나 사회가 크면 클수록 더 그렇다. 이때 이런 취약한 구조에 초월적 정당성을 부여하는 작용을 한 것이 바로 종교다. 종교는 사회의 안정에 큰 도움이 되었다.

유발 하라리는 "종교란 초인적 질서에 대한 믿음을 기반으로

하는 인간의 규범과 가치체계"라고 정의한다. 이에 따라《사피엔스》에서는 자유주의, 공산주의, 민족주의 또한 일종의 종교로 분류된다. 예를 들어, 공산주의자들 역시 불교도와 마찬가지로 인간의 행동을 인도해야 할 초인적 질서와 불변의 법칙을 믿는다는 것이다.

그래서 행복하십니까?

《사피엔스》를 읽다 보면 인류는 분명 진보와 진화로 나아가는 듯 보인다. 하지만 그건 '사피엔스' 종 전체를 바라보는 관점이다. 과연 개별 개체인 우리 각각의 인간은 더 진보했을까? 더 행복하고 더 충만한 삶을 살아가고 있을까? 만약 비약적인 경제 성장이 인간을 더 행복하게 만들지 못했다면, 지금 우리가 살고 있는 현재, 자본주의의 이점은 대체 무엇일까?

이러한 의문은 유발 하라리도 마찬가지였던 것 같다. 그는 《사피엔스》의 마지막에 행복에 관한 이야기를 넣었다. 그는 명상을 즐겨하는 인물로도 유명하다. 또한 종교, 그중에서도 불교에 관심이 많다고 한다. 하라리는 이 책에서는 행복이라는 인류 최대 목표에 대해 불교적 관점을 덧붙여 다음과 같이 설명한다.

"행복을 얻는 비결은 자신의 진실한 모습을 파악하는 데 있다. 대부분의 사람들은 스스로의 감정, 생각, 호불호를 자신과 동일시하는데 이는 잘못이다."

우리는 화가 나면 "나는 화가 났다. 이것은 나의 분노다"라고
생각한다. 그래서 우리는 이런 감정을 피하고 기분 좋은 감정을
추구하느라 일생을 보내게 된다. 하지만 유발 하라리에 따르면,
그리고 불교에 따르면, 우리는 우리의 감정과 같지 않다. 모든
감정은 모두 계속해서 일어나고 사라진다. 감정은 날씨와 같다.
끊임없이 바뀔 뿐이다. 따라서 우리에게 필요한 것은 행복한 감
정을 쫓고 불행한 감정을 피하는 게 아니라 모든 감정에 대한 집
착과 갈망을 멈추는 것, 즉 완전한 평정을 얻는 것이다.

"특정 감정에 대한 추구를 멈추면 어떤 감정이든 우리는 있는 그대
로를 받아들이게 된다. 어쩌면 일어났을지도 모르는 무언가를 공
상하는 대신에 지금 이 순간을 살게 된다. 그 결과 완전한 평정을 얻
게 된다. 평생 미친 듯이 쾌락을 찾아 헤매던 사람들은 상상조차 할
수 없는 수준의 평정이다."

이렇게 인류의 역사를 정리하며 인류의 최대 목표인 '행복'까
지 모두 살펴보는 장대한 역사서 《사피엔스》. 문명의 배를 타고
진화의 바다를 항해한 인류는 이제 어디로 나아갈까. 그 끝에는
행복이 기다리고 있기를 간절히 바랄 뿐이다.

《총 균 쇠》재레드 다이아몬드, 문학사상, 2013 '무기, 병원균, 금속은 인류의 문명을 어떻게 바꾸었는가', '왜 어떤 민족은 강대국이 되었지만 다른 민족은 그러지 못했는가'에 대한 분석이 들어있는 책이다.

《호모데우스》유발 하라리, 김영사, 2017 유발 하라리 '인류 3부작' 중 두 번째 책으로,《사피엔스》가 우리가 어디에서 왔는지를 알려준다면《호모 데우스》는 우리가 어디로 가는지를 알려준다.

《21세기를 위한 21가지 제언》유발 하라리, 김영사, 2018 유발 하라리 '인류 3부작' 중 마지막 책으로, 이 책은 현재를 이야기한다. 거대한 전환기에 서서 더 나은 오늘은 어떻게 가능한지 탐구하는 책이다.

불행하게도 진화적 관점은
성공의 척도로서는 불완전하다.
그것은 모든 것을 생존과 번식이라는 기준으로 판단할 뿐,
개체의 고통이나 행복은 아랑곳하지 않는다.

왜 역사를 연구하는가?
역사를 연구하는 것은
미래를 알기 위해서가 아니라
우리의 지평을 넓히기 위해서다.
우리의 현재 상황이 자연스러운 것도
필연적인 것도 아니라는 사실을
이해하기 위해서다.

행복이란 불쾌한 순간을 상쇄하고 남는
여분의 즐거움의 총합이 아니라,
그보다는 개인의 삶을 총체적으로 의미 있고
가치 있는 것으로 바라보는 데서 온다.

미의 역사

Storia della Bellezza

#아름다움

#미술사

#미의세계

"아름다움이란 절대 완전하고
변경 불가능한 것이 아니다.
역사적 시기와 장소에 따라
다양한 모습을 가질 수 있다."

움베르토 에코 Umberto Eco

1932년 태어났다. 기호학자이자 미학자, 언어학자, 소설가, 철학자, 비평가 등 다양한 직업을 가진 움베르토 에코는 '레오나르도 다 빈치 이래 최고의 르네상스적 인물'이란 칭호를 얻은 작가다. 모국어인 이탈리아어를 비롯해 영어, 프랑스어, 독일어, 라틴어, 그리스어, 러시아어, 에스파냐어까지 통달한 언어의 천재로도 유명하다. 대표작으로 소설《장미의 이름》을 비롯하여《푸코의 진자》,《세상의 바보들에게 웃으면서 화내는 방법》등이 있다. 2016년 84세 나이로 타계했다.

이 책을 선정한 이유

한국에는 소설《장미의 이름》의 저자로서 알려져 있지만, 움베르토 에코는 기호학자이자 철학자로도 유명하다. 이 중 대중적으로 읽을만한 미술 관련 책이 바로《미의 역사》, 그리고《추의 역사》다. 수많은 미술 관련 대학에서 미학 이론 참고 자료로 쓰이며, 책 안에 삽화가 많아 미술과 철학을 어렵지 않게 이해하기 좋다.

서양 미술사와 철학사로 보는 미의 역사

서재에 5만 권의 책이 있으며, 미학, 기호학, 문학 등 다양한 분야에서 활동한, 지식계의 티라노사우르스는 누구일까? 답은 바로 소설가 '움베르토 에코'다.

그는 1,200권쯤 되는 희귀본 장서와 함께 총 5만 권의 책을 소유한 책벌레로 유명했다. 그래서일까. 그의 책은 늘 해박한 지식으로 넘친다. 대표작인 소설《장미의 이름》도 탄탄한 고증을 담아 썼으며, 이외에도 유명한 철학사《중세》시리즈, 그리고 이 책《미의 역사》도 역사적으로 방대한 자료가 풍부하게 담겨 있다. 이런 그를 두고 프랑수아 올랑드 전 프랑스 대통령은 "어마어마한 인문주의자"라고 말한 바 있다. 정말 한 사람이 어디까지 읽고 쓸 수 있는지 그 한계에 도전한 작가라 할 수 있다.

움베르토 에코는 이 책《미의 역사》를 통해 고대부터 현대에 이르기까지 '미'라는 관념이 어떻게 변해왔는지 추적해 나간다. 그에 따르면 '미에 대한 관점은 시대에 따라 변하는 것'이다. 그리스 시대 미인과 현대 한국 아이돌의 아름다움이 다르듯이 말이다. 특히 미술사를 훑어보는 것은 그 시대의 '미'에 대한 관점이 어떠했는지 알아보기 좋은 수단이 된다. 무엇보다 예술 작품은 당대의 아름다움을 꼼꼼히 재현해 놓은 창작물이기 때문이다. 다만 한 가지 아쉬운 것은 서양 미술사와 철학사만 담고 있기에 반쪽짜리 '미의 역사'일 수밖에 없다는 점이다.

이 책이 흥미로운 점은 또 있다. 이후《추의 역사》가 후속 책으로 나온 것이다.《추의 역사》는 아름다움의 반대인 '추한 것들의 역사', 그러니까 악마, 마녀, 죽음, 괴물 등을 추적하고 밝혀내는 내용이 담겨 있다.《미의 역사》를 읽고 흥미가 생긴다면《추의 역사》도 같이 읽어볼 것을 권한다.

'미의 역사'로 보는 그리스의 미

《미의 역사》는 '고대 그리스의 이상적인 미'로부터 시작한다. 그리스어에는 아름다움을 의미하는 '칼론 Kalon'이라는 단어가 있다. 칼론은 마음에 드는 것, 감탄을 자아내고 시선을 사로잡는 모든 것이다. 그리스인들에게 아름다움이란 무엇보다도 눈과 귀를 충족시키는 것이었다. 또한 육체적 눈과 함께 정신적인 눈으로 볼 수 있는 것이었다. 이러한 그리스식 아름다움은 조각에서는 각 부분의 균형과 비율로, 수사학에서는 적절한 운율로 표현되었다.

한편 그리스 예술에 이렇게 질서 정연한 부분만 있는 건 아니었다. 카오스, 무질서한 부분 또한 존재했다. 이러한 그리스 예술을 두고 철학자 니체는 '아폴론적인 것과 디오니소스적인 것'이라고 이름 붙였다. 니체에 따르면 질서 있는 조화로운 예술은 '아폴론적'이다. 반면 광기 혹은 유쾌하고 위험한 것으로 표현되는 예술은 '디오니소스적'이다. 이렇게《미의 역사》는 각 시대의 미술 특징과 함께, 다양한 철학을 섞어 놓은 것이 특징이다. 박식한 움베르토 에코의 책답게 문학부터 건축, 미술, 철학, 문학까지 다양한 장르가 함께 소개되어 있는《미의 역사》. 한 권만 읽어도 배부를 것 같은 책이 있다면 바로 움베르토 에코의 이 책 아닐까 싶다.

중세에서 근대로, 미의 개념이 변화하다

이어지는 중세는 '빛과 색채'의 세계로 표현된다. 흔히 '중세'하면 암흑의 시대를 떠올리지만 중세 미술은 그렇지 않았다. 오히려 정반대로, 당시의 그림은 빛으로 가득 차 환하게 빛났다. 빨간색, 하늘색, 금색, 은색, 흰색 등이 그림자 없이 강렬하게 원색으로 쏟아지기도 했다.

이렇게 중세 미술이 빛으로 가득 찬 이유는 바로 '수많은 문명에서 신은 빛과 동일시 된다'는 사실에서 유래한다. 중세는 신이 지배하는 시대였다. 미술뿐 아니라 건축 또한 이러한 성스러움이 반영되었다. 중세 고딕 대성당의 스테인드글라스도 여기에 해당한다. 창문을 통과한 색유리에 스며든 예리한 빛이 들어오는 공간에서 사람들은 우주의 황홀함을 느낀다.

한편 르네상스 시기를 거쳐 근대에 이르면서 세상은 변하기 시작한다. 특히 18세기에 이르러 사람들은 '미'에서도 자유를 찾는 경향을 보인다.

"미는 사물 그 자체 성질이 아니다. 미는 오로지 사물을 응시하는 사람의 머릿속에만 존재할 뿐이며, 모든 정신은 미를 서로 다르게 지각한다. 어떤 사람이 아름답다고 느끼는 부분을 다른 사람은 추하다고 생각할 수 있다. 각 개인은 다른 사람의 감정을 통제하려고 애쓰지 않으며 자신의 감정에 만족해야 한다." _ 데이비드 흄

사실 오늘날을 살아가는 우리는 이러한 관점을 당연하게 느낀다. 내가 아름답다고 생각하는 것과 타인이 아름답다고 생각하는 것은 다를 수 있다고 생각한다. 서양의 미인 기준과 한국의 미인 기준이 다르듯 말이다.

이렇듯《미의 역사》는 아름다움이란 무엇인가라는 질문에 다양한 의견을 내놓고 있어 흥미롭다. 아름다움은 이성적인 것인가? 혹은 감성적인 것인가? 객관적으로 존재하는 것인가? 혹은 주관적인 개념인 것인가? 다양한 철학자들과 화가들의 대답을 들을 수 있어 매혹적이고 감동적인 미술책이자 역사책이다.

데카당스에서 추상 미술까지

개인적으로 가장 흥미로운 시대는 바로 19세기였다. 이 시기는 '미의 종교'라 불리는 시기로, 산업혁명 이후 빠르게 변하는 시대상을 담고 있는 것이 특징이다. 19세기에는 거대한 도시와 수많은 노동자가 생겨나면서 자본주의의 원리가 빠르게 퍼져나갔

다. 거기에 더해 확실히 미적인 것을 중시하지 않는 새로운 계급이 부상했고, 효율성을 강조하는 기계가 등장하였다. 이런 상황에서 예술가들은 자신의 이상이 위협받는 것을 느끼고 미를 종교화시킨다.

19세기 예술가에게 미란 어떠한 대가를 치르더라도 실현시켜야 할 중요한 가치였고, 많은 이들이 인생 자체를 예술 작품으로 간주하고 살아갔다. 특히 삶의 불안정한 측면들, 질병, 범죄, 죽음, 광기, 공포를 예술로 정복하고자 하는 충동이 더욱 커지고, 이제 이런 미술은 '데카당스(퇴폐주의)'라 불리게 되었다.

현대로 넘어온 예술은 매스미디어의 시대를 맞이하고, 아방가르드와 소비 사회의 모순을 드러낸다. 특히 20세기 초반은 속도를 찬미한 미래주의의 시기로, 더 효율적인 기계는 더 아름다운 것이었고, 예술가들은 질주하는 자동차에서 '미'를 발견하기도 했다. 그리고 자연적인 재료가 아니라 산업 폐기물 혹은 쓰레기 속에서 아름다움을 끄집어내기도 했다. 그 대표적인 예술가가 바로 앤디 워홀이다.

한편 아방가르드는 도발적으로 모든 미적 규범을 파괴했다. 예술은 더 이상 자연적인 미의 이미지를 제공하는 것도 아니고, 조화로운 형식을 관조하는 것도 아니었다. 이와는 달리 예술은 서로 다른 시각에서 바라본 세계를 해석하고, 정신병 환자의 꿈이나 환상의 세계 등 있을 법하지 않은 상황을 그려냈다. 추상 미술이나 파블로 피카소의 그림에서 우리는 이러한 현대 미술에서의 '미의 개념'을 확인할 수 있다.

미의 기준이 다양해지는 시대

현대에서 '아름다움'의 개념은 더욱 빠르게 변하고 있는 듯하다. 우리는 불과 10년 전 사진을 바라보며, '왜 이리 촌스럽지?', '왜 이리 안 예쁘지?'라고 생각한다. 또한 미술은 대중에게 점점 더 어려운 것으로 여겨지고 있다. 특히 현대 미술은 '해설서' 없이는 이해하기 힘든 것이 되었고, 이는 화가가 구현해 낸 미의 개념에 보충 설명이 필요하다는 의미로 받아들여진다.

이러한 현대의 '미'의 가장 큰 특징은 무엇보다 '다양성'에 있다. 그 어떤 통일된 모델도, 단일한 미의 이상도 없다. 각자의 눈에 아름다우면 그걸로 충분히 의미가 있다고 보는 것이다. 다음은 현대의 '미의 개념'에 대한 움베르토 에코의 설명이다.

"매스미디어는 이웃집 여자 같은 줄리아 로버츠나 〈블레이드 러너〉의 미래주의적이고 차가운 건축물들을 동시에 제시한다. 우리의 미래 방문자는 매스미디어에 의해 확산된 미의 이상을 더 이상 규명할 수 없을 것이다. 그는 관용의 대향연 앞에서, 전반적인 혼합주의 앞에서, 제어할 수 없는 완전한 미의 다신교 앞에서 항복할 수밖에 없을 것이다."

이처럼 미가 시대에 따라 변한다는 것은 우리에게 관용과 위안을 준다. 타인의 아름다움을 평가하기보다는 미의 관점이 다양하다는 것을 인정하고, 서로에게 열린 마음으로 다가가게 해준다.

이 책은 특히 미술이 주는 '아름다움'을 느끼고 싶은 사람들에게 권하고 싶다. 그냥 넘겨만 봐도 아름다운 책이다.

함께 읽으면 좋은 책

《추의 역사》움베르토 에코, 열린책들, 2008 《미의 역사》후속판으로 이 책에서는 아름답지 않은 것, 괴물 같은 것, 불쾌한 것과 같은 '추'의 역사를 다루고 있다. 같이 묶어 읽어볼 만하다.
《이것은 미술이 아니다》메리 앤 스타니스제프스키, 현문서가, 2022 '진짜 미술'이란 무엇인지 탐구하는 책으로, 예술에 대한 시각은 시대에 따라 달라진다는 내용을 담고 있다.
《다른 방식으로 보기》존 버거, 열화당, 2012 미술을 볼 때 이상적인 방식이나 태도가 없다고 말하는 책으로, 출간된 지 40년이 지난 지금에도 여전히 인기 많은 미술 비평 책이다.

케이크를 구입할 생각이 전혀 없을 때에도
잘 만들어진 웨딩 케이크를 감탄의 눈으로 바라보면
그 케이크마저 아름다워 보인다.
아름다운 것은 그것을 가지고 있을 때
우리를 행복하게 하지만,
설사 그것이 다른 사람이 가진 것일지라도
여전히 아름다운 것이다.

사실적인 미,
혹은 사실적인 추를 찾는 것은
실제로 단맛과 쓴맛이
어떤 것인지를 결정하려고
애쓰는 것처럼 쓸데없는 일이다.
-데이비드 흄

나는 현대의 자동차가
고딕 대성당과 정확하게 동급이라고 생각한다.
그것은 무명의 예술가들이 열정적으로 창안해 낸
한 시대의 위대한 창조물이다.
-롤랑 바르트

제국의 시대
The Age of Empire

"역사란 더 이상 거기에
존재하지 않는 것들을 항상 미완의 형태로 그리고
문제의식으로 재구성하는 것이다.
역사란 과거에 대한 상상인 것이다." -피에르 노라-

에릭 홉스봄 Eric John Ernest Hobsbawm

20세기를 대표하는 영국의 저명한 마르크스주의 역사학자다. 1917년 이집트에서 유태계인 영국인 아버지와 오스트리아 어머니 사이에서 태어났다. 어린 시절 독일에 잠시 살았으나 히틀러가 집권하자 영국 런던으로 이주한다. 케임브리지 대학교 킹스 칼리지에서 역사학을 전공하고 이후 영국 공산당원으로 활동하기도 했으며, 마르크스주의 역사관을 바탕으로 여러 책을 썼다. 대표작은 《혁명의 시대》,《자본의 시대》,《제국의 시대》로, '에릭 홉스봄 시대 3부작'이라 불린다.

이 책을 선정한 이유

서양의 19세기와 20세기 역사 입문서로 유명한 책이다. 이 책은 한국에서는 생소한 '마르크스주의 역사관'을 토대로 쓴 역사서로, '유럽 중심주의적 시각을 버리지 못했다'는 비판이 있긴 하나 여전히 읽을만한 가치가 있다. '에릭 홉스봄 시대 3부작'은 역사를 탁월하게, 광범위하게, 그리고 생생하게 묘사하는 역사서로 꼽힌다.

19세기를 이해하는 열쇠

인문학 책들은 가끔 평소에 생각하지 못한 거대한 질문을 던진다. 예를 들어, "왜 인간이 지구를 지배하게 되었을까?", 혹은 "왜 서양이 세상을 지배하게 되었을까?"와 같은 질문들이다.

에릭 홉스봄의 시대 3부작 역시 이처럼 '왜 세계가 지금의 세계가 되었는지'를 설명하는 책이다. 특히 세상을 이해하기 위해서는 역사가 가장 중요하다고 믿는 사람들을 위한 책이기도 하다.

에릭 홉스봄 3부작은 '19세기'를 다룬 역사서다. 하지만 여기서 말하는 '19세기'는 우리가 흔히 생각하는 1801년부터 1900년까지의 세계가 아니다. 홉스봄은 '장기 19세기'라는 개념을 사용한다. 이 시기는 프랑스 혁명(1789년)부터 1차 세계대전(1914년)까지의 시기다. 그는 이 시기에 '자유주의를 바탕으로 한 자본주의의 형성'이라는 중심축이 존재한다고 보았다. 그래서 한 시기로 묶어 설명한 것이다.

이 세 권의 책을 좀 더 들여다보자. 먼저 《혁명의 시대》(1789~1848)는 '장기 19세기'가 영국의 산업혁명과 프랑스의 프랑스 혁명, 이 두 혁명에 의해 시작되었다고 주장한다. 산업혁명은 자본주의를 바탕으로 전 지구적으로 뻗어나갔으며, 프랑스 혁명은 부르주아 사회의 모델을 만들었다. 이 두 가지가 결합되어 유럽의 19세기는 자유주의적 자본주의가 승리하는 모양새를 띠게 된다.

두 번째 책《자본의 시대》(1848~1875)는 1848년 혁명에서 출발해 1870년대의 공황까지를 이야기한다. 1848년 혁명이란 1848년 유럽을 뒤흔든 일련의 혁명들을 말하는데, 빈 체제에 반항하는 전 유럽적인 자유주의 운동이었다. 특히 부르주아뿐만이 아니라 가난한 농민들의 참여가 두드러졌다.

이후 이어지는 책《제국의 시대》(1875~1914)는 3부작의 최종판에 해당한다. 여기서 그는 특히 1914년이야말로 '부르주아가 만든 세상의 종말'이라고 말한다. 이 시기는 유럽에서 유례를 찾기 힘든 평화의 시기였으나 마찬가지로 유례를 찾기 힘든 세계대전이 일어난 시기이기도 했다.

19세기 속에 담긴 인간의 삶과 역사

사실 이 시리즈는 읽기 쉬운 역사서는 아니다. 일단 두껍다. 번역도 매끄럽지 않다. 하지만 읽다 보면 저자의 해박한 자료 정리에 감탄하게 되고, 또 복잡한 역사를 몇 마디로 정리해 내는 혜안에 감탄하게 된다. 그래서 처음에 도전하기가 부담스럽지만, 읽으면 읽을수록 재미가 있는 책이다.

특히 복잡하게 수많은 사상과 정치가 얽혀있는 유럽의 '장기 19세기'를 딱 세 단어, '혁명', '자본', '제국'으로 요약해 기술한다. 이 세 개의 키워드로 유럽 역사를 설명해 내는 것은 그야말로 웬만한 자신감과 식견이 없다면 불가능한 일이다.

이 중《제국의 시대》는 경제, 민주주의, 노동자, 민족주의, 부르주아, 신여성, 예술, 과학, 전쟁 등 다양한 19세기 이야기를 다루고 있다. 역사 순서대로가 아니라 주제에 따라 서술하고 있기에 읽다 보면 다소 헷갈릴 수도 있지만, 해당 주제를 깊이 파고들기 좋은 구성이기도 하다.

이 책에서 홉스봄이 강조하는 것은 부르주아 사회에서 자본주의가 변형되었고, 또 승리했다는 점이다. 또한 산업혁명과 프랑스 혁명, 미국 정치 혁명(독립 혁명)은 자본주의를 보완하였으며, 그 결과 세계는 자본의 지배를 받게 되었다는 사실이다.

경제가 세상을 지배하다

홉스봄이 볼 때 1880년의 세계는 진정한 의미에서 지구적인 세계였다. 세계의 대부분이 알려졌고 지도화되었다. 세계는 이제 크게 두 부분, 제국과 식민지, 발전된 부분과 지체된 부분, 부유한 부분과 가난한 부분으로 분리되어 갔다. 그리하여 결국 1915년엔 지구 땅 약 4분의 1이 6개의 국가가 지배하는 식민지가 되고 말았다. 이러한 19세기 제국의 시대는 본질적으로 국가 경쟁의 시대였다. 그리고 현재 자본주의의 특징을 보여주는 여러 시스템이 등장한 시기이기도 했다.

먼저 세계 경제가 글로벌화, 다원주의화 되었다. 예전에는 영국이 유일한 산업화 국가였다면 이제는 많은 유럽 나라들이 산업에 있어 서로 경쟁하게 되었다. 또한 소비 시장이 변하면서 대량 소비가 처음으로 등장했다. 노동 시장도 다양화되어 화이트칼라층도 증가했으며, 여성의 경제 참여 또한 증가했다.

한편 이 시기는 세계적인 공황이 일어난 시기이기도 했다. 대공황을 겪은 자본주의는 새로운 대안을 모색하게 되는데, 이를 설명하는 부분에서 특히 '마르크스주의'적인 홉스봄만의 시각이 돋보인다.

그는 자본주의가 '과학적인 방식의 경영'을 도입했다고 주장하는데, 사실 과학적인 방식의 경영이란 실상은 바로 어떻게 하면 노동자에게 더 많은 작업량을 뺏을 것인가 하는 것이었다. 이와 같은 목표 달성을 위해 자본주의는 세 가지 방법을 추구하게 된다.

첫째, 각각의 노동자들을 노동 집단으로부터 고립시킨다. 노동 과정의 통제를 노동자로부터 빼앗아 경영자에게 넘기는 것이다. 이에 따라 노동자는 정확하게 무엇을 어떻게 해야 하는지 스스로 파악하지 못한 채 경영자의 지시를 따르게 된다.

둘째, 각 과정을 단절시켜 노동자는 해당 시간 동안 자기에게 부과된 업무만 하게 된다. 현재 '나인투식스(9 to 6)' 근무를 하는 우리와 유사한 형태가 된 것이다.

셋째, 다양한 임금 지불 체계, 즉 인센티브를 만들었는데, 이는 노동자가 스스로 더 많이 생산하게끔 유도하는 역할을 한다.

서양의 역사, 현재를 읽는 열쇠

홉스봄은 세 권의 책을 통해 19세기의 역사적 위치를 이해하고 설명하고자 했다. 또한 과거를 검토함으로써 현재의 뿌리를 추적하고, 무엇보다도 응집된 전체로서의 과거를 드러내고 싶어 했다. 그런데 지금 현대를 사는 우리가 왜 과거를, 그것도 동양이 아닌 서양의 역사를 알아야 할까?

지금 우리가 사는 이 세계는 서양에서 태동하고 발전한 정치체제와 경제체제로 이루어져 있다. 우리는 민주주의와 자본주의가 혼합된 세상에 산다. 그리고 이것을 당연하게 생각한다. 하지만 역사를 들여다보면, 이 민주주의와 자본주의는 꽤 긴 시간 동안 숙성되어 만들어졌다. 이는 결코 쉽지 않은 과정이었다.

에릭 홉스봄의 3부작은 저자가 마르크스주의자임에도 불구하고 어느 한쪽 편으로 기울지 않는다. 3부작 이후 이어지는 《극단의 시대》는 세계 대전과 냉전 시기까지 다루는데, 거기서도 그는 소련의 편을 들기보다는 중립을 유지한다. 세계를 뒤흔든 사건들이 어떠했는지 객관적으로 분석하고, 그 여파를 실감 나게 서술할 뿐이다.

한편 홉스봄은 전형적인 대기만성형인 작가이다. 공산당원이어서 처음에는 교직조차 얻지 못했으나 이후 60대에 이르러 학회에서 인정받고 베스트셀러 작가가 되었으며, 영국 여왕에게 명예훈장도 받았다.

그는 "기존 사회에 반대하는 동시에 자신을 품어준 영국 사회의 전통을 깊이 존중하는 마르크스주의자"라는 평가를 받았다. 이런 작가의 스토리까지 알게 되자 책이 더 흥미롭게 다가왔다.

서양의 19세기와 20세기에 관심 있다면, 혹은 지금의 세계가 왜 이렇게 자본의 논리에 휘둘리는지 궁금하다면, 읽어보기 좋은 역사책이다.

함께 읽으면 좋은 책

《극단의 시대》 에릭 홉스봄, 까치, 2009 에릭 홉스봄 3부작에 이어지는 책으로, 제1차 세계대전부터 구소련 붕괴까지 20세기 전반을 다룬다.

《에릭 홉스봄 평전》 리처드 J. 에번스, 책과함께, 2022 에릭 홉스봄의 어린 시절부터 말년까지를 기록한 평전으로, 3개 대륙 17개 문서고를 조사해 찾아낸 방대한 미공개 저술 자료를 바탕으로 쓰였다.

《역사란 무엇인가》 E.H.카, 까치, 2015 '역사'하면 가장 먼저 떠오르는 유명한 책이다. '과거와 현재의 대화'가 바로 역사라고 이야기하며, 역사를 왜 읽어야 하는지 알려주는 책이기도 하다.

역사란
더 이상 거기에 존재하지 않는 것들을
항상 미완의 형태로,
그리고 문제의식으로 재구성하는 것이다.
기억은 항상 우리의 시간에 속하며
영원한 현재와 더불어 살게 되는 끈을 만든다.
역사란 과거에 대한 상상인 것이다.

우주를 이해하는 인간의 방식이
상당히 짧은 기간 동안 변형된 시점이 있었는데,
그중 하나가 바로 제1차 세계대전 직전 10년 동안이다.
어떤 의미에서 '자연'은 보다 덜 '자연적'이 되어 버렸고
보다 이해할 수 없는 것이 되어버렸다.

세계는 19세기 중반에 그랬던 것처럼
유일한 행성인 영국을 둘러싸고 회전하는
태양계가 더 이상 아니었다.
영국은 명백히 더 이상 '세계의 공장'이 아니었으며,
가장 중요한 시장도 아니었다.

축의 시대

The Great Transformation
: The World in the Time of Buddha,
Socrates, Confucius and Jeremiah

#축의시대

#종교의기원

#철학의시작

#자비

"우리는 한 번도
축의 시대 통찰을
넘어선 적이 없다."

카렌 암스트롱 Karen Armstrong

영국의 종교학자로 1944년 잉글랜드에서 태어났다. 17살에 로마 가톨릭 수녀원에 들어갔다가 7년 만에 환속했다. 옥스퍼드 대학에서 영문학을 전공한 뒤 종교학자가 된다. 2008년 종교 간 화해와 평화를 위해 활동해 온 공로로 '프랭클린 D. 루스벨트 자유 메달'을 수상했으며 개개인의 동정심 회복을 위한 전 세계적 비전을 제시한 공로로 'TED상'을 받았다. 대표작으로 《신의 역사》, 《축의 시대》, 《신의 전쟁》 등이 있다.

이 책을 선정한 이유

《축의 시대》는 기원전 900년부터 기원전 200년까지 세계 주요 종교와 철학이 탄생한 '축의 시대'를 다루는 책이다. 우리는 인류의 사상이 점진적으로 발전했다고 생각하지만 사실 그렇지 않다. 인류는 이 시기 엄청난 도약을 이뤄냈으며, 여전히 우리는 '축의 시대'의 철학과 종교 안에 살고 있다. 이 책은 대중적인 종교 책을 쓰는 걸로 유명한 카렌 암스트롱의 대표작이다.

세계 4대 종교와 철학의 탄생

《축의 시대》는 단번에 다 읽을 만큼 가벼운 책은 아니다. 품고 있는 내용도 철학과 종교다. 둘 중 하나만 있어도 어려울 텐데 철학사와 종교사라니. 어쩐지 도망가고 싶게 만드는 책이다.

어쩌다 보니 이 책을 세 번 읽었다. 사실 읽을 때마다 감탄했다. 철학과 종교를 이렇게 재밌게 쓰다니. 또 이렇게나 방대하게 쓰다니. 이 한 권이면 종교와 철학의 핵심이 단번에 정복될 것 같았다.

사실 '축의 시대'라는 개념은 저자 카렌 암스트롱이 창안한 말은 아니다. 독일 철학자 카를 야스퍼스가 만든 말로, 그는 이 시기가 인류의 정신적 발전에서 중심축을 이룬다고 생각했다. '축의 시대' 개념에 따르면 대략 기원전 900년부터 기원전 200년 사이에 세계의 네 지역에서 위대한 전통이 탄생하게 되는데, 바로 중국의 유교와 도교, 인도의 힌두교와 불교, 이스라엘의 유일신교, 그리고 그리스의 철학적 합리주의다.

사실 인류의 역사를 훑어보다 보면, 이상하게 천재들이 몰아서 등장하는 시기가 있다. 유럽의 르네상스 시기엔 레오나르도 다빈치, 코페르니쿠스, 갈릴레이, 미켈란젤로 등이 쏟아졌다. 또 가까운 19세기 후반부터 20세기 초반까지 아인슈타인, 니체, 비트겐슈타인, 클로드 모네, 피카소 등이 한 번에 등장해 지적 폭발의 시기를 이끌었다. 하지만 사실 이들은 '축의 시대' 천재들에 비하면 아무것도 아니다. 붓다, 소크라테스, 공자, 예레미야, 플라톤 등이 한 번에 등장했던 축의 시대. 이 시대는 철학뿐만 아니라 종교의 시작을 알린 정신적 혁명기였다.

축의 시대의 가르침

그런데 왜 지금《축의 시대》를 읽어야 할까? 저자 카렌 암스트롱은 말한다.

> "우리는 사실 축의 시대의 통찰을 넘어선 적이 없다. 많은 위기의 순간 사람들은 늘 축의 시대를 돌아보며 길을 찾았다."

여전히 많은 사람들이 종교를 믿는다. 신에게 인생의 답을 구하고 의지한다. 또한 변함없이 많은 사람들이《논어》속의 경구를 삶의 지침으로 삼고,《소크라테스의 변명》을 읽으며 삶의 지혜를 구한다. 우리가 살고 있는 이 세상, 과학이 아무리 발전했어도 인간성의 근본은 변하지 않았다. 우리의 본성은 아프리카 사바나 초원에서 뛰놀던 원시 인류를 닮았고, 우리의 이성은 춘추전국시대부터 그리스 철학이 탄생했던 축의 시대를 닮았다. 우리는 계속 이러한 틀 속에서 살아가고 있다.

그렇다면 축의 시대의 통찰에는 어떤 것들이 있을까? 저자는 크게 세 가지를 이야기한다.

첫째, 이 시기 전통들은 모두 인간 의식의 한계를 밀고 나아갔다. 인간 존재 깊은 곳에서 초월적 차원을 발견했다. 보통 그 경험은 말로 표현할 수 없는 것이었다. 즉 개인적인 차원이었다. 따라서 현자들은 이런 자신의 관점을 다른 사람들에게 강요하지는 않았다. 오히려 그 반대였다. 철학적이고 종교적인 가르침을 의심 없이 받아들여서는 안 된다는 것이 그들의 믿음이었다. 이는 현대 종교와는 무척 다른 특성이기도 하다.

둘째, 이들에겐 무엇을 믿느냐가 중요하지 않았다. 어떻게 행동하느냐가 중요했다. 종교의 핵심은 깊은 수준에서 자신을 바꾸는 행동을 하는 것이었다. 말로 믿는 게 아니라 행동으로 변하는 것이었다.

셋째, 모든 종교의 목적은 똑같았다. 바로 공감과 자비였다. 축의 시대 현자들에게 종교란 믿음이 아니라 모든 존재의 신성한 권리를 존중하는 것이었다. 따라서 사람들이 다른 사람들에게 친절하고 관대하게 행동한다면, 세상을 구원할 수 있으리라 생각했다. 폭력과 전쟁을 멈출 수 있다고 믿었다.

폭력의 시대, '축의 시대'에게 길을 묻다

'축의 시대'는 결코 짧은 기간이 아니다. 700년이라는 방대한 시간이다. 특히 이 시기가 도래하기 직전, 전 세계는 혼란한 시기를 겪었다. 이런 불안과 공포의 시대에 자아를 발견하고 앎을 향해 기나긴 여행을 떠난 선지자들은 공감과 자비를 이야기하고 사유의 혁명을 이루어 냈다.

저자 카렌 암스트롱은 축의 시대에 네 지역에서 창조된 종교는 모두 공포와 고통에 뿌리내리고 있다고 말한다. 이 시기는 전쟁과 폭력의 시대였다. 혼란, 이주, 정복, 전쟁이 특징이었고, 하나의 제국이 망하고 다른 제국이 들어서는 사이에 종교의 창시가 이루어지는 경우도 많았다.

중국에서는 주 왕조 붕괴와 더불어 시작되었으며, 인도에서는 인더스 문명이 해체된 이후 일어났다. 그리스에서는 미케네 왕국의 쇠퇴와 마케도니아의 지배 사이에 이루어졌으며, 중동에서는 조국의 붕괴와 추방이라는 유대인의 트라우마와 함께 시작되었다.

철학자 카를 야스퍼스는 이렇게 말했다. "축의 시대는 큰 두 제국 사이의 공백기, 자유를 위한 휴식, 가장 명료한 의식을 가져다주는 깊은 숨이라고 부를 수 있다." 기원전 2세기 말에 이르자 세계는 안정되었다. 그리고 세계는 축의 시대의 정신을 계승해 나갔다.

축의 시대의 자장 안에 있는 지금, 우리가 사는 세계는 어떤 모습일까? 안타깝게도 점점 더 폭력적으로 변해가는 것 같다. 가자 지구에서는 팔레스타인과 이스라엘이 수십 년 동안 충돌하고 있다. 세계는 타협과 수용보다는 충돌과 전쟁으로 나아가는 분위기다. 모두 군비 증강에 몰두하고 있고, 세계의 경찰이라 불리던 미국은 힘을 잃은 지 오래다.

이런 혼란과 폭력이 가득한 시대를 살아가는 지금, 그 어느 때보다 '축의 시대'의 가르침을 귀 기울여 들을 필요가 있다. 그 시대의 현자들은 모두 우리 시대와 다를 바 없는 폭력적 사회에 살았다. 그러나 그들은 타고난 인간적 에너지를 활용하여 이 공격에 맞서는 영적 기술을 창조했다.

특히 축의 시대 현자들은 지리적으로 아주 멀리 떨어져 있었음에도 깊은 차원에서는 서로 비슷한 해결책을 제시했다. 이는 그들이 공통적으로 인간 본성의 어떤 중요한 것을 발견했음을 보여준다. 또한 이는 사람들이 노력한다면 인간성의 고양을 경험할 수 있으며, 자비와 사랑의 윤리를 실천할 수 있다는 점을 깨닫게 해준다.

이런 자비에서 핵심은 바로 '자기 중심주의 한계를 넘어서는 것'이다. 예를 들어 우리가 싫어하는 누군가에 대해 적대적인 이야기를 하고 싶은 유혹을 느낄 수 있다. 그럴 때마다 만일 남이 우리에게 그런 이야기를 하면 어떨지 생각하고 참는다면, 그 순간 우리는 자신을 넘어선 것이다. 바로 초월의 순간이다. '축의 시대' 철학과 종교는 모두 이런 태도를 장려했다. 양보와 비폭력, 이기심을 버리고 자비의 영성을 개발하는 것, 증오와 폭력을 멈추는 것. 그것이 바로 종교의 핵심이었다.

그러니 역사상 가장 위대했던 영적 천재들의 조언을 제발 귀 담아듣길, 우리의 세계가 더는 폭력적으로 변질되지 않고 현재 진행 중인 폭력도 그만 멈출 수 있길 바라 본다.

함께 읽으면 좋은 책

《세 종교 이야기》 홍익희, 행성B잎새, 2014 하나의 뿌리에서 갈라진 세 종교, 유대교, 기독교, 이슬람교의 믿음과 분쟁의 역사를 담은 책이다.

《신의 역사》 카렌 암스트롱, 교양인, 2023 카렌 암스트롱의 또 다른 대표작으로 신의 의미와 종교의 본질을 밝히는 책이다.

《세상을 알라》 리하르트 다비트 프레히트, 열린책들, 2018 독일의 스타 철학자가 말하는 고대와 중세의 철학 이야기다. 대중서로 만들어졌기 때문에 쉽고 재밌게 고대 철학을 접할 수 있다.

나의 신앙이 너의 신앙보다 낫다!
장자가 주목했듯이
사람들은 신앙에 자신을 던져 넣으면,
시비를 걸고, 간섭을 하고,
심지어 불친절해질 수도 있다.

종교가 우리의 부서진 세계에
빛을 가져오게 하려면,
맹자가 주장했듯이, 우리는 사라진 마음,
우리의 모든 전통의 핵심에 놓여 있는
자비의 정신을 찾으러 나서야 한다.

축의 시대 사상가들은
아타락시아,
즉 고통으로부터 해방을 구하지 않았다.
대신 사람들에게 고통이라는 현실을
받아들이라 강요했다.

27

팡세

Pensees

- #행복
- #비참함
- #신앙
- #생각하는인간

"인간은 자연에서 가장
연약한 갈대에 불과하다.
하지만 인간은 생각하는 갈대다."

블레즈 파스칼 Blaise Pascal

1623년 프랑스에서 태어났다. 어릴 때부터 병약하였고 39년이라는 짧은 생을 살았으나, 수학과 과학 분야에서 탁월한 업적을 남겼다. 12살에 혼자 힘으로 유클리드 기하학 12번 명제를 증명해 냈으며, 몇 년 뒤 파스칼 정리를 담은 수학 논문 〈원주곡선론〉을 발표했다. 컴퓨터의 기초가 된 계산기를 발명하고, 근대 확률 이론의 기초를 세웠으며, 오늘날 자동차 기술에 꼭 필요한 이론인 '파스칼의 원리'를 발견했다. 그는 1654년부터 신앙을 잃어가는 동시대 교양인들에게 신앙을 권하는 《팡세》를 집필했다. 이 책은 그의 이른 사망으로 미완성으로 남았다.

이 책을 선정한 이유

철학과 신학에 있어 가장 유명한 작품 중 하나다. 인간 존재에 대한 깊이 있는 사유와 신앙에 대한 진지한 고민이 담긴 책으로, 인간의 본성, 신의 존재, 인간 조건의 역설에 관한 깊은 탐구로 호평받는 작품이다. 책 속 수많은 명언으로도 유명한 고전이다.

과학과 신앙의 경계에 선 천재

과학과 신앙은 어찌 보면 정반대에 있는 것처럼 보인다. 하지만 과학과 신앙을 둘 다 추종했던 천재 과학자가 한 명 있으니, 바로 블레즈 파스칼이다. 그는 훌륭한 수학 과학 이론을 많이 탄생시킨 과학자이지만 그 누구보다 독실한 신앙인이기도 했다. 그가 쓴 《팡세》는 인간의 보편적인 행복과 비참함에 대한 이야기를 담고 있어, 신을 믿든 믿지 않든 흥미롭게 읽을 수 있는 책이다.

《팡세》는 프랑스어로 '생각'이라는 뜻이다. 파스칼이 죽은 뒤 유족들이 그의 글을 묶어 만든 것으로, 원래는 '종교 및 기타 주제에 대한 파스칼 씨의 팡세'라는 제목으로 펴냈으나 후에 '팡세'라는 제목으로 굳어졌다. 《팡세》는 스토리가 있는 책은 아니다. 마치 메모를 엮은 것처럼 글이 뚝뚝 끊어진다. 그래서 굳이 순서대로 읽을 필요는 없다. 읽고 싶은 부분만 발췌해 보면 되는 책이다. 짧은 일기 같기도 한 명언 모음집으로, 읽다 보면 파스칼이라는 천재 과학자의 생각을 힐끗 들여다보는 듯한 기분이 들기도 한다.

삶의 지침서로 읽는 '팡세'

《팡세》에는 다양한 주제가 등장한다. 크게 보면 인간의 이중성, 신에 대한 믿음, 권태와 불행, 행복에 관한 이야기다. 파스칼은 과학자답게 글이 냉철하다. 감성에 호소하기보다는 논리적으로 생각을 이끈다. 특히 '인간의 이중성'에 대한 이야기들은 읽다 보면 예전에 유행한 '허무 개그' 같은 느낌이 들기도 한다. 우리는 결국 이런 존재구나 싶어 허탈감이 느껴지는 것이다. 가령 파스칼은 인생에 대해 이렇게 이야기한다.

> "너무 빨리 읽어도 아무것도 이해할 수 없고, 혹은 너무 천천히 읽어도 마찬가지로 아무것도 이해하지 못한다."
> "사소한 것이 우리를 위로하는 것처럼, 또한 사소한 것이 우리에게 상처가 된다."
> "너무 어려도 판단을 잘하지 못하며, 너무 늙어도 마찬가지다. 충분히 생각하지 않거나 반대로 너무 깊게 생각해도 완고해지거나 열광하게 된다."

이런 말엔 저절로 고개가 끄덕여진다. '그렇지. 삶이란 정말 쉽지 않지. 절대적으로 옳은 진리란 없고, 또 너무 과해도 너무 덜해도 실패하고 말지.' 이렇게 공감하게 되는 것이다.《팡세》는 사실 너무 유명한 작품이라, 그리고 종교적이라는 평가를 듣는 작품이라 읽기에 부담스러울 수 있는데 막상 읽어보면 꼭 그렇지만은 않다.《팡세》는 그냥 우리 삶에 관한 이야기다. 열심히 살지만 결국 실패하고 마는, 그러면서도 또다시 일어서고 마는 그런 인생이 담긴 책이다.

나면서부터 비참함과 함께하는 인간

그런데 대체 왜 파스칼은 과학 혁명이 일어나던 이성의 시대에 종교를 믿자고 주장했을까? 주된 이유 중 하나는 인간이라는 존재에 대한 그의 관점 때문이다. 그는 태어나면서부터 인간에게는 불행과 비참함이 함께한다고 생각했다.

> "우리는 정말 불행하다. 어떤 일을 즐기는 중에도 그것이 잘못되면 어쩌나 하고 염려하기 때문이다. 물론 모든 일이 실제로 잘못될 수도 있고, 또 종종 그렇게 되기도 한다. 행복을 누리면서도 반대되는 불행을 염려하지 않은 비결을 찾아낸 사람은, 참된 행복의 핵심 포인트를 찾은 것과 다름없다. 하지만 그 비결을 찾아 나서는 것은 우리 삶에서 멈추지 않을 영원한 움직임이 된다."

파스칼에 따르면 인간은 끊임없이 불안해한다. 우리는 늘 견딜 수 없어 한다. 그 핵심에는 무력하게 죽을 수밖에 없는 인간의 딱한 처지가 있다. 그 어떤 것도 죽음의 심연에서 우리를 위로해 줄 수 없다. 따라서 인간은 늘 죽음을 잊기 위해 다른 곳으로 마음을 돌린다.

파스칼은 "인간은 스스로 죽음, 비참, 무지를 해결할 수 없다. 따라서 행복해지기 위해 그런 심각한 것들을 아예 생각하지 않기로 작정했다"고 말한다. 그리하여 그런 비참한 인간은 오락과 기분 전환에 빠진다. 신나고 열정적인 대상, 도박, 인기 있는 공연물 등에 매달리며 자신의 근본 조건을 생각하는 데서 마음을 돌린다. 하지만 이런 행복은 영원하지 않다. 오락의 끝에는 중독, 그리고 권태가 기다리고 있기 때문이다.

> "애착을 가졌던 일을 그만둘 때 권태가 생겨난다. 행복한 가정생활을 영위하고 있는 한 남자가 있다. 그런데 그가 마음에 드는 여자를 만나 황홀하게 며칠을 보내다가 원래의 일상으로 되돌아간다면 그는 얼마나 불행할까. 이런 일은 일상에서 흔히 일어난다."

그렇다면 인간은 늘 이럴 수밖에 없는 걸까? 진정한 행복과 위안은 없는 걸까? 파스칼은 "인간의 모든 불행은 단 한 가지 사실, 곧 자기 방에 평온하게 머무르는 법을 몰라서 생겨난다"고 이야기한다.

신을 믿는 쪽에 배팅하라

파스칼은 행복을 추구하는 세 가지 방법이 있다고 생각했다. 먼저 앞서 말한 '오락'이다. 오락은 우리 안이 아닌 우리 밖에서 행복을 추구하는 것이다. 그리고 두 번째는 '철학'이다. 철학은 반대로 우리 밖이 아닌 우리 안에서 행복을 추구하는 것이다. 파스칼은 이 두 가지 방법 모두 옳지 않다고 생각했다. 그는 제3의 길로 나아간다. 바로 '종교'인 최고선이다. 이는 우리 안과 밖에서 행복을 추구하는 방법이다.

> "모든 사람은 행복을 추구한다. 여기에는 예외가 없다.… 그런데 그토록 오랜 세월이 흘렀지만 모두가 한결같이 갈구하는 이 목표에 신앙 없이 도달한 사람은 아무도 없었다. … 하나님만이 인간의 참된 선이다."

파스칼이 살던 시대는 우리와 비슷하다. 많은 지식인들은 종교를 미신적이고 반이성적이며, 인간의 자유를 억압하는 것이라고 생각했다. 하지만 파스칼은 독실한 신앙인이었던 아버지의 가르침을 따른다. 그의 아버지는 "신앙의 영역은 이성의 판단 대상이 될 수 없을 뿐 아니라, 이성에 종속될 수도 없다"라고 가르쳤다. 그리하여 파스칼은 훌륭한 과학자였음에도 불구하고, 시대의 유행에 따르지 않은 종교인이 되었다.

특히 그는 이 책에서 그 유명한 '파스칼의 내기'를 언급한다. 이 내기는 신의 존재에 대한 확실한 증거가 없더라도 신을 믿는 것이 합리적인 것임을 암시한다. 그 내용은 다음과 같다. 만약 신이 존재하고 우리가 신을 믿는다면, 잠재적인 보상은 무한하다. 하지만 신을 믿지 않는 사람은 지옥에 갈 것이다. 반대로 신이 존재하지 않는다면, 신을 믿는 사람, 그리고 믿지 않는 사람 모두 아무것도 잃지 않는다. 그러므로 신을 믿는 것에 배팅하는 것이 합리적이다. 이것이 이 내기의 논지다.

여기서 재밌는 것은 파스칼이 '신앙심에서 우러나온 경건함'에 호소하지 않는다는 점이다. 독실한 신앙인이면서도 그는 신을 믿으면 좋은 점에 대해 열거하지 않는다. 감정적으로 설득하지도 않는다. 단순히 '한 번 확률적으로 계산해 보라'고 말한다. 이런 면에서 그는 참 수학자답다.

인간은 생각하는 갈대

"자신을 알아야 한다. 이것이 진리를 발견하는 데에 직결되는 것은 아닐지라도, 최소한 자기 인생 문제를 푸는 데는 도움이 될 것이다. 이보다 더 바람직한 일은 없다."

신앙을 잃어가는 시대에 《팡세》를 읽는 것. 특히 나와 같이 종교적 믿음이 약한 사람이 《팡세》를 읽는 것은 '자기 성찰적'인 의미가 강하다. 파스칼은 책 속에서 계속 방황한다. 그런 뒤 결론 내린다. '인간은 생각하는 갈대'라고.

"인간은 자연에서 가장 연약한 갈대에 불과하다. 하지만 인간은 생각하는 갈대다. 이 갈대를 꺾기 위해 전 우주가 무장할 필요는 없다. 한 움큼의 물안개, 한 방울의 물로도 충분히 그것을 죽일 수 있다. 그러나 우주가 그를 꺾는다고 해도, 인간은 그를 죽이는 우주보다 더 고귀할 것이다. 인간은 자신이 죽는다는 것과 우주가 자신보다 더 우월하다는 것을 알고 있기 때문이다. 우주는 거기에 대하여 아무것도 알지 못한다. 그러므로 우리 인간의 모든 가치는 생각한다는 데 있다. 바로 이 생각으로 우리의 가치를 세워야지, 우리가 차지할 수 없는 시공간으로 세워서는 안 된다. 그러니 올바르게 생각하도록 노력하자."

파스칼은 "인간의 위대함이란 자신이 비참하다는 사실을 안다는 데 있다"고 말한다. 나무는 자신의 비참함을 알지 못한다. 분명 자신의 비참함을 아는 건 비참한 일일 것이다. 그러나 자신의 비참함을 아는 그 인식 자체는 위대한 것이다. 생각하는 인간. 비참함을 아는 인간은 끊임없이 나아간다. 결국 생각으로 우주를 포함하게 된다.

"생각하는 갈대. 나의 가치는 공간적 차원이 아니라, 생각을 조절하는 데서 찾아야 한다. 내가 더 많은 땅을 소유한다고 해서 더 많은 공간을 차지하는 것은 아닐 것이다. 우주가 공간으로 나를 포함하면 나는 하나의 점처럼 삼켜진다. 반면 나는 생각으로 우주를 포함한다."

파스칼에 따르면 결국 인간은 생각하는 갈대다. 그리고 그것
이 전부다.

함께 읽으면 좋은 책

《시지프 신화》알베르까뮈, 민음사, 2016 인간의 비참함 혹은 부조리가 녹아 있는 책으로, 파스칼의 '신앙적 극복'과는 또 다른 대안을 제시하는 책이다.
《신 앞에 선 인간》박승찬, 21세기북스, 2023 중세 기독교 철학을 이해할 수 있는 책으로, 사도 바울로부터 보에티우스까지 총 다섯 명의 인물을 통해 중세의 시대정신을 돌아보는 책이다.
《아우구스티누스 고백록》아우구스티누스, 종합출판범우, 2008 루소와 톨스토이 고백록과 함께 3대 고백록 중 하나로, 성인의 진실한 자기 고백이 담겨있는 책이다.

인간은 자기가 바보라고 남에게 말하다 보면
정말 그렇다고 믿게 된다.
마찬가지로 자기 자신에게도 바보라고
반복해서 말하게 되면 스스로 그렇다고 믿게 된다.

어떤 일을 끝낸 직후에 그것을 돌이켜 보면,
그 일에 대한 고정관념에 사로잡히게 된다.
하지만 또 너무 오랜 시간이 흐르게 되면,
다시는 그 일로 돌아갈 수 없게 된다.

인간이란 얼마나 괴물 같은 존재인가?
얼마나 진귀하고 괴기스러우며,
혼돈하고 또 얼마나 모순투성이이며,
얼마나 경이로운가?
만물의 심판자이면서 쓸모없는 벌레,
진리의 수탁자이면서 불확실한 오류의 시궁창,
우주의 영광이면서 우주의 폐기물 같은 존재다.

종교적 경험의 다양성

The Varieties of Religious Experience

#종교의다양성

#종교의쓸모

#종교적체험

#신비주의

"과학과 종교는 그것을 모두
실제적으로 사용하는 사람에게는
세계의 지식의 보고를 여는
참된 두 열쇠이다."

윌리엄 제임스 William James

1842년 미국 뉴욕에서 태어났으며, 미국 '심리학의 아버지'로 불린다. 실용주의 철학자이자 심리학자이다. 1869년 하버드 의과대학에서 학위를 취득한 뒤 1872년부터 하버드대에서 생리학, 심리학, 철학을 가르치며 여생을 보냈다. 그가 쓴 《심리학의 원리》는 현대 심리학의 기초 토대를 세웠다고 평가받는다. 대표작으로《종교적 경험의 다양성》, 《심리학의 원리》, 《실용주의》 등이 있다.

이 책을 선정한 이유

고전적 종교 연구에 새로운 지평을 연 책으로, 출간된 지 백 년이 지났으나 여전히 필독서로 꼽히는 책이다. 하버드 대학에는 그를 기리는 '윌리엄 제임스 홀'이라는 건물이 있을 정도다. 하버드대, 시카고대, 예일대 등 미국 유명 대학의 신학과 종교학 수업에서 종종 인용되는 책으로, 종교적 경험의 심리적 측면을 탐구하고 있다.

과학의 시대에 종교는 필요할까?

나는 무엇을 믿는다는 것에 관심이 많은 편이다. 무엇을 믿는다는 것은 삶의 우선순위와도 같다고 생각한다. 개인의 모든 성격과 특징들 가운데 가장 최상위에 있는 것이 바로 믿는다는 것이고, 이는 신념과 의지이기도 하며, 이게 발전하면 종교가 된다고 생각하는 편이다.

이렇듯 믿음에 바탕을 둔 종교는 다른 사람과 쉽게 타협하기 힘든 특성을 지니게 된다. 대체로 종교적 신념은 고집불통이고, 바꾸기 힘들기 때문이다. 종교적 이유로 히잡을 쓰는 여인에게 히잡을 벗으라고 강요하기란 어렵다. 또한 현실에선 종교가 다른 종교인들이 서로 미워하고 전쟁까지 벌이는 경우도 많다.

이렇게 나와 다른 믿음을 가진 사람들을 무시하고 틀렸다고 생각하는 것에서 시작되는 전쟁. 인류의 역사 속에서 피와 칼로 얼룩진 종교 전쟁은 무수히 반복되었다. 이런 걸 보면 '대체 종교가 뭐길래!' 하는 생각이 절로 든다. 과학이 대세인 시대에 종교가 무슨 쓸모가 있을까, 차라리 종교는 사라지는 게 더 낫지 않을까 하는 생각마저 들기도 한다.

그러다 몇 년 전 종교는 어쩌면 쓸모없을지도 모른다는 나의 단단한 무신론의 껍질을 깨뜨린 책을 한 권 만나게 되었다. 바로 《종교적 경험의 다양성》이다. 이 책은 미국 심리학의 아버지 윌리엄 제임스가 썼다. 참고로 그는 심리학자이지만 철학자이기도 하고, 무엇보다 종교에 관심이 많은 사람이었다.

그는 이 책에서 믿음이라는 신념 체계가 인간에게서 어떻게 작동하는지 심리학적 관점에서 파헤친다. 딱딱하게 이론만 늘어놓기보다는 다양한 사례를 수집하여 소개한다. 그래서인지 읽다 보면 '앗, 세상에 이런 일이? 정말로 이런 기적 같은 일이 가능하단 말인가?'라는 말이 나올 정도로 독특한 종교적 체험이 많아 놀라게 된다. 그래서 신을 믿든 믿지 않든, 종교가 있든 없든 누가 읽어도 흥미로운 책이기도 하다.

종교란 무엇인가?

그렇다면 대체 종교란 무엇일까? 윌리엄 제임스는 "종교란 그것이 무엇이든 근본적 진리라고 느끼는 것을 향한 태도"라고 말한다. 즉 종교는 어떤 물건이나 어떤 활동이 아니라 한 사람의 삶 그 자체라는 것이다.

이러한 종교는 다음과 같은 특징이 있다. 첫째, 종교적 경험이란 반드시 성스러운 어떤 것과의 관계 속에서 일어나는 현상이다. 그건 인간의 형상을 띤 '신'이라 표현할 수도 있고, 불교처럼 '절대자'를 믿는 건 아니지만 '해탈'과 같은 경지를 추구하는 것을 의미할 수도 있다.

둘째, 종교적 경험을 하게 되면 사람은 이전과는 완전히 다른 삶을 살게 된다. 회심하는 것, 갱생하는 것, 은혜를 받는 것은 강한 확신을 낳는다. 특히 이전의 삶이 불행하고 불안했던 사람이라면, 이러한 과정을 통해 의식이 통합되고 행복한 존재로 변해가게 된다.

셋째, 종교적 경험 중 신비체험은 삶의 그 어떤 감동보다 훨씬 고차원적이다. 종교적 황홀감은 말로 설명할 수 없다. 그만큼 강력하다. 이들은 하찮은 풀잎 속에서도 그 안에 신을 느끼게 된다.

넷째, 종교적 경험은 도덕적이고 윤리적이다. 종교의 교리는 보통 전통적인 가치를 지향한다. 이런 종교 교리를 지킴으로써 종교인은 비도덕적이었던 자신의 삶을 수정하게 된다.

종교적 경험이 필요한 사람, 필요하지 않은 사람

이 책은 종교에 관해 다루지만 확실히 '심리학 책'이다. 심리학의 아버지답게 저자 윌리엄 제임스는 '믿는다는 것이 심리학적으로 어떤 의미가 있는지' 이 책에서 상세하게 설명하고 있다. 이에 따르면, 종교는 심리적으로 보아 내적 자아를 통일시키는 데 큰 의미가 있다. 우리의 내면은 단일하거나 일정하지 않다. 크게 보면 두 개의 자아가 존재한다. 윌리엄 제임스는 의식과 무의식, 고차원 감정과 열등한 감정, 실질적 자아와 이상적 자아라고 불릴만한 두 세력이 존재한다고 말한다. 그리고 우리 내면은 이 두 세력의 전쟁터라고 한다. 하나가 다른 하나를 끊임없이 억압하려고 싸우는 것이다.

이러한 상태가 계속되면 사람은 자신의 삶이 잘못되었다고 여긴다. 무기력해지고 자기혐오에 빠진다. 이럴 때 종교는 의식이 아닌 무의식, 이 책의 용어에 따르면 '잠재의식'을 상징하게 된다. 현실적 자아가 무의식적 자아를 억누르면서 생기는 무의식적 충동을 의식적으로 소화하는 것이 바로 종교적 경험의 목적이라는 얘기다.

특히 이러한 종교적 경험을 하는 사람들을《종교적 경험의 다양성》에서는 크게 두 부류로 나누어 설명한다. 바로 '낙관적 성품의 소유자'와 '고뇌하는 영혼'이다.

낙관적 성품의 소유자들은 행복해지기 위해서는 한 번만 태어나도 되는 사람이다. 즉 종교에서 말하는 '죽었다 다시 태어나는' 경험이 필요하지 않은 이들이다. 이들은 긍정적이다. 삶 속에서 일어나는 일들을 대부분 단순하고 행복하게 받아들인다. 본인을 바꾸기보다는 환경만 바꿔주면 사람은 충분히 행복해질 수 있다고 생각한다. 낙관적 성품의 소유자들은 태어날 때부터 조화롭고 균형이 잘 맞는 내적 기질을 타고난 사람들이다. 그들은 이중적인 감정을 잘 느끼지 않는다. 삶 속에서 후회와 괴로움이 적다.

반면 고뇌하는 영혼들은 행복해지기 위해서는 두 번 태어나야 한다. 이들에게 세상은 이중적 신비다. 행복은 단순히 삶 속에서 마이너스적인 요소를 제거한다고 해서 도달할 수 있는 게 아니다. 환경을 바꾼다고 해서 행복해지는 게 아니다. 결국 죽은 뒤 다시 태어나야 한다. 행복해지기 위해서는 자신의 이전 삶을 버리고 영적인 삶을 살아야 하는 것이다. 이들은 선천적으로 인간 존재 자체를 비관적으로 바라본다. 인간의 삶은 근본적으로 구원을 받아야 한다고 생각한다. 그러기에 이들 삶에 종교는 필수다.

톨스토이의 삶을 바꾼 결정적 순간

《종교적 경험의 다양성》에서는 이렇게 '고뇌하는 영혼'의 소유자로 세계적인 문호 톨스토이를 예로 든다. 톨스토이는 50세가 된 무렵 심각한 삶의 위기를 경험한다. 이때는 그가 소설가로서 성공을 경험하고 있던 시기이기도 했다. 그의 삶은 황홀경이었다가 갑자기 생기를 잃어버린다. 예전에는 너무나 자명했던 일들이 이제는 다 무의미해져 버린다. 톨스토이는 이렇게 쓰고 있다.

"내가 언제나 의지해 왔던 무엇인가가 내 안에서 무너져 내렸고, 잡을 아무것도 남아 있지 않았으며, 도덕적으로 내 삶은 중단되었다고 느꼈다. … 나는 내가 원했던 것이 무엇인지 몰랐다. 나는 삶이 겁났다."

결국 톨스토이는 종교에 귀의하게 되고, 그는 그 안에서 샘솟는 무엇인가를 발견할 수 있었다. 종교를 통해 극도의 슬픔을 극복할 수 있었다. 윌리엄 제임스는 톨스토이가 '인격의 통일성'을 완성했기 때문에 우울증에서 벗어날 수 있었다고 말한다. 톨스토이는 내적으로는 자연적이고 소박한 삶을 원했으나 그를 둘러싼 외적인 삶은 사치와 탐욕으로 가득 차 있었다. 톨스토이는 이런 신앙 체험을 통해 삶을 이어서 더 살아가게 된다. 그의 후기 작품들은 이러한 종교적 깨달음에 관한 이야기로 가득 차 있다.

종교적 경험이 삶에 미치는 영향

이렇게 종교적 경험을 하게 된 사람은 결국 어떤 삶을 살아가게 될까? 이 책에서는 이상적인 종교인의 모습으로 '성인다움'을 말한다. 이들은 기본적으로 일상을 살아갈 때도 종교적 감정이 삶의 중심에 있는 사람들이다. 이는 어떤 종교를 믿든 똑같다.

첫째, 현실의 이기적이고 얄팍한 인간관계보다는 더욱 폭넓은 삶 속에 존재한다는 느낌을 받는다. 둘째, 신과 이어져 있다 믿으며 신에게 헌신한다. 셋째, 자아의 한계가 해체된다. 그러면서 무한한 용기와 자유를 느낀다. 마지막으로 긍정적으로 변한다. 사랑과 조화의 감정을 느낀다. 이러한 삶의 태도는 금욕주의, 기쁨이 넘치는 평정의 상태, 세상으로부터 때 묻지 않은 순결, 동료를 사랑하는 자비로 나타난다.

사실 종교 자체는 문제가 아니다. 우리 사회에서 종교와 관련된 문제가 터질 때마다 종교 자체가 아니라 종교를 믿는 사람들이 문제라는 생각이 든다. 평정과 자비의 마음을 실천하는 종교인이 많지 않은 것이다. 과학의 발전 또한 많은 이들을 무신앙의 길로 내모는 데 한 몫 하고 있다. 이제 과학, 그리고 자본주의가 종교의 자리를 차지하고 있다. 2021년 조사에 따르면 한국인의 약 56퍼센트가 종교가 없다고 답했다고 한다. 이 현상은 앞으로 더 심화되지 않을까 싶다.

윌리엄 제임스는 이런 세상에서 종교는 없어져야 할 괴물이 아니라 오히려 인간 삶의 본질적 요소라고 강조한다. 인간 삶의 뿌리가 되어주는 종교의 의미를 찾고 싶다면, 믿음이란 무엇이고 종교를 믿는 경험이 무엇인지 궁금하다면 꼭 읽어봐야 할 책이다.

함께 읽으면 좋은 책

《톨스토이 고백록》 래프 톨스토이, 현대지성, 2018 이 책에도 소개된 톨스토이 말년의 회심에 대한 회고록이 담긴 에세이다.
《뇌의 진화, 신의 출현》 E. 풀러 토리, 갈마바람, 2019 인간은 대체 어떻게 신을 믿게 된 걸까? 이 책은 신이 인간의 뇌에서 생겨났으며 종교적인 믿음은 뇌 진화의 부산물이라 주장한다.
《내 안의 엑스터시를 찾아서》 성해영, 불광출판사, 2024 서울대 종교학과 교수가 말하는 종교란 무엇인가에 대한 책이다. 이 책은 종교가 엑스터시를 통해 나와 우주의 숨겨진 차원을 알아차리게 만든다고 말한다.

종교적 감정에는
종교적 두려움, 종교적 사랑, 종교적 경이로움,
종교적 기쁨 등이 있다.

종교적 삶을 실제로 사는 사람은
그 삶이 아무리 편협하더라도
종교에 관해 단지 많이 아는 사람보다
훨씬 훌륭한 사람이다.

성격의 정신적 발달은
주로 내적 자아를 올바르게 하고
통일시키는 데 있다.

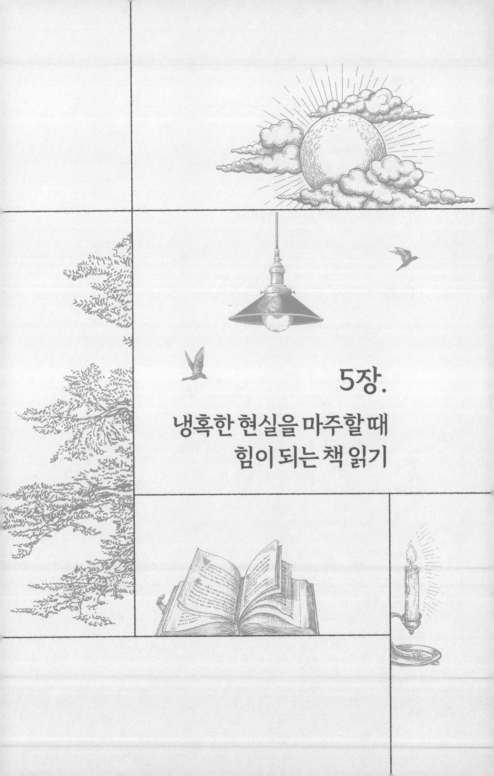

5장.
냉혹한 현실을 마주할 때
힘이 되는 책 읽기

우리 본성의 선한 천사
The Better Angels of Our Nature

#폭력의역사

#긴평화

#벽돌책

#낙관주의

"믿거나 말거나 기나긴 세월이
흐르는 동안 폭력이 감소해 왔고,
어쩌면 현재 우리는 종의 역사상
가장 평화로운 시대를 살고 있을지도 모른다."

스티븐 핑커 Steven Pinker

1954년 캐나다에서 태어났다. 1982년부터 2003년까지 MIT 교수를 역임했고, 2003년부터 지금까지 하버드 대학교 교수로 재직하고 있다. 인간의 마음과 언어, 본성과 관련한 심도 있는 연구와 대중 활동으로 전 세계에서 가장 영향력 있는 심리학자이자 인지과학자로 꼽히고 있다. '올해의 인문주의자'(프로스펙트 매거진), '세계 100대 사상가'(타임), '세계에서 가장 영향력 있는 100인'(포린 폴리시) 등에 선정되었다.

이 책을 선정한 이유

우리 시대 '가장 유명한 심리학자'로 스티븐 핑커를 빼놓을 수 없다. 이 책은 그의 대표작 중 하나로 2018년 아마존 최고의 책에 선정되기도 했다. 특히 '세상이 점점 위험해지고 있는 건 아닐까?'하고 걱정하는 사람들이 읽기 좋은 책이다. 빌 게이츠, 버락 오바마, 마크 저커버그 등이 추천했다.

20세기가 최악의 시대라고 믿는 당신에게

사실 이 책의 리뷰를 쓰려고 두 번째 읽는 지금, 마음이 편치 않다. 단순히 이 책이 다시 읽기에 두꺼워서(1406쪽) 그런 것은 아니다. 《우리 본성의 선한 천사》가 처음 출간된 2014년, 그리고 그로부터 10년이 지난 2024년. 그사이 전 세계 상황이 급변했기 때문이다.

이제 와 생각해 보면 2000년대는 참 행복한 시기였다. 큰 전쟁도 없었다. 코로나 팬데믹도 없었고, 지금처럼 심각한 인플레이션도 없었다. 하지만 그사이 세상은 변했다. 러시아와 우크라이나가 싸우고 있고, 중국은 대만을 호시탐탐 노리고 있다. 미국은 예전만큼 세계 경찰 노릇을 하지 못하고 있으며, 무엇보다 우리는 심각한 기후 위기와 함께 고물가 저성장의 시대를 살고 있다. 그렇기에 이 책이 말하고자 하는 메시지, "현재 우리는 종의 역사상 가장 평화로운 시대에 살고 있을지도 모른다."라는 말에 선뜻 동의하기가 어렵게 느껴졌다.

우리는 지금 전쟁의 위기가 가중되고 있는 시대를 살고 있다. 그럼에도 우리에게 희망이 있다면 과연 어떤 것들이 있을까? 그 희망의 조각들을 이 책을 통해 알아보고 싶었다.

《우리 본성의 선한 천사》는 "당신은 어떤 낙관적인 생각을 갖고 있습니까?"라는 질문에 대한 답에서 시작되었다고 한다. 사실 나를 비롯해 많은 이들이 세상을 우울하게 바라본다. 특히 전쟁을 경험하지 않은 우리 세대는 세상이 점점 폭력적으로 변해간다고 생각한다. 하지만 스티븐 핑커는 딱 잘라 말한다. 폭력은 분명히 감소했다고 말이다.

물론 완벽하게 사라졌다는 의미는 아니다. 또한 앞으로도 폭력이 계속 감소하리라는 보장은 없다. 그러나 폭력의 감소는 전세계의 모든 크고 작은 차원에서 발견되는 현상이고 이는 틀림없는 발전이라고 스티븐 핑커는 말한다. 이 책은 폭력이 오히려 증가했다고 믿는 사람들, 특히 20세기는 최악의 시대라고 믿는 사람들을 위해 쓰였다.

저자는 이 두꺼운 책의 페이지마다 계속 강조한다. 가정 안에서, 민족과 국가 간에, 무장 세력 간에 그야말로 온갖 차원에서 폭력은 감소되었으며, 여기 수많은 증거들이 있다고 말이다. 《우리 본성의 선한 천사》는 '이렇게 차고 넘치는 비폭력의 증거들을 보고도 내 말을 믿지 않을 건가?'라며 독자들을 설득한다. 이 과정에서 폭력과 비폭력의 기저에 있는 인간의 심리도 자세히 설명한다. 이 책 한 권만 읽어도 폭력에 관한 인간의 본성에 대해 어느 정도 이해할 수 있게 된다.

인류 역사를 바꾼 여섯 가지 변화

《우리 본성의 선한 천사》는 인류의 역사를 바꾼 여섯 가지 변화와 다섯 가지 내면의 악마, 네 가지 내면의 천사, 그리고 다섯 가지 역사적 힘에 관해 이야기한다. 먼저 스티븐 핑커에 따르면, 인간이 폭력에서 멀어진 건 많은 변화가 모여 생긴 현상이다. 그는 인류 역사 속 여섯 가지 큰 변화 덕분에 우리가 지금에 이르렀다고 이야기한다.

첫 번째는 바로 수렵 채집 사회에서 국가 사회로 넘어가게 된 '평화화 과정'이다. 이 책은 전통적인 부족사회에서 국가 사회로 넘어오면서 세상에 폭력이 줄어들었다고 말한다. 현대 서구 국가들의 평균 전쟁 사망률은 비국가 사회 평균의 4분의 1을 넘지 않는다는 것이다.

두 번째 변화는 '문명화 과정'이다. 중세부터 20세기까지 유럽 국가들의 살인율은 과거의 10분의 1에서 50분의 1 사이로 낮아졌다. 특히 1990년대에 이르러 범죄는 더욱 감소하게 된다. 정부가 더 강해졌고, 범죄자 투옥률이 높아졌기 때문이다. 또한 강간과 성적 학대와 같은 범죄에 대한 사람들의 인식이 높아지면서 폭력 사건은 더 감소하게 된다.

세 번째 변화는 '인도주의 혁명'이다. 노예제, 결투, 고문, 가학적 처벌, 동물에 대한 잔혹 행위처럼 사회적으로 용인된 폭력을 철폐하려는 움직임이 생겨난다. 특히 여기서 재밌는 것은, 인도주의 혁명을 거든 변화 중 하나로 '쓰기와 읽기 능력의 성장'을 든 것이다.

시대가 변해가면서 사람들은 감정 이입의 범위를 넓혀가게 되었고, 그에 한몫을 한 게 바로 '읽기'였다고 한다. 특히 독서는 타인의 관점으로 세상을 바라보는 기술이다. 그는 이러한 독서 능력의 폭발적 성장이 사람들을 자신만의 편협한 관점에서 벗어나게 하여 인도주의 혁명에 기여했을 거라고 말한다. 이러한 인도주의 혁명은 역사적 폭력 감소 과정에 분명 하나의 중요한 이정표가 되었다.

20세기 폭력 감소의 비밀

네 번째 변화는 제2차 세계대전이 끝난 뒤 벌어진다. 대전 이후 인류는 50~60년 동안 강대국들이 서로 전쟁을 벌이지 않는, 역사상 유례없는 시기를 맞이한다. 이 시기는 '긴 평화'라 불린다.

여기에는 여러 요인이 있었다. 먼저 많은 나라에서 '징집'을 없앴다. 의무병 제도가 사라지고, 국경이 동결되었다. 세계대전 이후 UN은 기존 국가들의 국경에 대해 불가침의 규범을 세웠고, 무력으로 국경을 바꾸려는 시도는 모두 '공격'으로 적대화했다. 이런 분위기에서 대다수의 나라가 영토 확장을 포기하게 되었다.

또한 사람들의 심리에도 변화가 일어났다. 이제 사람들은 '명예'를 이유로 목숨을 걸지는 않게 되었다. 그리고 수많은 이들이 지도자의 전쟁 계획에 저항하였다. 이 모든 요인은 유례없는 긴 평화의 시기, 인류 축복의 시기를 만들었다.

다섯 번째 변화는 '새로운 평화'다. 스티븐 핑커는 냉전이 끝난 1989년 이래 모든 종류의 내전, 살해, 테러가 세계적으로 감소했다고 말한다. 특히 이 부분에서는 '집단 살해'라는 인류의 유별난 폭력성을 심리적으로 분석한 내용이 흥미롭다. 참고로 다른 동물들은 집단 살해를 벌이지 않는다고 한다. 하지만 인간은 아이, 노인을 막론하고 죄 없는 사람 수백만 명을 학살할 수 있는 동물이다. 20세기 중반, 나치의 가스실과 소각장은 이러한 집단 살해 현장을 잘 보여준다. 이러한 '집단 살해'는 인간의 타고난 차별적 경향과 범주화 심리에서 비롯된다고 한다. '우리 집단과 다르다'라는 이유로 다른 집단에 잔혹해지는 인간의 특성 때문이라는 것이다.

마지막 변화는 '권리 혁명'이다. 1950년대 이후로 여성, 아이, 동성애자, 동물 등 소수 집단에 대한 폭력을 반대하는 목소리가 커졌다. 스티븐 핑커는 이러한 '권리 혁명'을 일으킨 중요한 요인 중 하나로 사상의 확산과 사람의 이동성을 높인 기술의 발전을 든다. 우리는 텔레비전, 전화, 인터넷, 고속 열차, 제트 비행기 덕분에 더 많은 정보의 세상에 살고 있다. 이러한 사상의 교류와 확산은 무지와 미신을 타파하는 데 도움이 된다. 사람들이 한때 폭력을 불러들이고 용인했던 신념을 버리게 된 것이다.

우리 본성의 선한 천사와 악한 악마

이제 이 책의 제목과 어울리는 이야기, 우리 본성의 선한 천사와 악한 악마에 대해 이야기할 차례다. 스티븐 핑커는 인간에게는 악한 본성과 선한 본성, 둘 다 있다고 말한다. 하지만 인류 역사는 악한 본성보다 선한 본성을 더 많이 발휘하는 방향으로 발전해왔고, 그 결과 사회의 폭력성이 점차 감소하게 되었다고 한다.

먼저 우리 내면에 있는 다섯 가지 악마에 관한 이야기부터 해보자. 스티븐 핑커는 포식, 우세 경쟁, 복수심, 가학성, 이데올로기를 우리 본성의 악한 부분으로 들었다.

첫 번째 '포식'은 단순한 폭력이다. 목적을 위한 수단으로 폭력을 사용하는 것이다. 이러한 폭력에는 미움이나 분노 같은 감정은 존재하지 않는다. 두 번째 '우세 경쟁'은 경쟁자들보다 우월해지고 싶어 폭력을 쓰는 것이다. 이는 인종, 민족, 종교, 국가 간의 패권 경쟁으로 나타날 수도 있다. 세 번째 '복수심'은 피해를 똑같이 되갚으려는 동기다. 네 번째 '가학성'은 남을 해침으로써 즐거움을 얻는 것이다. 마지막 '이데올로기'는 공유된 신념 체계로, 보통 유토피아적 전망과 무제한의 행복을 추구한다는 명목으로 무제한의 폭력을 정당화하는 도구가 되는 경우를 말한다.

이러한 악마에 대항하는 우리 본성의 선한 천사도 있다. 먼저 '감정 이입'은 우리로 하여금 다른 이들의 고통을 느끼게 해준다. 다음으로 '자기 통제'는 충동적 행동의 결과를 예상하고 절제하도록 만들어 준다. '도덕 감각'은 같은 문화 속 구성원들의 상호 작용을 다스리는 규범이다. 도덕 감각의 경우는 대부분 폭력을 줄여주지만 때로는 이 때문에 오히려 늘 때도 있다. 마지막으로 '이성'은 우리로 하여금 자신만의 편협한 관점에서 벗어나게 하고 자신이 살아가는 방식을 반성하게 도와준다.

스티븐 핑커는 특히 '이성'의 역할을 강조한다. 그가 보기에 이성은 요즘 평가절하되어 있다. 심리학은 특히 인간이 이성이 아닌 감정에 따라 움직일 뿐이라고 말하지만 그가 보기에 세상은 분명 점점 더 똑똑해지고 있다. 그리고 다른 조건이 같다면, 똑똑한 세상일수록 폭력은 줄어든다. 또한 이성은 폭력을 감소시킨 변화인 '인도주의 혁명'을 일으킨 동기 중 하나다. 그리고 사람이 이성적일수록 두 번째 우리 본성의 선한 천사인 '자기 통제' 또한 높아지고, 전쟁과 같은 치명적인 폭력을 예방할 확률이 높아진다. 이성은 꽤 쓸모 있는 것이다.

'천사의 날개를 타고' 인류는 어떻게 폭력을 줄여나갔는가

이 두꺼운 책의 마지막 10장의 제목은 바로 '천사의 날개를 타고'다. 말 그대로 인류가 '악마의 뿔'보다 '천사의 날개'를 타고 어떻게 폭력을 줄여나갔는지 밝혀나가는 부분이다.

먼저, '리바이어던 효과'가 있다. 영국의 철학자 홉스가 국가라는 유기체에 비유했던 괴물 '리바이어던'을 일컫는 말이다. 국가가 사람들이 서로 해치는 것을 막고자 폭력을 독점하는 것은 가장 일관된 폭력 감소 요인이 된다. 반면 정부가 무능해지면 이는 가장 큰 내전 위험 요소가 될 수도 있다. 이러한 원리는 국제 관계에서도 힘을 발휘한다. 국가들이 UN 등에 같이 속해 있을 때는 전쟁의 위험이 확실히 낮아진다.

두 번째는 '온화한 상업'이다. 서로를 공격해 물건을 얻는 게 아니라, 상호 협동으로 이익을 얻을 수 있다는 발상이다. 이러한 교환은 제로섬 전쟁이 아니라 포지티브섬 상호 이득 관계다. 제로섬 게임은 제한된 자원을 확보하기 위해 이겨야 한다고 믿기 때문에 갈등과 전쟁으로 이어지는 경우가 많지만 포지티브섬 게임은 협력할수록 더 많은 것을 얻게 되기에 경쟁보다는 상호 협력을 강조한다. 스티븐 핑커는 우리가 포지티브섬 경쟁을 할 경우 적대감과 긴장감이 해소되어 폭력이 줄어든다고 말한다.

세 번째는 '여성화'이다. 인류가 여성 친화적 가치들은 포용하면서 확실히 폭력을 줄일 수 있었다는 것이다. 전통 사회든 현대 사회든, 여성에게 유리한 사회일수록 조직적 폭력이 덜 발생한다고 한다.

네 번째는 '감정 이입 범위의 확장'이다. 이는 다양한 요인에 의해 촉진되었다. 문해 능력, 도시화, 이동성, 대중 매체 접근성이 계속 향상되었고, 20세기 후반에는 이른바 지구촌이 형성되었다. 사람들이 자기와는 다른 이들의 존재를 더 많이 인식하게 되었고, 그 결과 타인의 관점을 취하는 습관이 더욱 확장되었다.

마지막은 역시 '이성'이다. 이성은 감정 이입 범위의 확장과는 좀 다르다. 감정 이입 범위의 확장이 타인의 관점을 취함으로써 그의 감정을 내 것인 양 상상하는 것이라면, 이성은 나와 타인의 이해를 동등하게 고려하는 것이다.

인류는 폭력으로부터 나아지고 있다

최근 들어 전 세계적으로 전쟁 위기가 고조되는 분위기인 건 맞다. 하지만 스티븐 핑커는 '그럼에도 폭력은 감소했다'라고 말한다. 우리도 폭력으로 힘들지만 과거 우리 선조들은 더 힘든 삶을 살았다는 것이다. 중세 유럽엔 고문 도구가 넘쳤고, 살해 위협이 지금의 30배에 달했다. 성노예로 납치되거나 신의 명령에 따른 집단 살해가 흔했고, 아들을 못 낳는다고 해서 목이 잘리는 경우도 있었다. 왕족과 사귀었다 해서 할복을 당했고, 명예를 지키기 위해 권총으로 결투를 벌였으며, 기생충에 시달렸고, 남자든 여자든 해가 뜰 때부터 해가 질 때까지 일했다.

그럼에도 불구하고 우리 사회가 더욱 폭력적으로 변해가고 있다는 믿음을 견지한 사람이라면, 이 책을 꼭 읽어보길 권한다. 우리는 분명 나아지고 있다. 다음 책 속의 문구를 다시 읽으며, 이 점을 소중히 여길 수 있길 바란다.

"우리가 살면서 겪는 온갖 시련에도 불구하고,
아직 세상에 남아 있는 온갖 문제에도 불구하고,

폭력의 감소는 분명 우리가 음미할 업적이다.

그 일을 가능하게 만든 문명과 계몽의 힘들을,

우리는 마땅히 소중히 여겨야 하리라."

함께 읽으면 좋은 책

《지금 다시 계몽》 스티븐 핑커, 사이언스북스, 2021 저자의 다음 책으로, 이번에는 좀 더 나아가 이성, 과학, 휴머니즘, 진보를 통해 세상은 점점 더 나아지고 있다고 주장한다.

《이성적 낙관주의자》 매트 리들리, 김영사, 2010 미래에 대한 낙관론이 담긴 책이다. 기후변화, 자원 고갈, 경제 붕괴의 위협이 있어도 인류는 앞으로 100년, 전례 없는 번영을 누릴 것이라고 진단한다.

《우리 본성의 악한 천사》 필립 드와이어 외, 책과함께, 2023 이 책을 반박하기 위해 전 세계 권위 있는 역사학자 13명이 뭉쳤다. 《우리 본성의 선한 천사》에 대한 18가지 반박이 들어 있다.

전쟁은 인류만큼 오래된 듯하다.
반면에 평화는 근대의 발명이다.
-헨리 메인

물론 우리는 위험한 세상에서 살고 있다.
역사의 통계적 이해에 따르면
폭력적 대재앙의 가능성은 무척 낮기는 하지만
천문학적으로 낮지는 않다.
그러나 우리는 이 말을 좀 더 희망적으로 표현할 수도 있다.
폭력적 대재앙의 가능성은
천문학적으로 낮지는 않을지언정 무척 낮기는 하다고.

이 책의 목표는 과거와 현실을 설명하는 것일 뿐,
미래의 가설을 점치는 것이 아니다.
솔직히 나는 다가올 시대에 세계에서
무슨 일이 벌어질지 알지 못한다.
아마 아무도 모를 것이다.

타인에 대한 연민

The Monarchy of Fear
: A Philosopher Looks at Our Political Crisis

#혐오

#두려움

#차별

#연대하는사회

"정치에서의 희망은
혐오를 멈추는 것부터 시작된다.
나의 고통은 결코 타인의 탓이 아니다."

마사 누스바움 Martha C. Nussbaum

1947년 미국 뉴욕에서 태어났다. 법철학자, 정치철학자, 여성학자로 세계적으로 영향력 있는 지식인이자 2014년 인터넷에서 가장 많이 인용, 검색, 링크된 사상가 22위에 선정되었다. 뉴욕 대학교와 하버드 대학교에서 석사 및 박사학위를 취득했으며, 현재 시카고 대학교 로스쿨과 철학과 석좌교수이다. 미국철학회 회장을 역임했고, 교토 예술 철학상, 베르그루엔 철학 문화상, 홀베르그상 등을 수상했다. 대표작으로 《연약한 선》, 《혐오와 수치심》, 《동물을 위한 정의》 등이 있다.

이 책을 선정한 이유

살아있는 여성 철학자 중 가장 유명한 인물인 마사 누스바움의 대표작이다. 그녀는 〈포린 폴리시〉가 선정한 '세계 100대 지성'에 두 차례나 뽑힌 석학이다. 하지만 그녀의 책은 어렵지 않다. 대중의 눈높이에 맞춰서 쉽게 쓰였다. 이 책은 혐오와 편 가르기가 넘쳐나는 요즘 정치와 세상을 비판적으로 바라본다. 하버드대, '시카고대 철학과, 심리학과 추천 도서이며, 국내에서도 '청년의 날 추천 도서'로 선정된 바 있다.

혐오와 차별이 가득한 '극혐'의 시대

최근 혐오 범죄, 분노 범죄가 많아졌다. 나와 다른 생각을 가진 이를 이해하기보다는 편 가르고 배척하며 혐오를 내뿜는 요즘 세상이다.

한국도 그렇지만 사실 이러한 '혐오'는 전 세계적인 현상이다. 특히 미국에서는 인종차별과 이슬람 차별주의, 그리고 여성 혐오로도 나타나고 있다. 이러한 혐오를 특히 잘 이용하는 사람이 바로 도널드 트럼프 미국 전 대통령이다. 최근 그가 대선 주자로 돌아왔고, 정치 현장에는 다시 차별과 혐오의 말들이 쏟아지고 있다. 혐오로 가득한 시대에 대해 세계적인 여성 철학자로 유명한 마사 누스바움은 《타인에 대한 연민》에서 이렇게 말한다.

> "두려움이 분노와 혐오와 같은 감정으로 전염될 때
> 민주주의는 크게 위협당하게 된다."

비단 미국만이 아니다. 실제로 요즘 많은 이들이 두려움과 무력감을 느낀다고 호소한다. 미래는 그 어느 때보다 불확실하고 그 누구도 믿을 수 없을 것만 같다. 그러기에 우리는 연대하지 못한다. 진보와 보수의 대립, 여성에 대한 혐오, 무슬림과 동성애자에 대한 차별 등으로 우리는 너와 나를 나눈다. 편 가르고 싸우고 비난한다. 누스바움은 "인간은 취약하고 삶은 두려움에 빠지기 쉽다"며 "행복과 성공의 시기를 겪는 중에도 두려움이 배려와 호혜를 좀먹어 타인에게 등을 돌리고 자신에게만 사로잡히게 만들 수 있다"고 이야기한다.

이런 가운데서도 이 책《타인에 대한 연민》은 희망은 있다고 외친다. 만약 자신의 마음이 두려움과 무력감에 빠진 채 남을 탓하고 차별로 가득하다고 생각한다면 꼭 읽어봐야 할 책이다.

혐오와 차별을 이용한 트럼프의 정치, 그 위험성에 대하여

마사 누스바움은 이 책에서 트럼프의 민낯을 고발한다. 그의 정치는 차별과 혐오, 특히 무슬림 차별과 여성 혐오로 뒤덮여 있다고 말한다.

이 책에 따르면, 트럼프는 교묘했다. 그는 유세 기간 이슬람 전체가 위험의 근원임을 암시하는 듯한 발언을 반복했으며, 무슬림을 잠재적 범죄자로 특정하는 '무슬림 금지'라는 용어를 사용하기도 했다. 실제로 트럼프는 유세장에서 '서양'이 무슬림이라 불리는 적과 여전히 싸울 의향이 있는지를 질문하기도 했다.

그의 관점에서 보면 미국은 본질적으로 '서양' 국가, 즉 백인과 기독교의 나라다. 이에 따르면 미국에서 백인 기독교인이 아닌 사람은 진정한 미국인이 아니다. 가면을 쓴 위협적인 존재이고, 따라서 그들을 처단해야 한다. 그들이 싸울 의지가 있는지 없는지, 진짜로 두려워할 만한 힘이 있는지 없는지는 상관없다.

트럼프에게는 국민을 하나로 결집시켜 이용할 만한 거대한 '적'이 필요했고, 그 희생양이 바로 무슬림 이민자들이 된 것이다.

한편 이 책은 트럼프의 여성 혐오 경향에 대해서도 강하게 비판한다.

> "트럼프는 남성들의 이성적 매력 기준에 벗어난 여성들을 목표로 삼기도 한다. 과체중이나 나이 든 여성이 그 예다. 그의 많은 발언에서 여성의 체액에 대한 광범위한 혐오도 분명히 드러났다."

실제로 트럼프는 대선 경쟁 상대였던 힐러리 클린턴이 대선 토론 중 화장실에 갔다가 약간 늦게 돌아온 것을 지적한 적이 있다. 이를 두고 그는 "이야기하고 싶지 않을 정도로 너무 역겹다"고 말했다. 또한 대선 토론을 진행한 메긴 켈리 앵커를 두고 "켈리의 눈에서 피가 나왔다. 다른 어디서도 피가 나왔을 것"이라며 켈리가 월경 때문에 예민해져서 자신을 공격했다는 취지의 여성비하 발언을 해 큰 논란에 휩싸인 바 있다.

사실 이런 여성 혐오는 긴 역사를 지니고 있다. 남성을 돌보는 것이 여성의 역할이라는 생각이나 여성이 자신의 욕구를 지원하고 삶을 바치길 바라는 남성들의 염원은 종종 여성이 내 삶을 뒤흔들지도 모른다는 깊은 불안이나 분노와 함께 여성 혐오로 표출되었다.

《타인에 대한 연민》은 모든 인간이 배설하고 피를 흘림에도 불구하고, 남성들은 이상한 이유로 여성이 남성보다 더 육체적이고 동물적이며, 악취나 부패와 관련이 있다고 여겨왔다고 지적한다. 이러한 관점은 여성을 강하게 욕망함과 동시에 혐오하게 했으며, 그리고 때때로 정치인들이 이러한 감정을 이용했다.

두려움이 낳은 분노와 혐오

오늘날 우리 사회에 만연해 있는 두려움은 분노, 시기, 혐오와 곧잘 뒤섞인다. 《타인에 대한 연민》은 이런 불쾌한 감정들이 삶의 불확실성, 바로 두려움에서 기인한다고 말한다.

> "두려움은 인간이 살면서 가장 먼저 느끼는 감정일 뿐 아니라 모든 동물이 공유하는 감정이기도 하다. 반면 분노를 느끼기 위해서는 누군가 나에게 어떤 일을 했으며 잘못되었다는 인과적 사고가 필요하다."

두려움을 느끼는 데는 위험이 다가오고 있다는 지각만 있으면 된다. 나쁜 일이 다가오고 있지만 나는 꼼짝할 수 없는 것이다. 이렇듯 두려움은 원시적일 뿐만 아니라 반사회적인 감정이기도 하다. 두려움과 반대되는 감정 중 하나인 '공감'은 우리의 관심이 외부를 향하도록 한다. 타인에게 관심을 갖고, 애정 어린 시선으로 타인을 돌보게 만든다. 반면 두려움으로 가득 찬 사람은 오로지 자신만을 바라본다. 타인에 관한 모든 생각을 몰아낸다. 그렇기에 두려움은 사실 지독한 자기애적 감정인 것이다.

반면 분노는 확실한 생각을 동반하는 명확한 감정이다. 그리고 분노는 두려움의 산물이기도 하다. 사람들은 세상이 공정하다고 믿고 싶어 하는 뿌리 깊은 욕구가 있다. 이러한 욕구가 좌절될 경우 종종 분노를 표출한다. 자신이 부당한 취급을 받고 있다고 생각하는 순간, 그 사람은 악마가 되어 버리고, 격렬하게 분노하고 싶어진다.

이러한 분노와 두려움은 흔하게 전염된다. 누군가를, 특정 집단을 비난하고 죽음의 악취를 풍기는 집단이라고 규정하고 싶어진다. 그들은 더럽고, 우리는 순수하고 깨끗하다고 믿고 싶어진다. 그렇기에 우리가 그들을 지배해야만 한다고 여기게 된다. 이러한 메커니즘을 따라가다 보면, 인간의 역사 자체가 혐오와 두려움, 그리고 분노의 역사 같기도 하다.

두려움을 넘어 희망으로, 불확실한 세상을 살아가는 법

이렇게 혐오와 분노의 역사를 들여다보다 보면 이내 불쾌해질 수도 있다. 하지만 《타인에 대한 연민》은 마지막에 두려움을 넘어 희망으로 나아가는 법을 알려준다. 바로 희망은 가능성의 문제가 아니라 선택의 문제라고 말한다.

"두려움과 희망은 기본적으로 같은 감정을 공유한다. 즉 결과가 불확실하다는 것. 그렇다면 두 감정을 유발하는 생각과 태도의 차이는 무엇인가? 바로 집중의 대상이다."

우리는 미래를 두려움으로 혹은 희망으로 바라볼 수 있다. 사실 미래는 알 수 없다. 인간이 겪는 모든 상황에는 언제나 좋은 것과 나쁜 것이 뒤섞여 있기 때문이다. 그러기에 어떻게 대처하는지는 우리의 감정적 상태에 달려 있다.

"정말 끔찍해. 나는 형편없는 사람이야"라고 중얼거리며 삶의 실패에 집중할 수 있다. 반대로 "이 정도면 나쁘지 않아"라고 말하면서 괜찮은 부분에 집중할 수도 있다. 마찬가지로 "실패할 것 같아"라고 말하면서 두려움으로 미래를 기다릴 수도 있고 "정말 멋질 거야"라고 희망을 품은 채 미래를 맞이할 수도 있다.

"희망은 선택이고 현실적인 습관이다. 세상은 희망적인 태도를 가져야 할 이유를 제공하지 않는다. 두려움과 희망의 차이는 미미하다. 이는 마치 스위치를 켜는 것과 비슷하다."

두려움에 가득 찬 사람은 이성적인 사고가 불가능할 것이다. 하지만 희망적인 사람은 더 적극적인 해결책을 찾아 나설 것이다. 이렇게 노력하기 위해서는 희망이 필요하다. 우리는 아이들이 어떤 사람으로 자랄지, 어떤 삶을 살게 될지 예측할 수 없다. 그래도 좋은 부모가 되고 싶기에 희망을 품는다. 이러한 희망은 아이에게 좋은 미래를 만들어주려는 노력으로 이어지게 된다. 희망은 이렇게 종종 강한 동기부여가 된다. 희망은 어려운 목표를 열정적으로 추구하는 데 매우 중요하다. 이것이 바로 우리가 희망을 품어야 하는 중요한 이유다.

누구나 분노할 수 있고, 혐오할 수 있다. 사실 이런 감정을 갖기는 무척 쉬운 일이다. 반면 희망을 품는 일은 쉽지 않다. 어렵다. 더구나 희망을 품고 사랑과 믿음을 나누기는 더 어렵다. 불확실한 세상 속에서 우리는 늘 선택해야 한다. 두려움을 선택할 것인가, 희망을 선택할 것인가. 쉬운 길을 갈 것인가, 어려운 길을 갈 것인가.

그 길이 어려운 길이라 하더라도 가급적 '우리' 모두 함께 희망의 길을 걸어가면 좋겠다. 힘들고 어려운 길이라 할지라도 함께라면 좀 더 쉽게 멀리 갈 수 있기 때문이다.

"희망은 두려움의 반대편에 있다. 둘 다 불확실성에 반응하지만 각기 다른 방식으로 반응한다. 그 결과 희망과 두려움의 작용은 무척 달라진다. 희망은 전진하고 두려움은 물러선다. 희망은 취약하고 두려움은 자기방어적이다. … 두려움 뒤에는 희망이 있다."

함께 읽으면 좋은 책

《**혐오와 수치심**》마사 누스바움, 민음사, 2015 저자의 또 다른 대표작으로, 감정이 결정하는 정치적 판단에 관한 책이다. 역시 '혐오'와 '수치심' 이야기가 이어진다.

《**어떻게 민주주의는 무너지는가**》스티븐 레비츠키 외, 어크로스, 2018 트럼프 당선 이후 '트럼프는 민주주의에 위협이 되는가?'를 주제로 쓴 칼럼들을 책으로 펴냈다. 민주주의 붕괴 패턴을 통찰한 책이다.

《**혐오 사회**》카롤린 엠케, 다산초당, 2017 증오는 어떻게 전염되고 확산되는가? '극혐'의 시대, 혐오 사회의 메커니즘을 분석하는 책이다. 《혐오 사회》는 혐오가 높아지면 집단적 광기와 폭력으로 바뀔 수 있다고 말한다.

모든 정치적 분노는 두려움을 먹고 자란다.
분노는 민주주의의 독으로,
드러나지 않는 두려움과
무력감의 영향을 받을 때 더 심각해진다.

우리는 왜 희망을 품어야 하는가?
세상은 희망적인 태도를 가져야 할
이유를 제공하지 않는다.
희망은 가능성의 문제가 아니라 늘 선택의 문제다.

철학은 적을 존중하는 법은 알려주지만
적을 사랑하는 법은 알려주지 않는다.
그래서 예술이, 또 많은 이들에게는 종교가 필요하다.

팩트풀니스

Factfulness
: Ten Reasons We're Wrong
About the World – and Why Things Are
Better Than You Think

"이 책은 세상의 참모습에 관한 이야기다.
우리가 무엇을 할 수 있고, 어떻게 더 긍정적이 되고,
스트레스를 줄이고 희망을 품을 수 있는지에 대한 답이다."

한스 로슬링 Hans Rosling

1948년 스웨덴에서 태어났다. 스톡홀름 의과대학에서 세계 보건 교수로 근무하다가 스웨덴 국경없는의사회를 공동으로 설립한다. 세계보건기구와 유니세프 등의 구호기구에서 고문을 지냈으며, 다수의 BBC 다큐멘터리를 기획, 진행한 공로로 2011년 그리어슨상을 수상했다. 2012년에는 하버드대가 수여하는 인도주의상을 받았다. 열네 번의 테드 강연은 조회 수 3,500만을 돌파하여 뜨거운 화제를 모았다. 《팩트풀니스》를 집필하던 중 2017년 세상을 떠났다.

이 책을 선정한 이유

우리가 세상을 오해하는 열 가지 이유와 세상이 생각보다 괜찮은 이유가 담긴 책이다. 빌 게이츠가 미국 모든 대학, 대학원 졸업생에게 선물한 책으로도 유명하다. 빌 게이츠는 "내가 읽은 가장 중요한 책, 세상을 명확히 이해하기 위한 유용한 안내서"라고 평했다. 〈네이처〉는 읽는 것만으로도 우리의 세계관이 완전히 뒤바뀔 거라 극찬했으며, 〈옵저버〉는 금세기 최고의 책으로 선정했다.

왜 우리는 침팬지를 이기지 못하는가?

이 책은 세계에 관한 이야기이자 세계를 어떻게 이해해야 하는 가에 대한 이야기다. 《팩트풀니스》는 흥미롭게도 13개의 퀴즈와 함께 시작한다. 세계 인구 다수는 어디에 살까? 전 세계 기대 수명은 몇 세일까? 2100년까지 세계 인구가 40억 명 더 늘어나는데, 주로 어떤 인구층이 늘어날까? 저자는 지극히 상식적인 이 문제들을 한번 풀어보라고 권한다. 이 책은 이렇게 상식에 관한 이야기이자 그 상식의 오류를 고발하는 책이다.

13개 문제를 다 맞힌 사람은 아마 드물 것이다. 참고로 세계 인구 다수는 '저소득 국가'나 '고소득 국가'가 아닌 '중간 소득 국가'에 산다. 전 세계 나라들의 기대 수명은 '50세'나 '60세'가 아닌 자그마치 '70세'다. 마지막으로 세계 인구는 2100년까지 '노인 인구'나 '아동 인구'가 아닌 '성인 인구(15-64세)'에서 주로 늘 것으로 전망된다.

저자 한스 로슬링은 전 세계 각계각층을 대상으로 이 퀴즈를 실험했다. 그 결과는 충격적이었다. 지식이 있고 없고 상관없이 모두가 세계를 심각하게 오해하고 있었다. 이는 침팬지가 정답을 고를 확률보다 못한 것이었다. 침팬지가 3개의 보기 중에서 정답을 고를 확률은 33퍼센트이나 저자가 실험한 인간들은 평균 두 문제를 맞혔을 뿐이다.

게다가 인간의 오답은 더 치명적인 문제점을 보였다. 그것은 바로 우리의 오답이 한쪽으로 심각하게 쏠리는 경향을 보인다는 것이다. 사람들은 세상을 실제보다 더 무섭고, 더 폭력적이며, 더 가망 없는 곳으로, 한마디로 더 극적인 곳으로 여겼다. 부자는 더 부자가 되고 가난한 사람은 더 가난해지며, 빈곤층은 더욱 늘어날 것으로 생각했다. 《팩트풀니스》는 이런 우리의 생각을 두고 '과도하게 극적인 세계관'이라고 부르며, 진짜 세상은 그렇지 않다고 역설한다.

이 책에 따르면, 세상의 실상은 이렇다. 사실 세계 인구 절대다수가 중간 소득수준을 유지한다. 딸은 아들만큼 오래 학교에 가고, 아이들은 대부분 예방접종을 받고, 휴가 때는 난민이 아닌 평범한 사람으로 해외여행을 꿈꾼다. 세상은 해를 거듭하며 조금씩 조금씩 나아진다. 모든 면에서 해마다 나아지는 게 아니라, 대체로 그렇다는 것이다.

우리가 세상을 오해하는 열 가지 이유

《팩트풀니스》는 세상을 제대로 보기 위해 피해야 할 '인간의 열 가지 비합리적 본능'에 대해 말한다. 바로 간극, 부정, 직선, 공포, 크기, 일반화, 운명, 단일 관점, 비난, 다급함 본능이다.

먼저, '간극 본능'이란 이분법적 사고를 말한다. 예를 들면, 사람들은 세상을 바라볼 때 개발 도상국, 선진국 두 가지만 생각한다. 그리고 그 격차가 크다고 생각한다. 하지만 오늘날 75퍼센트에 이르는 대다수 사람이 중간 소득 국가에 산다. 그리고 심지어 중간 소득 국가와 선진국 둘을 합치면 인류의 91퍼센트에 해당한다. 즉, 대부분 인류는 과거에 비해 풍족한 삶을 살고 있다.

두 번째 '부정 본능'은 좋은 것보다 나쁜 것에 주목하는 성향이다. '세계는 점점 나빠진다'고 오해하는 것이다. 이는 대부분 과거를 잘못 기억하거나, 언론이 나쁜 것만 주로 보도하기 때문에 생긴다. 하지만 통계 자료는 우리를 둘러싼 세상이 건강, 교육, 소득 등 여러 측면에서 시간이 지나면서 크게 개선되었다는 것을 보여준다. 세상은 실제 나아지고 있다.

세 번째 '직선 본능'은 인구 증가 같은 추세가 직선을 그리며 계속된다는 가정을 말한다. 하지만 인구 증가 추세는 실제로 곡선 그래프를 띤다. 직선으로 함부로 단정해선 안 된다. 인구 성장은 무한정 늘어날 수 없다. 생후 6개월까지의 성장 속도를 이후에도 계속 유지하는 아이는 없듯이 말이다.

네 번째는 '공포 본능'이다. 세상의 온갖 정보를 모두 흡수할 수 있는 사람은 없다. 우리는 이야기가 있는 정보, 즉 극적으로 들리는 정보를 잘 받아들이는 경향이 있다. 공포 본능은 사람들이 기억에 남는 무서운 일에 더 많은 관심을 기울이는 것을 말한다. 이러한 공포는 유용할 수도 있지만 허점을 남길 수도 있다. 공포는 우리가 가장 무서워하는 것에 주목하게 하지만 이와 동시에 위험하지 않은 것만 찾게 만들기 때문이다. 그래서 실제로 매우 위험한 것은 은근 외면하도록 한다.

　다섯 번째 '크기 본능'은 사람들이 비율을 왜곡해 사실을 실제보다 부풀리는 경향이 있는 것을 말한다. 전 세계에서 전기를 공급받는 비율은 85퍼센트다. 하지만 자선단체와 언론이 자극적으로 보이는 숫자와 함께 고통받는 개인의 모습을 끊임없이 보여주다 보니 사람들은 다른 모든 비율과 발전을 과소평가한다.

　여섯 번째로 '일반화 본능'은 고정관념을 뜻한다. 사람들은 끊임없이 범주화하고 일반화하는 성향이 있다. 이러한 범주는 잘못된 게 아니다. 다만 단순한 범주를 버리고 좀 더 다양한 범주를 택해야 한다. 다양성을 인식하고 내가 설정한 범주에 의문을 품어볼 필요가 있다.

　일곱 번째로 사람들이 가장 오해하는 것은 바로 '운명 본능'이다. 타고난 특성이 사람, 국가, 문화의 운명을 결정한다는 생각이다. 그리하여 지금 상태를 피할 수도, 빠져나올 수도 없으며, 앞으로도 절대 변하지 않을 것이라 여긴다. 하지만 가치는 늘 변하게 마련이다. 우리는 늘 지식을 업데이트할 준비를 해야 한다.

　여덟 번째 '단일 관점 본능'은 단순한 생각에 크게 끌리는 경향을 말한다. 우리는 단순한 걸 정말 좋아한다. 무언가를 정말로 이해하거나 안다는 느낌을 주기 때문이다. 이런 식으로 우리는 세계를 완벽하게 오해한다. 단일한 원인, 단일한 해결책을 선호하게 되는 것이다. 하지만 세상은 더 복잡하다. 문제를 해결하는 단 한 가지 방법은 없다.

다음으로 '비난 본능'은 왜 안 좋은 일이 일어났는지 명확하고 단순한 이유를 찾으려는 본능이다. 비난 본능은 개인이나 특정 집단의 중요성을 과장한다. 잘못한 쪽을 찾아내려는 이 본능은 진실을 찾아내는 능력을 방해한다. 비난 대상에 집착하느라 정말 주목해야 할 곳에 주목하지 못하게 만든다.

마지막 '다급함 본능'은 '지금 아니면 절대 이 가격에 못 산다!'고 외치는 쇼핑 자극 문구를 닮았다. 하지만 침착하자. 그건 대개 사실이 아니다. 절대 그렇게 다급하지 않고, 절대 '이것 아니면 저것'이 아니다. 이 다급함 본능은 세상에 혼란을 초래하는 주된 원인이다. 스트레스를 주고, 다른 본능을 확대해 억제하기 힘들게 만들고, 분석적 사고를 가로막고, 너무 빨리 결심하도록 유혹하고, 충분한 고민을 거치지 않은 극적인 행동을 부추긴다.

가짜 뉴스의 시대, 팩트풀니스가 답이다

요즘 들어 가짜 뉴스가 너무 많다. 과장된 뉴스도 많고, 자극적이거나 긴급한 행동을 요구하는 뉴스도 많다. 점점 현명하고 객관적으로 판단하기 어려워지는 시대다. 이런 세상에서 《팩트풀니스》처럼 데이터를 기반으로 우리 세계관을 교정해 나간다면, 좀 더 현명한 판단에 이를 수 있지 않을까 싶다.

특히 매일 같이 쏟아지는 뉴스를 제대로 소비하는 법을 알고 싶다면, 스트레스를 받거나 절망하지 않으며 극적인 이야기를 듣고 싶다면, 사람들이 흔히 수치로 어떻게 속임수를 쓰는지 간파하고 싶다면 꼭 읽어야 할 책이다.

함께 읽으면 좋은 책

《팩트풀니스를 찾아서》 한스 로슬링, 타니 헤르게스탐, 김영사, 2021 《팩트풀니스》 저자 한스 로슬링의 자서전으로, 가난과 질병이 없는 세상을 만들고 싶었던 의사이자 통계학자의 삶이 담겨 있다.

《스케일》 제프리 웨스트, 김영사, 2018 세계가 돌아가는 법칙을 알려주는 책으로, 생물계와 인간이 만든 사회적 시스템을 지배하는 진짜 법칙, 동일한 규모 증감의 법칙을 담고 있다.

《신호와 소음》 네이트 실버, 더퀘스트, 2021 가짜 뉴스, 즉 소음 속에서 어떻게 하면 신호를 알아볼 수 있을까? 확률적 사고를 기반으로 한 예측 천재가 말하는 '더 정확한 예측을 위한 법칙'이 담긴 책이다.

우리는 아이들에게
겸손과 호기심을 가르쳐야 한다.
여기서 겸손이란
본능으로 사실을 올바르게 파악하기가
얼마나 어려운지 아는 것이고,
지식의 한계를 솔직히 인정하는 것이다.
호기심이란 새로운 정보를 마다하지 않고
적극 받아들이는 자세를 말한다.

세상에는 나쁜 일도 일어나지만
점점 개선되는 것도 많다.

세계는 계속 변화해서 살아가는 내내
지식과 세계관을 꾸준히 업데이트해야 한다.
학교에서 배운 세계에 관한 지식은
졸업하고 10~20년이 지나면 낡은 지식이 된다.

타인의 고통
Regarding the Pain of Others

#인간의본성

#연민

#전쟁

#미디어의역할

"흔히 사람들은 타인의 고통이
자신과 밀접히 연결되어 있다는
사실을 잘 받아들이지 못한다."

수전 손택 Susan Sontag

미국 최고의 여성 에세이스트이자 평론가이다. 1933년 뉴욕에서 태어났다. 아버지는 5살 때 사망했고 어머니는 그녀에게 별 관심이 없었다고 한다. 16살에 하버드대에 들어갔고, 17살에 결혼했으며, 19살에 어머니가 되었다. 25살 때 아들을 남겨두고 파리로 유학을 떠난 후 남편과 이혼했다. 극작가, 영화감독, 연극 연출가, 소설가, 문화비평가, 사회운동가 등 끊임없이 변신을 거듭하였으며, '새로운 감수성의 사제'이자 '뉴욕 지성계의 여왕' 그리고 '대중문화의 퍼스트레이디'로 불렸다. 2004년 골수성 백혈병으로 사망했다.

이 책을 선정한 이유

2003년 독일출판협회는 제55회 프랑크푸르트 국제 도서전에서 수전 손택에게 평화상을 시상했다. "거짓 이미지와 뒤틀린 진실로 둘러싸인 세계에서 사상의 자유를 굳건히 수호해 왔다"라는 이유였다. 이런 가치가 《타인의 고통》에도 잘 녹아 있다. 수전 손택의 글은 유수의 대학 미디어 관련 학과에서 자주 추천되며, 그녀는 가장 치열한 삶을 산 20세기 대표 여성 논픽션 작가 중 한 명으로 꼽힌다.

타인의 고통을 소비하는 사람들

지금도 우크라이나에서는 전쟁이 계속되고 있다. 뉴스는 우리에게 이들의 모습을 여과 없이 보여준다. 전쟁으로 폐허가 된 도시의 모습, 팔다리가 잘려 나간 군인의 사진, 아이가 죽은 부모의 애절한 인터뷰.

수전 손택이 이 책을 쓸 무렵엔 '사진'으로 접했겠지만 이제 우리는 '동영상'으로 이런 모습을 접한다. 그것도 더 빠르고 더 실감 나게, 그리고 편하게 유튜브로 시청한다. 그런 뒤 우리는 이내 흥미를 잃고 또 다른 흥미진진한 영상을 찾아 떠난다. 수전 손택이 살아있었다면 동영상을 보는 우리에게 아마 이런 말을 꺼냈을 것이다.

"무엇이 느껴지는가?
당신은 단순히 저들이 불쌍하다고만 느껴지는가?
연민의 감정만이 느껴지는가?"

단지 먼 나라 팔레스타인과 우크라이나에서 벌어진 일이라고 생각하는가? 당신은 안전한 곳에서 잘 살고 있기 때문에, 이 사진을 소비하고 즐기고 무감각해지고, 이내 잊는 건가? 이렇게 물으며 그녀는 아마도 우리에게 사진에서 눈을 떼지 말라고 말했을 것이다.

《타인의 고통》은 영국 작가 버지니아 울프의 이야기로 시작한
다. 울프는 전쟁을 둘러싼 사진들, 손발이 무참히 잘려 나가 죽
은 사람들을 바라보며 이렇게 말한다. "당신이 이런 사진들을 보
고 고통스러워하지 않는다거나, 몸서리치지 않는다거나, 전쟁
을 없애려 애쓰지 않는다면 그것은 도덕적 괴물의 반응이다. 하
지만 우리는 괴물이 아니라, 교육받은 계급의 일원이다. 따라서
우리가 겪은 실패는 상상력의 실패, 공감의 실패."

오래전부터 몇몇 사람들은 온몸으로 생생하게 느낄 수 있을
만큼 두려움을 자아낼 수 있다면, 그러니까 누군가 죽어가는 생
생한 사진을 마주하게 된다면, 결국 사람들은 전쟁의 포악함과
광기를 이해할 수 있게 되고, 그래서 전쟁을 멈추게 되지 않을까
하고 믿어왔다. 아마 울프 또한 그런 사람이었을 것이다. 하지만
현대에는 그런 생각이 별로 통하지 않는 것 같다. 수많은 미디어
에서 전쟁의 참상을 폭로하고 있음에도 불구하고, 오히려 잠시
멈췄던 전쟁이 최근 들어 더욱 가속화되고 있으니 말이다.

스펙터클이 된 전쟁

《타인의 고통》에서 수전 손택은 오늘날 우리는 거실에서도 타
국에서 발생한 재앙, 전쟁을 구경할 수 있게 되었다고 썼다. 과
연 거실에서만일까. 우리는 양치하면서도, 출근길 지하철 안에
서도 손에 든 스마트폰을 통해 편하게 전쟁을 구경할 수 있게 되

었다. 심지어 우리가 보고 싶지 않아도, 알고리즘이 추천 영상의 맨 앞에 전쟁 영상을 보여주기도 한다.

이제 사람들은 점점 더 전쟁 자체를 일종의 '스펙터클'로 바라보게 되었다. 우리 모두가 구경꾼이 되어 버린 것이다. 전쟁 영상은 이제 뉴스인지 오락거리인지 구분되지 않는 지경이 되었다. 스펙터클이 되어버린 폭력의 소비자들. 이들은 타인의 고통을 직접 경험해 보지 않고도 그 참상을 말하고, 진지해지고, 심지어 전문가가 되기도 한다.

이런 사진과 영상은 또한 그 고통이 다름 아닌 바로 그곳에서만 발생하는 일이라고 믿게 만든다. 우리가 살고 있는 세계에는 진짜 현실적인 고통이 존재하지 않기 때문이다. 그저 우리는 타인의 고통을 소비만 할 뿐이다. 이런 상태에서 타인의 고통에 반응할 수 있는 능력을 기대하리란 어렵다.

타인의 고통을 보고자 하는 욕망에 대하여

《타인의 고통》에서 놀라웠던 또 다른 점은 바로 사람들이 고통을 보고자 하는 강렬한 욕망이 있다는 사실이었다. 고통받는 육체가 찍힌 사진을 보려는 욕망은, 나체가 찍힌 사진을 보려는 욕망만큼이나 격렬하다고 한다.

수 세기 동안 기독교 예술은 지옥의 묘사를 통해서 이 두 가지 욕망을 충족시켰다. 참수당한 그림이나 팔다리가 잘린 잔인한 그림들. 이런 그림은 사람들을 도발한다. "자, 이걸 쳐다볼 수 있겠어?" 사람들은 종종 조금도 움찔하지 않은 채 이런 이미지를 쳐다볼 수 있다는 사실에 만족감을 느끼기도 했다. 현대가 시작될 무렵에는 사람들이 고통의 광경을 담은 이미지를 즐겨 본다고 주장하는 의견이 꽤 설득력을 얻었다. 영국의 철학자 에드먼드 버크는 이렇게 말한다.

"내 확신에 따르면 사람들은
현실의 불행과 타인의 고통을 보면서 얼마간,
그것도 적지 않은 즐거움을 느낀다."

고문받거나 사지가 잘린 이미지는 대부분 음란하기 그지없는 흥미, 관음증 같은 욕구를 자극한다. 이런 이미지는 어느 정도 포르노그래피다. 수전 손택은 혐오감을 불러일으키는 이미지도 충분히 매력적일 수 있다 주장한다. 사실 이런 끔찍한 사진을 보는 것 말고도, 누구나 한 번쯤 경험해 봤을 예가 하나 있다. 고속도로에서 발생한 자동차 충돌 현장을 지나칠 때, 대부분 운전자들은 차의 속도를 늦추며 현장을 바라본다. 이 이유가 단지 호기심 때문은 아닐 것이다. 우리는 대부분 뭔가 소름 끼칠 만큼 섬뜩한 것을 보고 싶어 한다. 얼마나 심각한지 구경하고 싶은 것이다.
한편 책에는 '이런 게 과연 인간의 본성인가' 의구심이 드는 심각한 사진도 등장한다. 바로 1890년대와 1930년대 사이에 미국의 소도시에서 린치당한 흑인 희생자들의 사진이다. 백인 우월주의자들은 흑인을 나무에 목매달아 죽였다. 사실 누군가를 이렇게 죽인다는 것 자체가 끔찍하다. 그런데 더 놀라운 사실은 이런 범죄를 사진으로 찍어 남겼다는 사실이다.

현장에 있던 사람들은 일종의 기념품으로 간직하기 위해 이 사진들을 찍었으며, 그중 몇 장을 심지어 우편엽서로 만들기까지 했다고 한다. 상당수 사진에는 이 장면을 보면서 히죽히죽 웃고 있는 구경꾼들의 모습이 찍혀 있다. 그들은 희생자들을 배경으로 삼아 카메라 쪽으로 포즈를 취하고 있다. 그리고 이 사진은 2000년대 미술관에 전시됨으로써, 우리도 이들과 똑같이 타인의 고통을 구경하는 구경꾼으로 만들었다.

타인의 고통, 연민만으로는 충분하지 않다

《타인의 고통》은 타인의 고통을 바라보며 연민만을 갖지 말라고 말한다. 왜냐하면 우리가 연민을 느끼는 한, 우리는 그러한 고통의 원인에 책임이 없다고 느끼게 되기 때문이다. 우리의 연민에는 '나는 죄가 없다', '나는 할 수 있는 게 없다'라는 생각이 은연중에 들어 있다. 그러기에 수전 손택은 우리의 연민이 선한 의도에도 불구하고, 어느 정도 뻔뻔한 반응일 수 있다고 지적한다. 이런 식의 연민에는 '당신의 고통은 나와 전혀 상관이 없는 먼 타국의 일'이라는 생각이 깔려 있다는 것이다.

그녀는 타인에게 연민만을 베풀기를 그만두라고 권한다. 그리고 우리가 그들의 고통과 연결되어 있을지도 모른다는 사실을 숙고해 보라고 말한다. 우리는 타인의 고통에 개입할 능력이 있기 때문이다.

함께 읽으면 좋은 책

《수전 손택 : 영혼과 매혹》 다니엘 슈라이버, 글항아리, 2020 독일의 비평가 다니엘 슈라이버가 수전 손택 사후 펴낸 평전으로, 그녀의 사상을 이해하기 좋다. 그리고 무엇보다 (약간) 이중적인 그녀의 삶에 대해 흥미롭게 접근할 수 있다.

《사진에 관하여》 수전 손택, 이후, 2005 《타인의 고통》과 이어지는 책으로, 이 책이 먼저 출간되었다. 수전 손택은 이 책으로 '전미도서비평가협회상'을 받았으며, 그녀의 경력이 본격적으로 시작되었기에 대표작으로도 불린다.

《수전 손택의 말》 수전 손택, 조너선 콧, 마음산책, 2015 이 책은 1978년 수전 손택이 마흔다섯 살에 한 인터뷰를 책으로 펴낸 것이다. 가장 가볍게 볼 수 있는 수전 손택에 관한 입문서.

당면의 문제가
타인의 고통에 눈을 돌리는 것이라면,
더 이상 '우리'라는 말을 당연시해서는 안 된다.

사람들은 할 수 있는 일이
전혀 없다고 느끼면,
금방 지루해하고 냉소적이 되며,
무감각해지게 된다.

우리가 타인과 공유하는 이 세상에
인간의 사악함이 빚어낸 고통이 얼마나 많은지를 인정하고,
그런 자각을 넓혀나가는 것도
아직까지는 그 자체로 훌륭한 일인 듯하다.

바른 마음

The Righteous Mind

"도덕은 사람들을 뭉치게도 하고
눈멀게도 한다.
인간은 90퍼센트는 침팬지이고
나머지 10퍼센트는 벌과 같다."

조너선 하이트 Jonathan Haidt

1963년 미국에서 태어난 심리학자다. 정치심리학과 도덕심리학 분야에서 동시대 최고 연구가로, 다양한 매체에서 '가장 영향력 있는 심리학자 25' '글로벌 100대 사상가' '세계 50대 사상가'로 소개되었다. 1985년 예일대학교에서 학사학위, 1992년에 펜실베이니아 대학교에서 박사학위를 받았다. 2011년부터 뉴욕대학교 스턴 경영대학교 교수로 있다.

이 책을 선정한 이유

왜 우리 사회는 진보와 보수로 나뉘어 싸우기만 할까? 이 책은 이런 의문을 해소하기 좋은 책이다. 특히 미국 대통령 선거를 몇 달 남겨둔 이 시점에서, 미국 정치가 왜 좌파를 지지하는 세력과 우파를 지지하는 세력으로 나뉘는지 이해하기 좋다. 아마존 베스트셀러이며, 뉴욕타임스, 워싱턴 포스트 등 다수의 언론에서 극찬한 책으로 2014년 SERI CEO 선정 필독서이기도 하다.

"제발 우리 서로 사이좋게 지내요"

이 시각에도 세계 곳곳 수많은 이들이 종교적 이유나 정치적 갈등으로 인해 전쟁에 휩싸여 있다. 물리적 충돌만이 아니다. 미국에서는 올해 치러질 대통령 선거로 인해 좌파와 우파가 격돌 중이다. 이렇듯 사람들의 가치관과 도덕 관념이 격돌하는 부분은 대개 두 가지로 볼 수 있다. 바로 종교와 정치다. 기독교와 이슬람교, 좌파와 우파가 서로 대립하고 싸운다.

한국 또한 상황이 다르지 않다. 오늘날 한국 사회는 지역, 성별, 연령, 빈부, 정치 성향으로 인해 여러 면에서 분열되어 있기 때문이다. 그런데 왜 우리는 이렇게 싸우기만 할까? 나의 옳음과 그들의 옳음은 왜 다른 걸까? 정말 서로 사이좋게 지낼 방법은 없는 걸까?

《바른 마음》은 이 지점에서 출발한다. 저자 조너선 하이트는 인간이 편을 가르며 싸우는 이유로 '원래 인간의 마음이 악해서', '혹은 선해서'가 문제는 아니라고 말한다. 그보다는 우리의 마음이 '집단적 바름'을 추구하도록 만들어져 있기 때문이라고 말한다. 인간은 지극히 직관적이고, 전략적인 존재다. 그리고 그것을 움직이는 것은 바로 '도덕'이다.

정치적 논쟁에서 이기는 법, 코끼리에게 말 걸기

많은 사람들이 정치적 대화를 나누다 보면 결국 싸우게 된다. 누가 맞는지 틀리는지 논쟁하게 되기 때문이다. 우리는 상대의 논리적 허점을 노린다. 그리고 내 의견이 옳다고 주장한다. 나는 바르고, 남이 틀렸다. 하지만 적들은 내가 아무리 훌륭한 논리로, 옳은 논리로 무장하고 있다고 해도 마음을 쉽사리 바꿀 리 없을 것이다. 그들 역시 전투태세에 돌입해 있기 때문이다. 그래서 결국 이러한 논쟁은 실패로 끝나게 된다. 따라서 정치적으로 싸움이 벌어졌을 때는 다른 접근법이 필요하다.

《바른 마음》은 인간의 마음이 여러 부분으로 구성되어 있다고 말한다. 그리고 그 모습은 마치 '코끼리를 모는 기수'와도 같다고 한다. 여기서 '기수'는 통제된 인지 과정, '코끼리'는 자동적 인지 과정을 뜻한다. 이때 중요한 건 도덕적으로 '이건 옳아', '이건 틀렸어'라고 느끼는 주체가 기수가 아니라 코끼리라는 점이다. 우리는 근거와 추론을 통해 '이것은 옳다'라고 결론을 내렸다고 생각한다. 하지만 그건 착각이다. 우리는 먼저 직감한다. 그런 뒤 그 직감의 근거를 만들어 낸다. 즉 직관이 먼저이고, 전략적 추론은 그다음이다.

따라서 도덕이나 정치 문제와 관련해 누구의 마음을 바꾸고 싶다면, 코끼리에게 먼저 말을 걸어야 한다. 나와 의견이 다른 누군가를 처음부터 이성적으로 설득하기란 힘들다. 자신의 직관에 어긋나는데 그것을 사람들에게 믿으라고 하면, 그들은 전력을 다해서 빠져나갈 구멍을 찾을 것이다.

바른 마음의 다섯 가지 미각 수용체

조너선 하이트는 도덕성은 여러 가지 면에서 '미각'과 비슷하다고 말한다. 이 책에서는 미각 수용체처럼 바른 마음 또한 다섯 가지 수용체를 가지고 있다고 말한다. 바로 배려, 공평성, 충성심, 권위, 고귀함이다.

먼저 도덕은 '배려'를 기반으로 발달한다. 우리는 무력한 아이들을 돌보고자 하는 마음을 가지고 있다. 우리는 배려심 덕분에 잔혹함을 경멸하고 고통받는 이들을 돌봐주려는 마음을 갖게된다. 또한 도덕은 '공평성'을 기반으로 발달한다. 우리는 협동으로 보상을 얻는 건 좋아하지만, 누군가에게 착취당하는 건 싫어한다. 사기꾼이나 부정 행위자를 경멸하고, 그에게 벌을 주고 싶은 마음이 강하다.

'충성심'은 사람들이 무리 지어 살게 되면서 생겨났다. 우리는 훌륭한 사람에게는 신뢰와 보상을 주고 싶어 한다. 반대로 집단을 배신하는 사람에게는 추방과 살인으로 응징하고 싶어 한다. '권위'는 사람들이 위계질서를 존중하면서 생겨났다. 한국에도 존댓말, 반말이 있다. 우리는 서열이나 지위의 표시에 관심이 많으며, 타인이 자신에게 주어진 지위에 맞게 잘 행동하는지도 민감하게 살핀다.

마지막으로 '고귀함'은 더러운 것, 추한 것에 혐오감을 갖는 정서이다. 우리는 혐오스러운 것을 보면 구토감을 느낀다. 이는 사실 선사시대 때 상한 음식을 덜 먹기 위해, 혹은 병에 걸린 타인을 피하기 위해 생겨났다. 하지만 이제 이러한 혐오는 다른 집단 구성원에 대한 경계로도 나타난다. 이민자나 다른 종교를 가진 사람들에게 조심스러운 태도를 보이는 것이다.

왜 미국의 가난한 사람들이 공화당에 투표하는 걸까?

《바른 마음》은 이런 도덕 심리학을 이용하면, 미국에서 1980년대 이래로 민주당이 왜 유권자의 표심을 잡지 못해 그토록 애를 먹는지 설명해 낼 수 있다고 말한다. 바로 민주당보다는 공화당이 이런 '다섯 가지 도덕성에 대한 미각 수용체'를 잘 이해하고 있기 때문이다. 공화당원들은 코끼리에게 말을 더 잘 걸 줄 안다. 그리고 사람들의 미각 수용체를 하나하나 빠짐없이 자극하는 능력이 있다. 좌파는 주로 배려와 공평성에 기대지만, 우파는 이 다섯 가지 모두를 활용한다.

가령 민주당 같은 진보주의자들은 대부분 모든 약자, 희생자를 염두에 두고 '자유'를 추구한다. 따라서 이들은 '평등'을 무엇보다 중요시한다. 가난한 이들에게 더 많은 혜택을 제공하고자 하고 부자들에게는 더 높은 세금을 매기고자 한다.

반면 공화당 같은 보수주의자들은 지역주의에 더 가까운 특징을 가진다. 즉, 인류 전체보다는 자신이 속한 집단을 더 중요시한다. 이들 역시 '자유'를 중요하게 이야기하지만, 이 자유는 진보주의자의 자유와는 다르다. 이들은 높은 세금으로 나를 짓밟지 말고, 억압적인 규제로 내 사업을 제한하지 말며, 국제조약을 만들어 내 나라를 방해하지 말라는 의미의 '자유'를 원한다. 이렇듯 이들에게 중요한 것은 '평등'과는 별개의 '자유'다.

흥미로운 점은 미국의 시골 지역과 노동자 계층이 이들 보수주의자들에게 꾸준히 표를 주고 있다는 점이다. 사실 부의 재분배를 통해 가난한 사람들을 도우려고 하는 건 민주당인데도 말이다. 미국의 시골 지역과 노동자 계층은 자신의 나라가 피해자들만 돌보고 사회의 정의를 실현시키는 데만 매달리는 걸 원하지 않는 듯이 보인다.

바른 마음으로 공존하는 사회

마지막으로, 도덕에서 빼놓으면 안 되는 것이 바로 '집단'이다. 우리 인간은 집단 속에서 살아가도록 진화한 존재이다. 집단과 관련해 인간이 다른 동물들과는 다른 특징이 하나 있는데, 바로 인간은 어떤 상황에서는 개인의 이익을 초월하여 자아를 잊고 자신보다 커다란 무엇에 빠져드는 능력이 있다는 것이다. 우리는 국가대표 축구 경기를 보며 하나 됨을 느낀다. 이렇게 서로가 한 팀으로 뭉치는 과정을 통해 우리는 개인이 하는 것보다 더 많은 일을 해낼 수 있다. '바른 마음'은 어쩌면 개인보다 집단 차원에서 특히 더 강력하게 드러난다.

결국 도덕은 사람들을 뭉치게도 하고 눈멀게도 한다. 도덕이 우리를 뭉치게 한다는 것은 각자의 정치, 종교적 관점을 내걸고 네 편 내 편으로 편을 갈라 싸우게 한다는 뜻이다. 도덕이 우리를 눈멀게 한다는 것은 우리가 정치, 종교적 직관을 고수하다 보니 엄연히 존재하는 사실을 보지 못하게 한다는 뜻이다.

사실 각 편에는 저마다 좋은 사람이 분명 있을 것이다. 그리고 그들의 이야기 중에는 뭔가 귀담아들을 것도 있을 것이다. 하지만 우리는 정치적 성향이 다른 사람을 만나면 논리적으로 생각하기 전에 얼굴을 찌푸린다. 직감적으로 거부하는 것이다.

일단은 기대를 내려놓고 가볍게 시작해 보는 것이 좋다. 너와 내가 다른 점을 존중하고 함께 살아가는 방법을 한번 고민해 보는 것이다. 우리는 어차피 한동안은 이 땅에 다 같이 발붙이고 살아가야 한다. 그러니 서로 잘 지낼 수 있게 함께 노력해 보자. 바른 마음을 가져 보자.

함께 읽으면 좋은 책

《힐빌리의 노래》 J.D. 밴스, 흐름출판, 2017 2024년 미 최연소 부통령 후보가 쓴 책으로, 미국의 가난한 러스트벨트 지역 주민들이 왜 공화당을 지지하는지에 관해 이해하기 좋은 책이다.

《불안 세대》 조녀선 하이트, 웅진지식하우스, 2024 저자의 최신작으로, 디지털 세계가 우리 아이들을 어떻게 병들게 하는지 치밀하게 분석하고 있다.

《위어드》 조지프 헨릭, 21세기북스, 2022 서구의(Western), 교육 수준이 높고(Educated), 산업화된(Industrialized), 부유하고(Rich), 민주적인(Democratic) 사람들을 '위어드(WEIRD)'라고 부른다. 이 책은 현대 서구 문명의 번영을 가져온 '위어드'를 분석한 책이다.

우리는 이기적인 영장류지만,
그와 동시에 자신보다 크고 고결한 무엇의
일부가 되려는 열망도 갖고 있다.
우리의 본성은 90퍼센트가 침팬지와 같고,
나머지 10퍼센트는 벌과 같다.

" 우리 인간은 날 때부터 바른 마음을 갖고 있다.
그러나 나와 비슷한 사람들이
정확히 무엇을 바르다고 여기는지는
반드시 배움을 통해야만 알 수 있다.

" 이성적 추론 능력은 우리가 원하는 결론이 있으면
갖은 수를 써서 그것에 도달하게 해준다.
우리는 무엇을 믿고 싶을 때는
내가 이것을 믿어도 될까?"라고 묻고,
무엇을 믿고 싶지 않을 때는
내가 이것을 믿어야만 하나?"라고 묻는다.

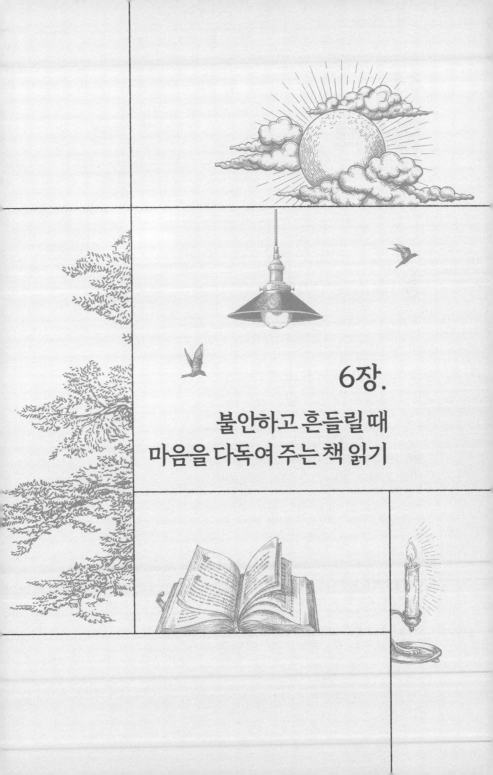

6장.

불안하고 흔들릴 때
마음을 다독여 주는 책 읽기

명상록

Ta Eis Heauton

#로마황제

#인간관계

#마음내려놓기

#스토아철학

"불가능한 것들을 추구하는 것은
정신 나간 것이다.
그리고 악인들이 악하지 않게
행동하는 것은 불가능하다."

마르쿠스 아우렐리우스 Marcus Aurelius Antoninus

121년 4월 26일 로마에서 태어났다. 태어날 때부터 병약해 학교에 다니지 않고 가정교사에게 교육받았다. 부모가 돌아가신 후 황제였던 양부 아래에서 자랐으며, 161년 40세 때 의동생 루키우스 베루스와 함께 로마의 공동 황제가 되었다. 당시 로마는 전쟁이 끊이지 않았으며 페스트와 기근이 계속되었다. 그런 상황에서 169년 공동 황제 베루스가 죽고 게르마니아가 다시 공격해 오자, 아우렐리우스는 전쟁터에서 생활하며 《명상록》을 쓰기 시작한다. 이후 180년 59세의 나이로 세상을 떠난다.

이 책을 선정한 이유

스토아 철학의 대표작으로 《명상록》은 프리드리히 2세, 괴테 등에게 영감을 주었으며, 현재에도 많은 명사들이 꾸준히 곁에 두고 읽는 책이다. 이 책은 특히 인생의 힘든 시기를 통과해 나가는 사람에게 큰 용기를 준다. '내려놓는다.', '운명을 거부하지 않는다.', '타인의 말에 휩쓸리지 않는다.' 와 같은 경구는 현대에도 여전히 통하는 고대 로마 철학의 진수를 보여준다.

아침에 일어나기 싫을 때 읽기 좋은 책

살면서 도저히 포기하기 힘든 것들이 있다. 그중 하나가 바로 포 근한 이불 속에 조금 더 누워있고 싶은 마음이다. 아침에 '10분 만, 20분만 더!!'를 외치며 침대와 늘 한 몸이라면, 책《명상록》 을 읽어보자. 이 책의 저자인 로마 황제는 아침잠을 탐하는 우리 에게 이렇게 말한다.

> "날이 밝았는데도 잠자리에서 일어나기 싫을 때는 마음속으로 이 렇게 생각하라. 나는 인간으로서 해야 할 일을 하기 위해 일어나는 것이다. 나는 그 일을 위해 태어났고, 그 일을 위해 세상에 왔는데, 그런데도 여전히 불평하고 못마땅해하는 것인가. 나는 침상에서 이불을 덮어쓰고서 따뜻한 온기를 즐기려고 태어난 것이 아니지 않느냐."

삶을 그냥 살아갈 수도 있다. 시간 흘러가는 대로 아무 생각 없이, 그저 먹고 자고 즐기며 살아갈 수 있다. 하지만 삶은 나에 게 주어진 '의미'를 찾아 살아갈 때 더욱 충만하고 만족스러워진 다. 행복과 환희가 가득해진다.

나는 왜 태어났는가? 나는 무엇을 위해 살아가는가? 이 주어 진 소중한 하루를 어떻게 살아가야 좋은 것인가? 이렇게 삶의 의미를 묵상하며 읽기 좋은 책이《명상록》이다. 아침에 일찍 일어나 하루를 충만하게 보내고 싶은 이들이라면 꼭 읽어보길 권한다.

로마 황제가 들려주는 변하지 않는 세상의 본질

《명상록》에는 다양한 인생 지침이 담겨 있다. 특히 일기 형식으로 가볍게 쓰여 매일 조금씩 읽기에도 좋다. 저자는 출간을 염두에 두고 이 책을 쓰지 않았다. 그의 글은 그날그날 적어둔 개인적 메모에 가까웠다. 전쟁터에서 로마를 지휘하던 황제는 복잡한 생각을 정리하기 위해 자신과의 대화가 필요했다. 그렇게 하루하루의 짧은 생각들을 단편적으로 기록한 책, 그러면서도 로마 스토아 철학의 지혜가 가득한 책이 바로《명상록》이다.

"이제 더 이상은 이리저리 헤매거나 우물쭈물하지 말라. 염려되는 것이 있다면, 오직 그 목표를 완성하는 데 온 힘을 다 쏟아서 네 자신을 구해내라."

"이런 일이 내게 일어난 것은 불운라고 말하지 말고 도리어 이런 일이 내게 일어났는데도 여전히 나는 망가지지도 않고, 미래에 일어난 일도 두렵지 않으며, 아직 멀쩡한 것은 행운이라고 말하라."

이처럼 이 책에서 황제는 단호하다. 흔들리지 않기 위해 고군

분투한다. '운명이 나에게 주어진 것들을 거부하지 말라.', '기쁘게 환영하고 받아들여라.', '단순하고 겸손한 삶이 바로 즐거운 삶이다.', '다른 사람이 뭐라 해도 화내지 않고 자기 삶의 목표를 향해 흔들림 없이 묵묵히 걸어가라.'와 같이 특히 지친 현대인이 읽으면 힘이 되는 좋은 글귀들이 많다.

내 잘못이 아니다

살다 보면 늘 힘든 일은 다가온다. 특히 우리는 종종 인간관계 속에서 휘둘리고 상처받는다. 결국 모든 일은 내 탓인 것 같고, 세상에는 착한 사람보다는 악한 사람들만 가득한 것 같다. 이렇게 인간관계에 지친 날이면 《명상록》의 한 구절을 꺼내 읽는 것도 좋은 방법이다. 로마 황제라고 해서 별수 없다. 그도 지긋지긋한 인간관계에 시달렸기 때문이다.

> "누가 잘못을 저지르는가. 그 잘못은 그에게 있다. 너와는 아무 상관이 없고 오직 그 사람의 몫일 뿐이다. 그 사람에게는 그 자신에게 주어진 고유한 것이 있고, 그는 거기에 따라 그 일을 한 것이다."

일이 잘 안될 때가 있다. 안 좋은 일은 심지어 한 번에 몰려온다. 그런 상황이 이어지다 보면, 우리는 의기소침해지기 쉽다. 내 잘못인가. 역시 내가 잘못된 건가. 내가 다르게 행동했어야 했던 건가. 이렇게 자책하는 마음이 고개를 들 때면 로마 황제의 조언에 귀 기울여 보자. 그건 내 잘못이 아니다. 이미 정해진 일이다. 악인에게 악하지 않게 행동하길 바라는 건 잘못된 일이다. 로마 황제의 아래 글귀도 우리에게 위로를 준다.

"어떤 사람이 뻔뻔스러운 짓을 저질러 화가 날 때마다 너 자신에게 자문해 보라. 이 세상에 뻔뻔스러운 사람이 존재하지 않는다는 것이 가능한가? 그것은 불가능하다."

모든 것은 결국 지나간다

우리는 감정이란 피할 수 없는 것이라 믿는다. 오늘 내가 화나고 괴로운 것은 어쩔 수 없다고 생각한다. 하지만 로마 황제에 따르면, 이러한 고통은 내가 스스로 만들어낸 것이다.

"너를 괴롭히는 것 중 많은 것은 전적으로 네 자신의 생각과 판단에 기인하는 것들이기 때문에, 너는 그런 불필요한 괴로움을 스스로 제거할 수 있다."

황제는 우리가 감정을 선택하고 조절할 수 있다고 이야기한다. 이 비참한 삶 속에서 원숭이 짓을 하며, 불만만 가득한 채로 살아가는 것이 지겹지도 않은가. 너는 왜 불안해하고 초조해하는 것인가. 이 삶 속에 무슨 새로운 것이라도 있느냐. 무엇이 너를 미치게 만드는가.《명상록》은 계속 우리에게 다그친다.

"우주의 시간은 영원하다. 모든 것은 신속하게 변하고 사라진다. 이 모든 것은 결국 지나가기 마련이며 우리 또한 시간 속에서 사라질 것이다."

불행은 지나간다. 행복 또한 지나간다. 긴 우주의 시간에서 보면 삶은 늘 불행하지도 않고 또 행복하지만도 않다. 마하트마 간디는 "행복만을 추구하는 마음이 비극을 불러들인다. 행복은 슬픔과 괴로움을 극복한 마음이 만들어내는 것이다."라고 말했다. 지금 불행하다면, 오히려 좋은 일이 될 수도 있다. 이제 곧 좋은 일이 오려고 그런 것이기 때문이다. 마음의 평정심을 찾고 싶다면《명상록》이 도움이 될 것이다.

함께 읽으면 좋은 책

《명상록 수업》 피에르 아도, 복복서가, 2023 서양 고대철학 연구의 대가가 쓴《명상록》해설서로, 명상록을 해석하는 '정공법'을 만나볼 수 있다.
《데일리 필로소피》 라이언 홀리데이, 스티븐 핸슬먼, 다산초당, 2021 실리콘밸리의 철학 멘토라 불리는 라이언 홀리데이의 책으로, 스토아 철학의 질문을 우리의 일상에 적용하여 가볍게 읽을 수 있는 책이다.
《세네카의 인생 수업》 루키우스 안나이우스 세네카, 메이트북스, 2024 아우렐리우스와 함께 가장 유명한 스토아 학파 철학자 세네카의 대표작 여섯 편을 엮은 책이다.

아무것도 판단하지 마라.
그러면 모든 것이 잘될 것이다.

네 마음의 품성은
네가 어떤 생각들을
자주 하느냐에 의해서 결정될 것이다.
정신을 어떤 색깔로 물들이는 것은
생각들이기 때문이다.

오이가 쓴가. 내버려라.
길에 가시덤불이 있느냐. 돌아서 가라.
네가 해야 할 것은 그것으로 충분하다.
그런 것들이 왜 세상에 있는 것이냐고 묻지 말라.

35

월든
Walden

#간소한삶
#미니멀리즘
#법정스님추천
#자연친화적

"왜 우리는 성공하려고
그처럼 필사적으로 서두르며
그처럼 무모하게 일을
추진하는 것일까?"

헨리 데이비드 소로 Henry David Thoreau

1817년 미국 매사추세츠에서 태어났다. 1837년 하버드 대학을 졸업하고 고향에서 잠시 교편을 잡았으나 학생을 처벌하는 현실을 받아들이지 못해 학교를 그만둔다. 이후 랠프 왈도 에머슨과 교류하며 우정을 쌓아 간다. 그는 노예제도와 멕시코 전쟁에 반대하며 인두세 납부를 거부해 투옥당하기도 했다. 이를 바탕으로 쓴 《시민 불복종》은 훗날 간디, 마틴 루터 킹 등 비폭력주의 운동에 큰 영향을 끼쳤다. 미국 초월주의 작가로 유명하며, 1862년 45세의 나이로 세상을 떠났다.

이 책을 선정한 이유

19세기 미국 수필 중 가장 유명한 《월든》은 미국 대학위원회 SAT 추천 도서이자 법정 스님이 사랑한 책으로도 유명하다. 인도의 마하트마 간디, 미국의 시인 로버트 프로스트에게 영감을 준 책으로, 자연과 더불어 살아가는 간소한 삶은 여전히 우리에게 큰 울림을 준다. 무한 경쟁 사회, 물질주의 사회에 지쳐 있다면 가장 먼저 읽어야 할 책이다.

소박한 삶 속에 담긴 진정한 행복

요즘같이 성공에 중독된 사회가 또 있을까 싶다. 다들 성공했다 말한다. 자신을 갈아 넣어 열심히 살았다고 말한다. 간소하고 소박한 삶보다는 넘치고 화려한 삶이 각광받는 시대. 욕심이 가득한 시대. 이 한복판에 서 있는 것이 어지러운 사람이라면, 이제 《월든》을 읽을 때가 된 것이다.

《월든》이 말하는 간소한 삶은 그 무엇도 해치지 않는 삶이다. 경쟁하지 않으며 자연을 아끼고 사랑하는 삶이다. 한가로이 사는 삶이기에, 모든 걸 다 하려하지 않고 자신의 삶에 있어 정말 중요한 것만 남기게 된다. 《월든》은 소박함과 간소함을 바탕에 둔 전혀 다른 삶을 보여준다. 그렇기에 특히 바쁘고 지친 삶 속에서 방향을 잃은 현대인들에게 진정한 삶의 방향과 행복이 무엇인지 환기시켜주는 꼭 필요한 책이라 할 수 있다.

> "소로의 생활신조를 한마디로 표현하면 '간소하게 살라'입니다. 자신의 인생을 단순하게 살면 살수록 우주의 법칙은 더욱더 명료해질 것입니다." _법정

법정 스님도 이런 이유로 이 책을 추천했다. 불필요한 소비와 욕망을 줄이고, 단순하고 소박한 삶을 살아가는 것. 《월든》은 채우는 것보다는 비우는 것이 진정한 행복을 준다고 말한다.

'월든' 속에 담긴 버림의 미학

《월든》은 저자 헨리 데이비드 소로가 월든 호수 근처 오두막집에서 2년 2개월 동안 자급자족하며 살아간 이야기를 담은 책이다. 그의 오두막은 가장 가까운 이웃과도 1마일이나 떨어진 곳에 있었다. 그는 순전히 육체노동으로 생계를 유지했다. 경험으로 삶을 배워나가며 자연의 소리에 귀를 기울였다.

2년 2개월이라는 시간 동안 소로는 깨달았다. 사람이 필요한 식량을 얻는 데에는 믿을 수 없을 만큼 적은 노력밖에 들지 않는다는 것을. 그리고 사람 또한 동물처럼, 단순한 식사를 하더라도 체력과 건강을 유지할 수 있다는 것을 말이다. 그는 옥수수 가루에 소금을 조금 넣어, 집 밖에 불을 피워놓고 빵을 구웠다. 호수에서 물고기도 잡았다. 소로는 적은 양의 소박한 음식으로도 만족스럽게 살아갈 수 있다는 걸 알게 되었다.

> "경제적으로 풍족하지 않더라도 나는 행복하게 살아갈 수 있었다. 값비싼 양탄자나 다른 호화 가구들, 맛있는 요리나 그리스식 주택 등을 살 돈을 마련하는 데에 내 시간을 허비하고 싶지 않아졌다. 내가 무엇보다 소중하게 여기는 것은 얽매임 없는 자유였다."

소로는 미니멀리즘, 혹은 무소유를 실천한 근대 작가였다. 그는 몇 가지 도구만 가지고 월든 호수로 들어갔다. 칼, 도끼, 손수

레, 그리고 램프와 문방구, 몇 권의 책이 전부였다. 그는 "간소화하고 간소화하라"고 말한다. "하루에 세 끼를 먹는 대신 필요할 때 한 끼만 먹을 것"을 권하기도 한다. 소로는 우리 인생이 사소한 일들로 흐지부지 헛되이 쓰이고 있다고 말한다. 실제 우리 삶은 정말 너무 복잡하다. 필요 없는 것들 투성이다. 그런 무쓸모한 것들을 덜어내는 것. 삶을 간소화하는 것.《월든》은 그런 버림의 미학을 실천하는 책이다.

인생을 실험하라

"젊은이들에게 당장에 인생을 실험해 보는 것보다
사는 법을 더 잘 배울 수 있는 방법이 또 있겠는가?"

《월든》을 읽고 대부분 자연 친화적인 삶의 중요성을 강조하는 사람들이 많다. 하지만 나는 이 책에서 가장 중요한 것은 실험 정신이라고 생각한다. 현대의 많은 사람들이 더 이상 도전하지 않는다. 이전 세대의 답을 따라간다. 공부한 대로 삶을 살아가고, 세상이 인정하는 방식에 닿길 원한다. 혹은 이도 저도 아니면 인생을 포기한 채 흥청망청 살아간다.

"내가 하고자 하는 말은 사회가 값비싼 놀이에 대한 대가를 치르고 있는 동안 학생들은 인생을 놀듯이 보내거나 또는 인생을 공부만 하지 말고 처음부터 끝까지 그것을 진지하게 '살아' 보라는 것이다."

소로는 이와 같이 말하고 이를 실천하기 위해 직접 삽을 들었다. 먹을 음식을 직접 마련하고 자연의 철학을 실천했다. 그는 삶다운 삶을 살았다. 실천하지 않는 삶, 실험하지 않는 삶은 의미가 없다고 생각했다. 이렇게 소로는 인생 실험자, 인생 철학자가 되었다. 월든 호수에서 2년 2개월을 보내며 자신의 한계와 가능성을 모두 실험해 본 것이다.

이 책을 읽는 사람들이 소로의 가르침을 머리로 배우기보다 실천하는 것에 더 큰 의미를 두면 좋겠다. 삶은 그냥 살아지는 것이 아니기 때문이다.

"우리는 수많은 간단한 방법으로 우리의 인생을 시험해 볼 수 있으리라. 인간의 체질이 서로 다르듯이 자연과 인간 생활도 가지각색이다. 남의 앞길을 누가 어떻게 예언하겠는가?"

혼자 있는 시간의 힘

마지막으로 《월든》은 고독의 아름다움을 이야기한 책이기도 하다. 소로는 "그곳에선 무척 외롭겠군요"라고 묻는 사람들에게 이렇게 대답하곤 했다.

"우리가 살고 있는 지구 자체가 우주 한 점에 불과합니다. 저 별 폭은 인간이 만든 기계로는 측정할 수 없는데, 저 별에 살고 있는 가장 멀리 떨어진 두 사람의 거리가 얼마쯤 된다고 생각하시오? 어째서 내가 외롭게 느낄 거라 생각하죠?"

홀로 있는 시간은 깊은 사색을 불러온다. 소로는 사색함으로써 건전한 의미의 열광 속에 빠질 수 있다고 말한다. 깊이 생각하는 것은 사물과 사건의 본질을 꿰뚫어 보게 만들어 준다. 그 결과 행위와 결과들로부터 초연하게 서 있을 수 있다. 그렇게 되면 만사는 좋은 일이든 나쁜 일이든 그저 우리 옆을 지나치게 된다.

"나는 대부분의 시간을 혼자 지내는 것이 심신에 좋다고 생각한다. 아무리 좋은 사람들이라도 같이 있으면 곧 싫증이 나고 주의가 산만해진다. 나는 혼자 있는 것이 좋다. 나는 고독만큼 친해지기 쉬운 벗을 아직 찾아내지 못하고 있다."

특히 매일 똑같은 하루를 반복해서 살아내고 있다면 자기 자신을 마주하는 시간, 자신의 능력을 충분히 키우는 시간인 '고독'이 필요하다. 소로처럼 월든 호수로 들어갈 필요까지는 없다. 매일 시간을 내어 고독의 시간을 갖기만 해도 충분하다. 자신의 내면을 정리하고 책을 읽는다. 실타래처럼 얽힌 복잡한 생각을 풀어내어 간단한 언어로 정리해 써 본다. 그런 시간 속에서 사람은 성장하게 된다.

"진실로 바라건대 당신 내부에 있는 신대륙과 신세계를 발견하는 콜럼버스가 돼라. 그리하여 무역을 위해서가 아니라 사상을 위한 새로운 항로를 개척하라."

《월든》은 읽을 때마다 늘 경이롭다는 생각이 드는 책, 명상하듯 편안한 마음으로 빠져들어 읽게 되는 책이다.

함께 읽으면 좋은 책

《시민의 불복종》 헨리 데이비드 소로, 은행나무, 2017 소로의 또 다른 대표작으로 톨스토이, 간디, 마틴 루터 킹, 함석헌 등 위대한 사상가들이 선택한 '정의에 대한 존경심'을 말하는 책이다.

《자기 신뢰》 랄프 왈도 에머슨, 현대지성, 2021 버락 오바마, 니체, 간디, 마이클 잭슨에게 영감을 준 책으로, 소로는 바로 에머슨의 제자이자 사상적 동지이기도 했다.

《무소유》 김세중, 스타북스, 2024 법정 스님과 성철 스님이 나눈 대담집으로, 두 큰 스님의 '무소유'에 대한 대답이 들어 있는 책이다. 무소유는 아무것도 갖지 않는 것이 아니라 불필요한 것을 갖지 않는다는 뜻이다.

그대의 눈을 안으로 돌려보라,
그러면 그대 마음속에 여태껏 발견 못 하던
천 개의 지역을 찾아내리라.
그곳을 답사하라.
그리고 자기 자신이라는 우주학의 전문가가 돼라.

나는 생을 깊게 살기를,
인생의 모든 골수를 빼먹기를 원했으며,
강인하고 엄격하게 살아,
삶이 아닌 것은 모두 때려 엎기를 원했다.

내가 숲속으로 들어간 것은
인생을 의도적으로 살아보기 위해서였으며,
인생의 본질적인 사실들만을 직면해 보려는 것이었으며,
인생이 가르치는 바를 내가 배울 수 있는지 알아보고자 했던 것이며,
그리하여 마침내 죽음을 맞이했을 때
내가 헛된 삶을 살았구나 하고 깨닫는 일이 없도록 하기 위해서였다.

몽테뉴 수상록

Les Essais

"이 세상에서 가장 위대한 경험은
자기가 자기 자신임을 이해하는 것이다."

미셸 드 몽테뉴 Michel de Montaigne

16세기 프랑스 르네상스 최고의 교양인, 사상가, 철학자이다. '에세이'라는 장르를 만든 장본인이기도 하다. 1533년 프랑스에서 태어난 몽테뉴는 보르도 고등법원 심판관이 되었지만, 아버지와 동생의 죽음과 낙마 사고로 인해 죽음을 간접 체험한 뒤 공직 생활에서 물러난다. 그렇게 서른여덟 살에 은퇴하여 '자기만의 방'으로 들어갔고, 20여 년 동안 걸작 《수상록》을 쓴다. 이후 1592년, 59세의 나이로 자택에서 숨을 거두었다.

이 책을 선정한 이유

몽테뉴는 '에세이' 장르를 창조한 사람이기도 하지만, 수많은 위인들이 찬사를 아끼지 않은 작가이기도 하다. 셰익스피어에게 〈햄릿〉의 영감을 불어넣었으며, 소설가 앙드레 지드와 슈테판 츠바이크는 "그가 바로 나 자신인 것 같다"라고 고백하기도 했다. 현대의 문학가들은 몽테뉴를 근대 개인주의 문학 형식의 창시자로 평가한다. 500년 전에 출간되었지만, 여전히 많은 이들에게 삶을 어떻게 살아야 하는지 깊은 지혜를 선사하는 책이다.

몽테뉴, 에세이의 아버지

많은 사람들이 사랑해 마지않는 장르 에세이. 이 에세이란 장르를 개척한 사람이 바로 몽테뉴다. 그는 1570년 서른여덟 살에 은퇴한 뒤 20년간 글을 쓴다. 그런 뒤 3권의 책과 107편, 1,000쪽이 넘는 방대한 책을 완성한다.

프랑스어로 '에세예'(essayer)는 '시도하다'라는 뜻이다. 어떤 것을 '에세이'한다는 말은 시험하거나 맛본다는 뜻을 담고 있다. 지금은 에세이가 '평범한' 장르이지만, 몽테뉴가 살았던 시대에는 비범한 장르였다. 아무도 몽테뉴처럼 개인의 이야기를 과감하게 글로 써서 출판한 적이 없었기 때문이다. 사실 몽테뉴가 야심 차게 작정하고 이 책을 쓴 것은 아니었다. 그는 자신의 책을 두고 이렇게 말했다. "이런 종류로는 이 세상에서 유일한 책이다. 무모하고 별난 계획에 따라 쓴 책이다."

《수상록》은 처음부터 끝까지 논리 정연하게 쓴 책은 아니었다. 이 책은 1572년부터 1592년까지 다양한 이야기를 두서없이 담고 있으며, 이 책의 저술을 중단시킨 유일한 원인은 몽테뉴의 죽음이었다.

장르적으로, 역사적으로 의미 있는 책이지만《수상록》이 이렇게 오래 살아남은 이유는 무엇보다 어떻게 살아야 할 것인지에 대한 깊이 있는 성찰을 들려주기 때문이다. 저자 몽테뉴는 책 속에서 다양한 질문을 던지고 그 답을 찾아 나선다. '죽음의 두려움에 어떻게 대처할 것인가?', '자신의 실패를 어떻게 받아들일 것인가?'와 같이 주로 인생에 관한 묵직한 질문들이다. 때로는 사소한 질문도 등장한다. '아내나 하인의 말다툼에 휘말리지 않으려면 어떻게 해야 할까?', '울고 있는 이웃 사람은 어떻게 위로하나?'와 같은 질문을 보면 미소가 지어진다.

《수상록》을 읽다 보면 일단 재밌다. 책 속에 몽테뉴는 소탈하면서도 까칠하다. 수더분하며 예의를 차리지 않는 듯하면서도 가끔 번개 같은 지혜를 내어놓는 진지함이 있다. 그래서인지 서양 문학에서 가장 많이 인용되는 작가기도 하다.

몽테뉴는 왜 에세이를 썼을까?

그런데 대체 왜 몽테뉴는 세상에도 없는 형식인 에세이를 쓰기 시작했을까? 그 비밀은 《수상록》 1권에 있는 '무위에 대하여'에서 살펴볼 수 있다.

> "최근 나는 얼마 남지 않은 여생을 되도록 다른 일에 휘말리지 않고 따로 떨어져 휴식만 취하며 보낼 생각으로 은퇴하였다. 완전한 한가로움 속에서 자기 자신을 관리하고 자기 안에 멈춰서 마음을 가라앉히는 것보다 나의 정신에 더 이로울 게 없을 것 같았다."

사실 그는 에세이를 쓰기 전 큰일을 연달아 겪는다. 4년 전 아버지가 돌아가신 뒤 영지를 상속받는다. 3년 전엔 남동생이 테니스 경기를 하다가 사고로 죽는다. 같은 해, 보르도에서 법관으로 일하던 그의 공직 생활에도 차질이 생긴다. 법원의 고위직에 지원하였으나 거절당한 것이다. 그런 뒤 바로, 그는 낙마 사고를 당하여 정신을 잃고 죽음의 문턱까지 가게 된다. 이윽고 은퇴는 했지만, 그 해 태어난 첫째 아이가 2개월 만에 죽는 일마저 겪는다.

보통 사람이라면 견디기 힘들지 않았을까 싶은 일들을 연이어 마주한 몽테뉴. 그는 은퇴 후 2년 만에《수상록》을 쓰기 시작한다. 영지에 있는 성 2개 탑 중 하나를 골라 서재 겸 작업실로 꾸미고, 이곳에 천 권의 책을 들이고 54개의 격언을 그려 넣었다. 이렇게 서른여덟 살에 몽테뉴는 세상에서 물러나 자기 자신을 온전히 마주하게 되었다.

그는 학자가 되기 위해 탑 안으로 들어간 것은 아니었다. 그는 책이 자기를 자극하기를, 그리고 거기서 뭔가 배우기를 간절히 원했을 뿐이었다. 몽테뉴는 어려운 책에도, 꼭 읽어야 하는 책에도 집착하지 않았다.

"나는 책에서 만나는 난관 때문에 손톱을 물어뜯거나 하지는 않았다. 한두 번 노력해 본 다음 그것을 포기한다. 내 정신이 도약을 하면 되니까. 첫눈에 어떤 구절을 이해하지 못하면, 노력을 거듭해도 아무 소용이 없다."

천성이 느긋한 이 자유로운 독서가는 노력이 요구되는 순간이 오면 그냥 책을 놓아버렸다. 몽테뉴는 이렇게 말했다. "나는 책을 쓰는 저자가 아니다. 내 과제는 내 삶에 형태를 부여하는 것이다. 그것이 나의 유일한 직업이며 유일한 소명이다."

그는 이렇게 책을 읽고 나서, 인용문을 마음 내키는 대로 쓰며 형식 없는 글쓰기를 해나갔다. 자신의 머릿속 짐과 상념들을 기록하고 삶에 형태와 질서를 부여해 나갔다.

평생 곁에 두고 읽는 책

이렇게 자유로운 글쓰기를 해나가던 몽테뉴. 그는 자신의 글을 읽다가 이 모든 수필이 하나의 공통점을 갖는다는 것을 발견했다. 그것은 바로 '어떻게 살 것인가?'에 관한 글이라는 점이었다.

그는 자신을 가르치거나 타인을 가르치는 데 관심이 없었다. '사람은 꼭 무엇을 해야 한다'라는 문제에는 별 흥미가 없었고 '사람들이 실제로 무엇을 하는가?'에 관심이 많았다. 그는 자신에게 충고하려 들지 않았다. 또 억지로 다른 사람들을 도우려고 지혜로운 문구를 늘어놓지도 않았다. 몽테뉴는 다만 알고 싶었다. 어떻게 해야 잘 살 수 있는지, 완전히 인간적이고, 만족스럽고, 풍요로운 삶이란 무엇인지 궁금했다. 즉, 자기 자신을 있는 그대로 이해하고 싶었던 것이다. 그래서인지 플로베르는 몽테뉴를 이렇게 읽으라고 조언했다고 한다.

"《수상록》을 재미 삼아 읽지 마시오.

뭔가를 배우려는 야망으로도 읽지 마시오.

오로지 살기 위해 읽으시오."

몽테뉴의《수상록》은 우리에게 말한다. 너와 비슷한 고통을 겪은 내가 있다. 나도 너처럼 세상의 힘든 일을 다 겪어 냈다. 그러니 넌 혼자가 아니다. 그리고 이런 우리에겐 내면의 자유가 있다. 이 내면의 자유는 그 누구도 침범하지 못할 자신만의 굳건한 성과도 같다. 그러니 힘을 내자! 삶의 모든 것을 있는 그대로 사랑하자!

삶의 내면을 가장 충실하게 들여다보았던 사람. 그가 전하는 지혜는 현대를 살아가는 우리에게도 여전히 희망의 메시지로 남는다. 삶의 나락으로 추락한다고 해도 웃을 수 있는 자유, 우리에게 이런 몽테뉴는 '체념과 물러섬의 대가'가 아니라 '자유의 전도사'이자 '영혼의 치유자'이다.

이렇듯《수상록》은 시련을 지독히도 겪은 사람들에게 아주 알맞은 책이다. 그래서 인생의 쓴맛을 몇 번 경험해 본 30대 이상의 독자들에게 유용하다.

"남의 눈치를 보며 명예를 얻으려 애쓰지 말아라.

지나치게 정열적으로 모든 것을 통제하려 하지 말아라.

온건함과 관용을 보이며 절도 있게 살라."

　몽테뉴의 이런 털털한 조언은 "자신을 지키는 가장 높은 기술"을 보여준다. 그처럼 어떻게 살 것인가 치열하게 고민하는 사람만이, 결국 자기만의 삶을 살게 될 것이라는 진리. 이 책을 통해 확인할 수 있을 것이다.

함께 읽으면 좋은 책

《어떻게 살 것인가》사라 베이크웰, 책읽는수요일, 2012 2011 전미비평가협회상과 영국 더프 쿠퍼상을 휩쓴, 몽테뉴의 인생에 관한 20가지 대답이 담긴 책이다.
《위로하는 정신》슈테판 츠바이크, 유유, 2012 세계적인 전기 작가 슈테판 츠바이크가 쓴 몽테뉴 평전이다.
《몽테뉴와 함께하는 여름》앙투안 콩파뇽, 뮤진트리, 2022 수상록 속 좋은 글 40개를 프랑스 인문학자의 시선으로 풀어놓은 에세이로, '함께하는 여름' 시리즈는 프랑스에서만 85만 부 판매되었다.

인생을 즐기려면 노력을 해야 한다.
나는 다른 사람들의 두 배로 인생을 즐기고 있다.
왜냐하면 즐거움의 정도는 많든 적든
우리가 기울이는 열의에 달려 있기 때문이다.

먼저 우리 자신과 영혼을 짓누르고 있는
무거운 짐을 내려놓지 않는 한,
우리가 움직이면 움직일수록
그 짐은 더욱더 우리를 짓누를 것이다.

세상 사람들은 늘 앞에 있는 것만 바라본다.
나는 내 안으로 눈길을 돌려 고정하고,
그 안을 부지런히 들여다본다.
나는 나만을 들여다본다.
끊임없이 나를 검토하고 나를 분석하고 나를 맛본다.
나는 나 자신 안에서 이리저리 뒹군다.

불안
Status Anxiety

"인생은
하나의 불안을 다른 불안으로
하나의 욕망을 다른 욕망으로
대체하는 과정이다."

알랭 드 보통 Alain de Botton

1969년 스위스 취리히에서 태어났다. 여러 언어에 능통하며 영국 케임브리지 대학교에서 역사학을 전공했다. 스물세 살에 쓴 《왜 나는 너를 사랑하는가》가 세계적인 베스트셀러가 되면서 유명해졌다. 2003년 2월 프랑스 문화부 장관으로부터 예술가에게 수여하는 최고 명예인 예술 문화훈장을 받았으며, 기사 작위도 받았다. 2008년 런던에 '인생 학교'를 설립하고 교장이 되었다. 저서로 《우리는 사랑일까》, 《여행의 기술》, 《철학의 위안》 등이 있다.

이 책을 선정한 이유

고전이라 부를 수는 없지만 한국에서 꾸준히 인기가 많은 알랭 드 보통의 대표작이다. 이 책은 우리가 불안한 이유와 함께 해법도 같이 제시하는 구성으로 읽기 편하게 되어 있다. 불안을 자주 느끼는 사람이라면 꼭 읽어보길 권한다. 특히 알랭 드 보통의 책은 치열하게 살아가는 한국인들에게 적절한 유머와 공감을 안겨준다. 인문학 도서치고는 많이 어렵지 않아 입문서로 도전하기 좋은 책이다.

현대인의 삶을 지배하는 불안

어쩌면 행복의 반대말은 불행이 아니라 불안 같기도 하다. 현대를 살아가는 우리들은 늘 불안에 시달린다. 오늘 하루 잘 살아낼 수 있을까? 시간이 부족하거나 돈이 부족한 건 아닐까? 아침부터 시작되는 불안과 걱정은 더 열심히 살기 위해 들이키는 커피 한 잔으로도 쉽게 가라앉지 않는다. 하나의 불안을 해결하고 나면 또 다른 불안이 기다리고 있다. 늘 그런 식이다.

이렇게 우리가 시달리는 불안 중 가장 흔한 건 바로 '성공에 대한 불안'이다. 사회가 제시한 성공에 부응하지 못할 위험에 처했을 때 생기는 불안. 그 결과 나락으로 추락하지 않을까 하는 불안. 학교를 졸업하면 대기업에 취직하고, 서른 언저리에 결혼해 아이를 낳고, 서울에 30평대 아파트를 자가로 구입하여 살아가는 삶. 이러한 이상적인 성공에 다다르지 못할 때 우리는 불안을 느낀다. 걱정한다. 자책하고 자신을 채찍질하기 시작한다.

이렇게 성공에 대한 불안을 《불안》에서는 '지위로 인한 불안과 갈망'으로 설명한다. 우리가 사다리에서 차지하는 위치에 그렇게 관심을 보이는 것은 다른 사람들의 시선 때문이다. 왜 우리는 좋은 차를 타고 싶어 할까? 물론 좋은 차는 기능이 뛰어나고 미적으로 세련미가 넘친다. 하지만 그보다 더 중요한 것은 바로 좋은 차가 나의 사회적 지위를 보여주기 때문이다. 사람들은 세상이 자신을 존중한다는 사실을 확인하지 못하면 스스로도 자신을 용납하지 못하는 경향이 있다. 타인의 시선이 우리의 자아를 결정하기 때문이다.

우리는 왜 불안한가?

"우리가 현재의 모습이 아닌 다른 모습일 수도 있다는 느낌. 우리가 동등하다고 여기는 사람들이 우리보다 나은 모습을 보일 때 받는 그 느낌. 이것이야말로 불안의 원천이다."

《불안》은 현대를 살아가는 우리의 불안을 집중 탐구한 철학 에세이다. 알랭 드 보통의 책답게 2000년 역사 속 철학, 문학, 종교, 예술, 경제, 심리 등 다양한 분야 속 불안을 소개하고 있다. 특히 불안의 원인을 다섯 가지로 제시하며 그 해법도 다섯 가지로 내놓고 있어 읽기 좋다.

먼저 그가 말하는 불안의 원인을 살펴보자. 이 책에서 그는 불안의 다섯 가지 원인으로 사랑 결핍, 속물근성, 기대, 능력주의, 불확실성을 이야기한다.

첫 번째로, 우리는 사랑이 결핍되어 있다. 늘 사랑과 관심을 갈망한다. 이는 스스로 자신의 가치를 확신하지 못하기 때문이다. 그 결과 다른 사람이 우리를 바라보는 방식이 우리가 스스로를 바라보는 방식을 결정해 버린다. '우리의 자아상은 바람이 새는 풍선과 같아, 늘 외부에서 사랑이라는 헬륨을 집어넣어 주어야' 하기 때문이다.

두 번째로, 우리의 속물근성이 불안을 만든다. 속물들은 독립적으로 판단할 능력이 없다. 그래서 영향력 있는 사람들의 의견을 갈망한다. 뉴스, 유튜브, SNS 등에서 말하는 것에 쉽게 휘둘린다. 자신만의 가치 판단이 없기에, 지위의 상징을 다급하게 갈망하면서 괴로워한다.

세 번째로, 이 사회에서 우리에게 요구하는 기대가 불안을 만든다. 우리는 더 부자가 되어야 한다. 예쁘고 날씬해야 한다. 이러한 기대는 성공에 대한 압박으로 다가온다. 현대 사회는 겉으로 보기엔 모든 기회가 열려 있는 것처럼 보인다. 특히 성공한 사람들의 자서전이나 자기계발서는 이런 성공을 부추긴다. '나도 했듯이, 너도 할 수 있다!' 이렇게 높아진 기대 수준은 우리를 종종 불안하게 한다. 하나의 지위를 획득하면 또 다른 더 높은 지위가 우리를 기다리고 있기 때문이다.

네 번째로, 능력주의 사회 분위기가 불안을 부추긴다. 능력주의 사회에서는 능력이 더 뛰어나고 노력을 많이 한 사람에게 더 많은 보상이 주어진다. 하지만 이런 분위기는 낮은 지위에 있는 사람들에게는 불안 요소가 되기도 한다. 성공을 거둔 사람이 그럴 만한 자격이 있다면, 실패한 사람 역시 그럴 만해서 실패했다는 이야기가 되기 때문이다. 즉 실패는 능력이 부족하거나, 충분히 노력하지 않았다는 이야기가 된다. 하지만 사실은 그렇지 않다. 성공은 '능력'과 '노력'만으로 이루어지는 방정식이 아니다. 성공은 수많은 우연과 인연으로 이루어지기 때문이다. 이를 제대로 알지 못하면, 능력주의 시대에 성공을 거두지 못한 사람들은 끊임없이 더 노력해야 한다는 불안감에 직면하게 된다.

마지막으로, 알랭 드 보통이 말하는 불안의 원인은 바로 불확실성이다. 현대 사회는 빠르게 변하고 있다. 지금 쓸모 있는 나의 재능이 몇 달 뒤에는 쓸모없어지기도 한다. 특히 대부분의 우리는 어딘가에 고용되어 살아간다. 하지만 이제 더 이상 안정적인 직장이란 없다. 또한 오르락내리락을 반복하는 부동산, 주식, 환율, 세계 경제 그래프는 우리를 더 큰 불안과 공포에 빠트리기 충분하다.

알랭 드 보통이 말하는 불안 치유제

"자신이 하찮은 존재라는 생각 때문에 느끼는 불안의 좋은 치유책은 세계라는 거대한 공간을 여행하는 것, 그것이 불가능하다면 예술작품을 통하여 세상을 여행하는 것이다."

사실 불안에서 완전히 도피하기란 불가능하다. 하지만 마음이 온통 불안감으로 가득 차서 아무것도 하지 못할 지경이라면 알랭 드 보통이 말하는 불안 치유제가 도움이 될 것이다. 이 책은 불안에 대해 크게 다섯 가지 해법을 제시한다. 바로 철학, 예술, 정치, 기독교, 보헤미아이다.

먼저 철학은 나 자신을 스스로 성찰하게 한다. 철학자들은 대개 남들이 보는 눈으로 나 자신을 보아야 한다고 생각하지 않는다. 쇼펜하우어는 "다른 사람의 머리는 진정한 행복이 자리 잡기에는 너무 초라한 곳"이라고 말했다. 우리가 원하는 것이 진정으로 우리에게 필요한 것인가? 우리가 불안해하는 것이 진정으로 불안해할 만한 것인가? 철학은 이성을 이용하여 감정을 적절한 목표로 이끌도록 충고해 주는 도구가 된다. 스스로 자문하도록 돕는 힘이 있는 학문이기에, 유용하게 활용해 볼 수 있다.

예술 또한 불안에 효과적인 치료제다. 예술 작품은 세상을 더 진실하게, 더 현명하게, 더 똑똑하게 이해하는 방법을 안내해 준다. 세상을 바라보는 잣대는 하나만 있는 것이 아니다. 무엇이 중요한가에 대한 생각은 사람마다 다르다. 특히 물질적인 풍요에 집착하는 사람이라면, 평범한 삶에서 누리는 기쁨에 만족하는 그림들을 감상할 필요가 있다. 단정하게 자리 잡은 들판, 정원, 평화로운 호숫가 두 부부의 모습 같은 그림은 우리의 속물적 관념을 교정하는 데 도움을 준다.

정치적인 깨달음 또한 해법이 된다. 지금 물질 만능주의와 능력주의가 인간이 정치적으로 만든 산물에 불과하다는 걸 깨닫는 것이 불안을 다스리는 데 도움을 주는 것이다. 지금의 사회는 18세기 중반 산업 사회 이후 생겨난 이상들이다. 특히 소비사회는 우리의 불안을 조장한다. 어떤 것을 꼭 소유해야만 행복해질 것이라고 부추긴다. 더 좋은 차가 필요하고 더 비싼 집이 필요하다고 속삭인다. 이런 사회에서 인생은 하나의 불안을 다른 불안으로 대체하고, 하나의 욕망을 다른 욕망으로 대체하는 과정일 뿐이다.

종교와 죽음에 대한 생각도 불안을 줄여 준다. 우리는 관심을 기울이는 것에서 불안을 느낀다. 그러므로 지위나 돈에 대한 지나친 관심에서 죽음이나 종교적인 생각으로 관심을 돌리는 것은 불안을 줄이는 데 언제나 유용하다. 언젠가 죽는다는 생각은 '당장 일어나는 일'에서 '가장 중요한 일'로 시선을 돌리게 해준다. 또한 기독교 같은 종교는 나보다 더 큰 어떤 것을 생각하게 돕는다. 광대하고 영원한 것을 바라보는 것은 불안을 다독이는 효과가 있다. 거기에 비추어 보면 우리는 보잘것없어 보이기 때문이다.

마지막으로 보헤미아 해법도 참고할 만하다. 보헤미안들은 주류 집단의 생각에 반대한다. 돈과 명예가 중요하긴 하지만 절대적이진 않다. 실패는 성실하지 않거나 노력하지 않아서 오는 것이 아니다. 운이 없거나 세상과 맞지 않아서이다.

이 다섯 가지 해법은 세상의 가치 체계를 무너뜨리려는 것이 아니다. 다만 다수의 가치로부터 인정받지 못하는 가치도 있다는 걸 말해준다. 세상은 다양하다. 모두 키가 클 수 없으며 모두 부자가 될 수도 없다. 또 그럴 필요도 없다. 삶에서 성공을 거둔다는 것은 단 하나의 이상적인 길을 상정해 둔 것일 뿐이다. 의사가 되거나 변호사가 되는 길과는 다른 나만의 길이 있다는 것을 기억하는 것. 거기서 불안에 대한 위로는 찾아온다.

어쩌면 불안은, 너무 열심히 살아서 생기는 마음의 병일지도 모르겠다.

함께 읽으면 좋은 책

《알랭 드 보통의 영혼의 미술관》알랭 드 보통, 문학동네, 2013 예술 작품이 주는 치유와 위로에 대한 책으로, 불안과 우울에 시달린다면 그림과 함께 읽어보기 좋은 명화 수록집이다.
《마음의 철학자》클레어 칼라일, 사월의 책, 2022 '불안'하면 떠오르는 철학자 키르케고르의 일생을 담은 평전으로 불안이 가득한 세상에서 어떻게 인간으로 살 것인가라는 물음에 대한 답이 담긴 책이다.
《참을 수 없이 불안할 때, 에리히 프롬》박찬국, 21세기북스, 2022 20세기 사상가 중 대중에게 가장 큰 사랑을 받았던 에리히 프롬의 사상을 다룬 입문서로, 마음이 끝없이 불안하다면 읽어보기 좋은 책이다.

불안은 보통 어디에 몰두한 듯한 눈길,
부서질 것 같은 미소,
다른 사람의 성공 소식을 들은 뒤 이어지는
유난히 긴 침묵 등으로만 간간이 나타날 뿐이다.

다른 사람들 눈으로 보기에
성공하지 못했다 한들,
얼마 전 모임에서
아무도 우리를 보고 웃지 않았다 한들,
그게 어쨌단 말인가?
어차피 모든 것은 사라질 운명이다.

우리가 실패에 대한 생각 때문에 괴로워하는 것은
성공을 해야만 세상이 우리에게
호의를 보여준다고 믿기 때문이다.

38

미움받을 용기

嫌われる勇氣

> #아들러심리학
> #열등감
> #자신을바꾸는심리학
> #인간관계

"행복해지려면 '미움받을 용기'도 있어야 하네.
그런 용기가 생겼을 때
인간관계는 한순간에 달라질 걸세."

기시미 이치로 岸見 一郎

일본 최고 철학자 중 한 명이다. 1956년 태어나 교토대학교에서 서양 고대철학과 플라톤 철학을 전공했다. 이와 함께 1989년부터 '아들러 심리학'을 연구했다. 활발한 저술 활동과 강연을 이어가고 있는 대중적인 사상가로, 한국을 이해하기 위해 한국어를 직접 공부한 것으로도 유명하다. 대표작으로 《아들러 심리학을 읽는 밤》, 《기시미 이치로의 삶과 죽음》 등이 있다.

고가 후미타케 古賀 史健

공저자 고가 후미타케는 작가로, 30세부터 집필 활동을 시작했다. "문장은 리듬으로 결정된다"라는 신념으로 비즈니스 서적과 교양 서적 등 80권 이상을 출간했다. 편집자들에게 주로 '춤추는 듯한 문장을 쓰는 작가'라고 불린다. 대표작으로 《미움받을 용기》, 《16살의 교과서》 등이 있다.

이 책을 선정한 이유

전 세계적으로 1,000만 부가 팔린 베스트셀러인데, 한국에만 200만 부가 팔렸을 정도로 유독 한국에서 사랑을 많이 받았다. 한국인들이 이 책에 열광하는 이유는 무얼까? 아마도 이 책이 우리 사회의 가치관과 문화를 대변하기 때문이 아닐까 싶다. 《미움받을 용기》는 딱딱한 심리학을 문답식으로 재밌게 풀어냈다는 평가를 받는다. 인문학에 입문하는 사람이라면 특히 읽기 좋은 책이다.

타인에게 미움받는 것을 두려워하지 마라

미움받는 걸 좋아하지 않는다. 사실 견딜 수 없어 한다. 상대방의 눈초리가 잠시만 싸늘해져도, 순간 바짝 긴장이 올라 눈치를 보는 편이다.

특히 일할 때는 더더욱 그렇다. 누군가 칭찬해 주면 기분이 좋아진다. 하지만 조금이라도 비난하거나 야단스러운 말을 들으면 금방 상처를 입는다. 이런 하루하루를 살아가다 보니 삶이 참 피곤하다. 아무에게도 평가받고 싶지 않다. 좋다, 싫다라는 말조차 듣고 싶지 않다. 하루에도 몇 번씩 이런 마음이 불쑥불쑥 올라온다.

《미움받을 용기》는 제목부터 많은 한국인에게 '용기'를 준 책이다. '미움'을 피하지 말고 그냥 받으라니. 그것도 용기를 내어 미움을 선택하라니. 아무래도 이 제목 자체가 사람들에게 위안을 준 것이 아닌가 싶다. 우리는 어느 나라 사람들보다 남 눈치 보는 데 익숙한 사회에 살고 있기 때문이다.

이 책에서는 특히 행복해지려면 '미움받을 용기'가 있어야 한다고 말한다. 정확히 말하면, 누가 나를 미워하든 칭찬하든 신경을 쓰지 말라는 것이다. 미움이든 칭찬이든 그것은 타인의 평가다. '나의 과제'가 아니다. 만약 스스로가 인정받는 데에만 혈안이 되어 있다면, 타인의 평가에 신경을 곤두세우고 나의 마음과 행동도 그 평가에 좌우될 수밖에 없다. 결국 타인이 바라는 것을 충족시키는 삶을 살게 된다. 자유로운 삶, 행복해지는 삶과는 멀어지게 되는 것이다.

자신을 바꾸는 심리학

《미움받을 용기》는 심리학 책이지만 줄거리가 있다. 한 청년과 나이 든 철학자가 등장한다. 청년은 도서관 사서로 일하는데, 평소 인간관계로 스트레스를 받고 열등감이 심하다. 그러던 어느 날 청년은 옛 도시 외곽에 은둔하듯 사는 현명한 철학자가 있다는 소문을 듣게 된다. 이 철학자는 세계는 아주 단순하다며, 인간은 오늘에라도 당장 행복해질 수 있고 언제든 변할 수 있다고 말한다고 한다.

납득이 가지 않던 청년은 철학자를 찾아가 진의를 따져 묻기로 한다. 그렇게 시작된 청년과 철학자의 만남은 다섯 번 반복된다. 청년은 계속 따져 묻는다. 왜 인간이 변할 수 있다고 생각하는가? 어떻게 열등감을 극복할 수 있는가? 인간관계 고민을 어떻게 해결할 수 있는가? 어떻게 행복한 인생을 살 수 있는가? 이 책은 이러한 질문에 대한 해답을 담고 있다.

《미움받을 용기》는 기본적으로 '아들러 심리학'을 기초로 하고 있다. 원래 아들러는 프로이트가 운영하는 빈 정신분석학회의 핵심 인물이었다. 하지만 학설상의 대립으로 무리에서 떨어져 나와 독자적인 이론을 바탕으로 '개인 심리학'을 제창했다.

이러한 아들러 심리학은 특히 과거의 '원인'이 아니라 현재의 '목적'을 중요하게 생각한다. 우리는 과거 원인으로 인해 현재의 내가 됐다고 생각하지만 아들러에 따르면 현재는 과거의 경험에 의해 결정되는 게 아니다. 경험에 부여한 의미에 따라서 자기 자신이 결정하고 선택하는 것이다.

우리가 과거 경험에 의해 결정된다면 우리는 결코 변할 수 없을 것이다. 과거의 트라우마는 지울 수 없고 평생 자신을 쫓아다니며 불행을 일으킬 게 뻔하기 때문이다. 하지만 아들러는 그렇게 생각하지 않았다. 그는 트라우마 이론을 전면적으로 부정했다. 우리 삶은 경험 그 자체가 아니라 '경험에 부여한 의미'에 따라 달라진다는 주장이었다.

가령 '나는 학력이 낮아서 성공할 수 없다'라고 생각한다면, 그것은 '성공할 수 없는 것'이 아니라 '성공하고 싶지 않은 것'으로 봐야 한다고 아들러 심리학은 말한다. 그렇게 생각한 그는 한 발 앞으로 나아가는 것이 두려운 것이다. 성공을 위한 현실적인 노력을 하고 싶지 않은 것이고, 지금 누리고 있는 즐거움과 편안함을 희생하면서까지 변하고 싶지 않은 것이다. 즉 생활양식을 바꿀 용기가 없는 것이다.

모든 고민은 인간관계에서 비롯된다

개인적으로 아들러 심리학은 '인간관계'에서 빛을 발한다고 생각한다. 많은 인간관계에 관한 고민 중 하나가 바로 자존감과 열등감 문제이기 때문이다.

우리는 누군가의 칭찬을 갈망한다. 칭찬을 받으면 나의 자존 감이 우뚝 세워지기 때문이다. 반면 누군가의 비난은 결단코 피하고 싶다. 비난을 받고 나면 '나는 무능하다. 쓸모없다'라고 생각되기 때문이다. 이렇듯 인간관계를 자세히 들여다보면, 거기에는 인정받고 싶은 욕구, 차별과 상처라는 열등감을 피하고 싶은 욕구가 굳건하게 자리 잡고 있다.

《미움받을 용기》는 이러한 열등감은 사실 인간이라면 누구나 가지고 있는 감정이라고 말한다. 또한 열등감 자체는 조금도 나쁜 게 아니라고 말한다. 사람은 누구나 삶의 목표가 있다. 돈을 더 벌고 싶다, 공부를 더 잘하고 싶다 같은 목표를 내걸고 그것을 향해 전진한다. 하지만 거기에 도달하지 못하면 내가 뭔가 부족하다고 느끼게 된다. 그때 느끼는 감정이 바로 열등감이다.

아들러는 열등감은 그 자체로는 병이 아니라고 말한다. 오히려 "건강하고 정상적인 노력과 성장을 하기 위한 자극"이 될 수 있다고 말한다. 열등감도 제대로 발현하면 노력과 성장의 촉진 제가 된다는 얘기다.

하지만 인간관계를 좀먹는 열등감도 있다. 바로 '타인과의 비교'에서 생기는 열등감이다. 우리는 늘 남과 경쟁한다. 타인의 SNS를 훔쳐보며 조금이라도 내가 부족한 게 있으면 이내 열등감의 함정에 빠지고 만다. 이 책에서는 그러한 열등감 대신 '건강한' 열등감을 가지라고 권한다.

건강한 열등감이란 타인과의 비교에서 생기는 열등감이 아니라 '이상적인 나'와 비교해서 생기는 열등감이다. 실제로 타인과 비교하는 마음만 내려놓아도 인간관계는 좀 더 편해진다.

또한 아들러 심리학은 타인의 기대를 만족시키기 위해 살지 말라고 말한다. 인정받기를 갈망하는 사람은 '이런 사람이면 좋겠다'라는 타인의 기대에 따라 살게 된다. 이 말은 역으로도 가능하다. 나 자신이 타인의 기대를 만족시키기 위해 사는 것이 아니라면, 타인 역시 나의 기대를 만족시키기 위해 사는 것이 아니다. 그렇다면 상대가 내가 원하는 대로 행동하지 않는다고 해서 화를 내서는 안 된다. 결국 사람은 타인에 의해서는 바뀔 수 없으며, 오직 자기 자신만이 자신을 바꿀 수 있는 것이다.

아들러 심리학을 읽는 우리에게 중요한 것은 '자신이 믿는 최선의 길을 선택하는 것'이다. 그 선택에 대해 타인이 어떻게 평가하든 그건 타인의 과제일 뿐이다. 내가 어찌할 수 있는 게 아니다. 상대는 나를 좋아할 수도 있고 싫어할 수도 있다. 특히 아들러는 인간관계를 준 만큼 되돌려 받는 것, 즉 '보상'이라는 관점으로 바라보지 말라고 조언한다. '내가 이만큼 줬으니, 너도 이만큼 줘'와 같은 보상에 연연하지 않을 때 인간관계는 훨씬 편안해진다.

어떻게 행복한 인생을 살 것인가?

이 책은 불행의 근원과 함께 행복의 해법도 들려준다. 앞서 이야기했듯이 모든 불행의 근원은 인간관계에 있지만 거꾸로 행복의 원천 또한 인간관계에 있다.《미움받을 용기》는 행복한 인간관계에 필요한 것은 바로 '공동체 감각'이라고 말한다.

사실 우리는 타인을 기쁘게 하려고 타인의 눈치를 보는 것이 아니다. 타인에게 좋은 평가를 받아, 나를 기쁘게 하려고 눈치 보는 것이다. 이 또한 자기중심적인 행위다. 그러니 도저히 행복해질 수가 없는 것이다. 이 책은 자기에 대한 집착을 타인에 대한 관심으로 바꿔보라고 이야기한다.

미움받을 '용기'도 필요하지만 행복해지는 데도 '용기'가 필요하다. 아들러에 따르면, 인간에게 있어 최대 불행은 자신을 좋아하지 않는 것이다. 열등감에 빠져 있기에 자기 자신을 미워한다. 사실 그토록 남에게 인정받고 싶어 하는 이유도 결국 자기 자신을 좋아하고 싶어서, 자신이 가치 있다고 느끼고 싶어서이다. 그렇기 때문에 가장 손쉬운 방법으로 남들로부터 인정받길 원한 것이다.

아들러는 그런 방법과는 다른 행복의 길도 있다고 안내한다. 바로 다른 누군가에게 도움이 되는 삶을 사는 것이다. 내 삶이 누군가에게 도움이 된다고 느낄 때 우리는 행복감을 느낀다. 이러한 삶은 자기희생적이지 않다. 나를 버릴 정도로 타인에게 최선을 다하는 삶이 아니다. 평범하게 사회에 나가 일을 하는 것, 혹은 집안일을 하는 것이 여기에 포함된다. 이러한 노동은 돈을 버는 수단이기도 하지만 또한 '내가 누군가에게 도움이 된다'는 것을 실감할 수 있는 계기이기도 하다. 이러한 순간이 쌓여 우리는 결국 행복해지는 것이다.

이렇듯 행복은 타인의 인정이나 인스타그램, 페이스북의 '좋아요' 버튼에 있지 않다. 나에게 있다. 나 자신의 인정에 있다. 그리고 무엇보다 '용기'에 있다.

함께 읽으면 좋은 책

《아들러 평전》 에드워드 호프먼, 글항아리, 2019 아들러의 아들을 감동시킨 유일무이한 전기로, 아들러의 인생을 유년부터 말년까지 생생하게 그리고 있는 책이다.

《아들러 성격 상담소》 기시미 이치로, 생각의 날개, 2022 MBTI 성격 유형에 지쳐 있다면, 이번에는 아들러가 말하는 성격 심리학을 읽을 차례다. 성격은 타고나는 것이 아니라 선택하는 것! 성격은 변할 수 있다.

《아들러 삶의 의미》 아들러, 을유문화사, 2019 아들러의 마지막 대작으로, 핵심 사상을 살펴보기 좋은 책이다. 특히 열등감, 우울증 같은 감정에 시달리는 사람이라면 공동체 의식이 해법이 될 것이다.

자네는 인생의 어느 단계에선가
'불행한 상태'를 선택했어.
불행한 운명으로 태어나서 그런 것도,
불행한 상황에 처해서 그런 것도 아닐세.

중요한 것은 무엇이 주어졌느냐가 아니라
주어진 것을 어떻게 활용하느냐라네.
자네가 다른 누군가가 되고 싶은 것은
'무엇이 주어졌는가'에만 주목하기 때문일세.
그러지 말고 '주어진 것을
어떻게 활용할 것'인지 주목하게나.

아들러 심리학이 중요하게 내세우는 것은
'평범해질 용기'일세.
왜 '특별'해지려고 하는 걸까?
그건 '평범한 자신'을 받아들이지 못하기 때문이지.
평범해지는 것을 무능해지는 것과 같다고 착각했기 때문이지.

도덕경

道德經

"도는 말해질 수 있지만
그것은 세상에서 흔히 말하는
'도'가 아니다."

노자 老子

노자는 춘추시대 말엽 초나라에서 태어나 진나라에서 생을 마감했다고 전해진다. 주나라에서 오늘날 국립중앙도서관 관장에 해당하는 수장실 사관을 지냈다. 이후 주나라가 쇠락하자 벼슬을 버리고 떠나던 중 노자의 비범함을 알아본 함곡관 수문장 윤희의 간곡한 부탁으로 《노자》 5천 자를 썼다. 이후 그의 종적에 관해서는 알려진 바가 거의 없다.

이 책을 선정한 이유

《도덕경》은 《주역》, 《논어》와 함께 중국을 비롯한 동아시아 사상에 가장 강력한 영향을 끼친 책 중 하나이다. 특히 《도덕경》은 《논어》와 달리 해석하는 방식에 따라 전혀 다른 텍스트가 되기도 한다. 그래서인지 서양철학과 과학 분야에서도 자주 인용되며 인기가 많은 편이다. 하버드대를 비롯하여 서울대, 연세대, 고려대 권장 도서 등에 포함되어 있다.

내 삶을 바꾸는 도덕경 읽기

노자의《도덕경》은 참 '찐팬'이 많은 고전이다. 동양철학부터 서양철학까지, 영성을 담은 책부터 과학을 담은 책까지. 많은 텍스트가《도덕경》을 인용하고 해부한다. 그리고 인생 책으로 극찬한다. 이 책을 읽고 새로 태어났다고 말하는 이들도 있다.

동양철학의 대가 도올 김용옥은 20대 때 처음《도덕경》을 만난 다음 동양철학의 길로 빠져들었다고 한다. 의식 심리학의 대가인 켄 윌버도《도덕경》을 읽고 나서 큰 충격을 받아 의학과 생화학의 길을 버렸다고 한다. 베스트셀러 작가이자 심리학자인 웨인 다이어도 1년 동안 새벽에 일어나《도덕경》을 필사했다고 한다. 대체 이 책에 어떤 매력이 숨어 있기에 수많은 이들을 미치게 만든 걸까?

《도덕경》은 처음부터 끝까지 '도'에 대한 책이라고 해도 과언이 아니다. 그만큼 중요한 핵심 주제인데, 이 도를 어떻게 이해할 것인가, 어느 위치에 놓을 것인가, 어떻게 받아들일 것인가, 어떻게 행동할 것인가에 따라 학자마다 해석이 다르다. 개인적으로《도덕경》을 좋아해서 해설서만 10권 정도를 보았는데, 모두 제각각 자기만의 '도'에 대한 이야기를 하고 있어 흥미로웠다. 그래서 이번 리뷰에서는《도덕경》, 특히 '도'에 대한 다양한 해석을 소개하려 한다. 이를 참고하여 자신에게 맞는《도덕경》해설서를 선택하여 읽어 보길 권한다.

노자와 공자, 그들이 바라본 인간과 세계

가장 쉽고 무난하게 읽을 수 있는 건 동양철학자 최진석 교수가 쓴 《나 홀로 읽는 도덕경》이다. 이 책에서 특히 재밌는 것은 노자와 공자의 사상이 어떻게 다른지 비교한 부분이다. 그는 두 사람이 다른 환경, 다른 문화 속에서 살았기에 다른 시각을 갖게 되었다고 말한다.

"공자 사상의 출발점은 인간입니다. 이와 달리, 노자 사상의 출발점은 객관적인 자연이지요. 공자의 조상은 은나라 유민이었고 그는 주로 남의 집 제사를 지내주는 일을 하면서 먹고살던 집안에서 성장했습니다. 따라서 공자는 인간의 문제를 자세히 관찰할 수 있는 환경 속에서 살았습니다."

그렇다면 노자는 어떤 환경에서 성장했을까?

"노자는 주나라 왕실 도서관 관장이었어요. 사관 출신이었죠. 당시 사관의 직무는 왕의 정책에 자문을 해주는 것인데, 그런 일을 수행하려면 역사에 밝아야 했어요. 그리고 그 시대는 많은 것을 자연에 묻던 때였어요. 자연이 교과서였지요. 그러니까 노자는 역사와 자연 현상을 자세히 관찰하는 사람일 수밖에 없었을 거예요."

이렇게 다른 환경에서 성장한 두 사람이었기에 가지고 있는 사상도 달라지게 된다. 특히 인간을 바라보는 관점에 있어서도 두 사람은 정반대였다.

"공자는 인간을 미완성의 존재로 봐요. 그래서 이상적 기준을 세우고 학습을 통해서 쉼 없이 부족함을 채워가야 한다고 보지요. 그렇지만 노자는 인간을 갓 태어난 아기일 때 완전한 상태라고 말합니다. 따라서 인간이 본래 타고난 자연적인 본성이 있는데 그걸 잃어버린 채 살아가야 하니 회복해야 한다고 하는 거예요."

이러한 관점 차이에서 《도덕경》 첫 문장인 '명가명비상명(名可名非常名: 이름이 개념화될 수 있으면 진정한 이름이 아니다)'을 살펴볼 수 있다. 이는 공자와 노자의 사상을 가르는 핵심 문장이기도 하다.

먼저, 공자는 개념을 중시한다. 공자는 개념을 분명히 정해야 사회의 요구에 맞는 적절한 행동을 할 수 있다고 보았다. 이에 반해 노자는 개념을 정할 경우 실재가 이 개념에 다 담기지 않는 현상이 생길 수 있으니 개념을 정하지 말자는 입장이다. 그는 개념을 확고하게 정하면 신념이 강해져서 그것으로만 세계를 보게 되는 부정적인 현상 또한 발생한다고 본다.

언어의 한계를 넘어 '도'를 이해하는 법

이렇게 '개념화' 혹은 '말로 표현'해 버렸을 때 의미가 갇혀 버린다는 해석을 더 치열하게 밀고 나간 책이 바로 도올 김용옥이 쓴 《노자가 옳았다》이다.

이 책은 우리에겐 '말'이라는 장벽이 있다고 말한다. 우리가 누군가에게 "사랑해"라고 말할 때, 그 순간 우리의 감정은 '사랑'이라는 말에 정박되어 고정불변이 되어 버린다. 하지만 과연 사랑이란 감정은 그런 걸까? 가령 우리의 사랑하는 아이를 보며 생각해 보자. 어제 느낀 '사랑'의 감정과 오늘 느낀 '사랑'의 감정은 정말 같은가? 미묘하게 색깔이 다르지 않은가? 하지만 우리는 이런 다른 생각과 감정을 "사랑해"라는 말로 통쳐 버린다.

'흠. 아냐, 아냐. 이건 좀 곤란한데?' 노자의 철학은 바로 여기서 출발하는 것이다. '언어'에 대한 이러한 생각의 차이는 동서양 철학의 차이이기도 하다. 서양철학은 고정불변의 진리를 원했다. 그리고 그 진리의 기반을 언어에 두었다. 그들은 아주 질서정연한 모범생, 현실 세계에서 볼 수 없는 절대자, 즉 영원을 원했던 것이다. 하지만 동양철학, 특히 노자의 사상은 이와 달랐다. 그는 세상은 혼란스럽고 계속 변한다고 보았다. 존재론이 아니라 도덕적 당위론에 관심을 두었다. 그렇다면 이렇게 세상이 계속 변한다는 관점에서 바라본 도는 무엇일까?

"나는 그 이름을 알 길 없어, 그것을 글자로 나타내어 도라고 하고, 억지로 그것을 이름 지어 크다라고 말하지."

노자는 계속해서 변하는 것에 이름을 어떻게 붙여야 할지 고민하다가 '도'라고 이름 붙인다. 그래서 언어라는 옷을 입은 '도'가 등장한다. 이 '도'는 큰데, 이는 우리가 생각하는 그 '크다'가 아니다. 너무 커서 '밖이 없는 전체'를 뜻한다. 그리고 이 도는 매우 역동적이다. 움직이고 순환한다.

순환의 관점에서 바라보는 '도'는 단순 반복이 아니라 창조의 리듬이다. 우리는 매일 출근하고 일하고 먹고 잔다. 항상 일정한 리듬을 타고 순환하는 것처럼 보이지만, 동일하게 반복되는 것은 아무것도 없다. 어제와 오늘의 하루는 반복이어도 분명 다르다. 완전히 똑같은 하루란 없다. 이러한 순환 속에서 매일매일이 창조된다. 새롭게 태어나 사라진다. '도'란 바로 그런 의미를 담고 있다. 그러니 절대 언어에 다 담을 수 없다.

자연스럽게 흘러가듯 사는 법

마지막으로 소개할 책은 웨인 다이어가 쓴 《치우치지 않는 삶》이다. 이 책은 자기계발서 베스트셀러 작가가 쓴 책답게 상식적으로 이해하기 쉽고, 노자의 사상을 실생활에 적용할 수 있는 실천 덕목이 가득하다.

먼저 웨인 다이어는 《도덕경》이 우리 정신을 확장시켜준다고 보았다. 특히 풍자와 역설을 통해 삶을 다시 바라보게 해주는 부분을 강조했다.

"노자는 '행함'이 필요하다고 느낄 때 '행하지 않음'을 권한다. 또한 움켜쥐어야만 필요한 것이나 원하는 것을 얻을 수 있다고 생각할 때 그는 놓아주고 인내하라고 이른다."

웨인 다이어는 '도'란 궁극의 실재이며 널리 영향을 미치는 모든 것의 근원이라 설명한다. 도는 결코 시작도 끝도 없으며, 아무것도 하지 않지만 그럼에도 세상 모든 만물에 생명을 불어넣는다는 것이다. 또한 그는 도에 대해 다르기도 하고 같기도 하다고 말한다. '원함'과 '내버려 둠' 같이 정반대 행위를 '도'의 개념을 통해 마치 하나로 이어진 물체의 양 끝처럼 바라보는 것이다. 노자의 '도'를 자기계발로 내 삶에 적용하고자 한다면, 웨인 다이어가 권하는 다음의 방식을 한번 따라보자.

"원하는 것과 내버려 두는 것 사이의 어디쯤에 자신이 서 있는지 느껴라. 항상 모든 것을 해결하려고 애쓰지 말고 세상이 그냥 펼쳐지도록 내버려 두라. 무언가를 해결하기 위해서 너무 열심히 노력하지 마라. 그저 자연스럽게 흘러가게 두라. 당신의 친구와 자녀, 상사 또는 다른 누구라도 너무 깊이 이해하려 애쓰지 마라."

운명이 이끄는 대로 살고 싶다면, 도덕경을 읽어라

《도덕경》은 5천 자의 짧은 텍스트지만 쉽게 이해할 수 있는 고전은 아니다. 그리고 단번에 읽어서 깨우칠 수 있는 책도 아니다. 많은 이들이 《도덕경》을 평생 곁에 두고 읽었으며, 언어의 한계를 극복하기 위해 마음을 열어 놓고 깊이 읽었다. 그렇게 반복해서 읽어도 늘 새롭게 다가오는 것이 바로 《도덕경》인 것이다.

바쁜 인생 속 번아웃이 왔다면, 전전긍긍하는 자신을 바꾸고 싶다면, 삶이 이끄는 대로 살고 싶다면, 가장 먼저 읽어야 할 고전은 확실히 《도덕경》이다. 더 나은 고전은 없다.

함께 읽으면 좋은 책

《치우치지 않는 삶》 웨인 다이어, 나무생각, 2021 자기계발과 명상을 《도덕경》에 접목해서 새롭게 풀어낸 책으로, 칼럼니스트 고 구본형 작가가 쓴 해제 또한 포함되어 있다.
《노자가 옳았다》 김용옥, 통나무, 2020 50년 동안 《도덕경》을 읽었다는 도올 김용옥의 《도덕경》 해설서로, 21세기를 위한 철학으로서의 《도덕경》을 이야기한다.
《나 홀로 읽는 도덕경》 최진석, 시공사, 2021 20년간 수많은 강연과 저술을 통해 도가 철학을 해설해 온 동양 철학자 최진석 교수의 《도덕경》 책으로, 내 삶의 진정한 주인으로 사는 태도를 이야기한다.

최고의 선,
가장 높은 덕성은 마치 물과 같다.
물은 만물을 이롭게 할 뿐 다투지 않는다.
사람이 싫어하는 낮은 곳에 처한다.
그러므로 도에 가깝다.

손으로 잡고 더 가득 채우려는 것은 그만두는 것만 못하다.
두드려서 더욱 예리해진 칼날은 오래 보존하기가 어렵다.
보물이 집에 가득하면 누가 능히 그것을 지킬 수 있겠는가?
부귀와 교만은 스스로 재앙을 취하는 것이다.
공을 이루면 물러나는 것이 하늘의 도이다.

공경하는구나! 마치 잔치에 가는 손님과 같다.
시원시원하구나! 마치 얼음덩어리가 차츰 녹는 듯하다.
순박하구나! 마치 가공하지 않은 듯하다.
광활하구나! 마치 깊은 골짜기와도 같다.
관후하구나! 마치 흐린 강물처럼 시비를 가리지 않는다.
어느 누가 능히 흐린 강물을 고요히 안정시켜
천천히 깨끗하게 할 수 있을까?

40

논어

論語

#인문고전

#공자

#배움의즐거움

#유교

"배우고 때때로 그것을 익히면
이 또한 기쁘지 않은가."

공자 孔子

기원전 551년 노나라에서 태어났다. 3살 때 아버지를 여의고 17살 때 어머니를 여의었으며, 19살 때 송나라 출신 여인과 혼인했다. 20살 때부터 계씨 가문의 창고지기로 일했지만 학문을 게을리하지 않았다. 48살 때부터 본격적으로 제자를 가르치기 시작했다. 기원전 497년 이후 여러 나라를 떠돌아다니다가 기원전 479년 세상을 떠났다.

이 책을 선정한 이유

동양철학 책 중에 가장 유명한 책이 아닌가 싶다. 세계 수많은 대학에서 추천하는 책이며, 여전히 한국인이 가장 즐겨 읽는 고전 중 하나다. 2500년 전의 책이지만 여전히 시대를 뛰어넘는 가르침이 담겨 있다. 특히 한국인과 중국인의 사상을 지배해 온 뿌리를 알고 싶다면 꼭 읽어야 할 책이다.

삶이 흔들릴 때, 논어에서 답을 찾다

사실 좌우명 같은 걸 생각하면서 살아본 적은 없었다. 하지만 웬걸, 20대 후반 무렵 취업하려고 보니 면접 때 좌우명을 묻는 게 아닌가. 그래서 인터넷으로 검색을 해 보다가 우연히 공자의 어떤 문장을 만나게 되었다.

> "아는 자는 좋아하는 자만 못하고,
> 좋아하는 자는 즐기는 자만 못하다."

그 무렵 이 문장을 마주하고는 어떤 깨달음이 왔던 것 같다. '아, 그렇구나! 즐겨야 하는구나!' 그 뒤로 공자 님의 이 말씀은 내 인생 좌우명이 되었다. 좋아하는 것을 넘어 즐기는 것. 삶에 푹 빠져보는 것. 지금도 삶이 반복되는 것처럼 지루하게 느껴지면 가끔 나 자신에게 묻곤 한다. "너 지금 너의 삶을 즐기고 있니?"하고 말이다.

이렇게 《논어》를 읽다 보면 삶에 도움 되는 말을 참 많이 발견하게 된다. 하지만 고전을 유쾌하게 읽을 수 있는 사람은 많지 않다. 아마도 어려운 숙제처럼 여겨져서가 아닐까 싶다. 그럼에도 고전 읽기는 특히 나이가 들면 들수록, 삶이 흔들려 위기가 닥쳐올수록 더욱 가치가 있다. 삶에서 맞닥뜨리는 문제는 누구에게나 비슷하기 때문이다.

삶은 늘 반복된다. 이 말은 나의 삶의 문제가 반복된다는 말이기도 하고, 나의 삶의 문제가 과거 사람들의 삶의 문제와 닮았다는 말이기도 하다. 고전 속에는 이러한 반복되는 삶의 문제에 대한 해법이 담겨 있다. 《논어》를 예로 들자면, 공자 또한 사람이었고, 그도 보편적인 고민과 문제를 가지고 있었다. 그리고 《논어》에는 그에 대한 공자의 고뇌와 혜안이 함께 담겼다.

그렇기에 우리는 고전 읽기를 통해 많은 걸 얻게 된다. 우리 문제의 해법을 찾기도 하고, 고전 속 사람들의 어리석은 행동을 통해 자신의 반복되는 행동 패턴을 깨우치기도 한다. 그러니 마흔이 넘어 삶이 흔들릴 때라면 《논어》를 펼쳐 보는 것이 무엇보다 도움이 될 것이다.

논어에서 찾은 인생의 나침반

논어는 정말 다양한 삶의 가치를 담고 있다. 하지만 그중에서도 가장 중요한 걸 꼽자면 아무래도 '배움'일 것이다.

"배우고 때때로 그것을 익히면 기쁘지 않은가. 벗이 있어 먼 곳에서 찾아오면 이 또한 즐겁지 않은가. 남이 나를 알아주지 않아도 원망하지 않으면 또한 군자답지 않은가."

공자는 줄곧 배움의 즐거움을 강조했다. 정말 공자는 훌륭한 선생이었지만, 그 이전에 배우는 걸 좋아하는 훌륭한 학생이었던 것 같다. 특히 공자는 배움에 싫증을 내지 않는 것, 진정으로 아는 것, 배운 것을 부지런히 생각하고 실천하는 것을 강조했다.

"배우기만 하고 생각하지 않으면 미혹되고, 생각하기만 하고 배우지 않으면 위태롭다."

"유야, 너에게 어떤 것을 안다는 것을 가르쳐 줄까? 어떤 것을 알면 그것을 안다고 하고 알지 못하면 알지 못한다고 하는 것. 이것이 진정으로 아는 것이다."

공자는 정말 성실히 공부한 학구파였다. 그는 "나는 태어나면서부터 곧 만사를 안 것이 아니고, 옛것을 좋아하여 성실하게 노력하여 그것을 구한 자이다"라고 말한다. 또한 앎이라는 것은 배운 상태에서 멈추는 것이 아니며, 배움은 평생 계속된다고 하였다. 그것은 공자의 시대에도 우리 시대에도 마찬가지다.

"나는 열다섯 살에 학문에 뜻을 두었고, 서른에 자립하였고, 마흔에 미혹되지 않았으며, 쉰에 천명을 알았고, 예순 살에 귀로 들으면 그대로 이해되었다. 그리고 일흔에는 마음에 하고자 하는 바를 쫓아도 법도를 넘지 않았다."

특히 공자의 이런 말을 들으면 위로가 된다. 지금 내 삶이 흔들리고 있어도 괜찮다. 나는 아직 '지천명'에 이르지 않은 나이이기 때문이다. 한편 '지천명'에 이르기 위해 더 부단히 공부해야 하는 나이이기도 하다. 배움이 없다면, 앎이 없다면 삶은 흔들릴 것이다. 기준이 없기 때문에 돈에 흔들리고 사람에 흔들리게 되는 것이다.

현대 사회에서도 통하는 논어의 인간관계 조언

《논어》를 읽다 보면 인간관계에 대한 지혜도 많이 얻을 수 있다.

> "듣기 좋은 말을 하고 얼굴빛을 꾸며 남이 자기를 좋아하게 하려는 사람 중에는 어진 사람이 없다."

> "그가 지금 하고 있는 것을 보고, 그가 어떤 이유로 그렇게 하는지 관찰하고, 그가 편안하게 여기는 것을 세밀히 살펴보라. 사람이 어떻게 자신을 숨기겠는가."

확실히 관계의 기본은 관찰이다. 자신의 뜻을 먼저 내세우기보다는 잠시 기다리는 게 좋다. 특히 이 사람이 믿을만한 사람인지 아닌지 판별하는 지혜가 많이 나오는데, 확실히 혼란스러웠던 제자백가 시대를 반영한 듯싶다.

"나는 남이 나를 알아주지 않는 것을 걱정하지 않고, 내가 남을 몰라줄까 걱정한다."

"벼슬이 없는 것을 걱정하지 말고 벼슬에 설 만한 재능과 학식이 없는 것을 걱정해야 한다. 자기를 알아주지 않는 것을 걱정하지 말고 알아줄 만한 사람이 될 것을 추구해야 한다."

이런 인간관계의 지혜는 현대 사회에서도 여전히 통한다. 요즘은 특히 많은 이들이 인정 욕구가 강하다. 누가 나를 알아봐 준다는 것. 누가 나를 존중해 준다는 것. 그 눈빛과 말투 하나만으로도 사람들의 호감을 사기에 충분하다. 그리고 또한 누가 나를 알아봐 주기를 원한다면, 무엇보다 필요한 것은 자기계발이다. 부단히 노력하고 성실히 살라. 이 말은 왠지 요즘 사람들의 '갓생 살기'와도 닮았다. 이렇듯 《논어》의 이야기는 지금 읽어도 그 의미가 퍽 와닿는다.

시대에 맞게 논어를 읽는 법

중국 인문학자 이중톈은 《이중톈의 이것이 바로 인문학이다》에서 고전 읽는 법을 설명한다. 그에 따르면 고전 읽기는 분석, 핵심 파악, 색채 제거, 재해석의 4단계를 거쳐 이루어진다. 예를 들어 《논어》를 읽는다면 먼저 《논어》 속에 담긴 공자의 관점을 '분석'한다. 그런 다음 이 사상이 여전히 가치가 있는지 '핵심을 파악'한다. 세 번째로 '색채 제거'를 통해 제자백가 시대의 색채를 벗겨내고 합리적인 내용과 보편적인 가치를 지닌 것들만 남겨 놓는다. 마지막으로 이를 '현대적으로 해석'하고 연결해 본다. 이중톈은 아무리 유명한 고전이라고 해도 그대로 받아들일 필요는 없다고 말한다.

시대가 변했다. 그리고 세상엔 다양한 고전이 있다. 한 가지 사상만 편애할 것이 아니라 각각 취할 부분만 취하고 버릴 부분은 버리는 게 현명하다. 모든 내용을 한 글자 한 글자 꼼꼼히 읽을 필요도 없고 기억할 필요는 더더욱 없다.

그렇게 가볍게 《논어》를 읽다 보면, 언젠가는 공자가 위대한 성인이 아니라 입담 좋은 동네 할아버지처럼 느껴질지도 모른다. 그리고 무엇보다 《논어》를 아는 것을 넘어, 좋아하는 것을 넘어, 즐길 수 있게 될 것이다. 평생 읽는 텍스트로 곁에 두고 읽게 될 것이다.

함께 읽으면 좋은 책

《오십에 읽는 논어》 최종엽, 유노북스, 2021 논어의 좋은 말 중 '오십'과 관련된 글을 가려 뽑아 풀이한 책이다. 중년의 나이라면 흔들리는 마음을 다잡아 줄 글귀가 많다.
《도올 만화 논어》 김용옥, 통나무, 2013 성인을 위한 학습만화로, 도올 김용옥 선생의 개성적인 《논어》 해석이 돋보이는 책이다.
《이중톈의 이것이 바로 인문학이다》 이중톈, 보아스, 2015 중국 스타 인문학자 이중톈의 제자백가 사상 이야기로, 중국인이 바라보는 제자백가 사상을 엿볼 수 있다.

지혜로운 사람은 미혹되지 않고,
인한 사람은 근심하지 않으며,
용기 있는 사람은 두려워하지 않는다.

유익한 즐거움이 세 가지고 해로운 즐거움이 세 가지이다.
예약으로 절제하는 것을 즐기는 것,
다른 사람의 장점 말하기를 즐기는 것,
현명한 친구를 많이 사귀기를 좋아하는 것은 유익하다.
교만을 즐기는 것을 좋아하고,
빈둥거리면서 노는 것을 즐기며,
주색에 빠져 먹고 마시는 것을 즐기면 해롭다.

군자는 태평하면서도 너그럽고,
소인은 늘 걱정에 휩싸여 있다.

다산
산문선

"인생의 화와 복이 정말로
운명에 정해져 있지 않다고
누가 말하겠는가."

정약용

1762년 경기도 광주부에서 태어났다. 28세에 문과에 급제 후 정조의 총애를 받으며 관료 생활을 했다. 1784년 이벽에게서 천주교에 관한 이야기를 듣고 책을 본 뒤 관심을 가지기 시작하였다. 문장과 유교 경학에 뛰어났을 뿐 아니라 천문, 과학, 지리에도 밝아 1793년 수원성을 설계하는 등 기술적 업적을 남기기도 했다. 이후에 그를 아끼던 정조가 세상을 떠나자 1801년 신유박해 때 두 형과 함께 유배되었으며, 1818년 귀양에서 풀려났다. 1836년 별세하기까지 방대한 저술을 남겼다. 《목민심서》, 《경세유표》 등 500여 권의 책을 썼다.

이 책을 선정한 이유

다산 정약용은 조선시대 대표 학자로 요즘 가장 주목받는 동양철학자이기도 하다. 《다산 산문선》은 1985년 출간된 다산에 대한 스테디셀러로 다산의 묘지명을 비롯해 그 당시 무고한 희생자들의 일대기가 담겨 있다. 다산 정약용 본인이 보는 생애가 담겨 있어 자서전으로도 읽힌다. 이 책은 서울대 필독서 목록에도 포함되어 있다.

조선의 천재가 쓴 자서전

'조선의 천재'하면 이황, 이이, 정약용 이 세 사람이 떠오른다. 그중 유학뿐 아니라 다방면에서 활약한 천재라고 하면 단연 '다산 정약용'을 꼽을 수 있다. 그는 유학부터 과학, 천주교부터 실학까지 그 지식에 한계가 없었다. 우리는 흔히 정약용 하면 '실학'을 떠올리지만, 사실 그는 전통 유학에도 밝아 정조의 총애를 받았던 것으로 유명하다.

한편 저술 면에서도 정약용은 단연 독보적이다. 아마 과거부터 현재, 그리고 미래까지 그를 능가할 작가는 한국에 없을 것이다. 그는 무려 500권이 넘는 방대한 책을 남겼기 때문이다. 정약용은 열렬한 독서가였다. 그리고 메모광이었다. 그는 폭넓게 읽었고 깊이 있게 썼다. 열심히 읽지 않는 제자와 아들을 탐탁지 않게 여겨 종종 혼을 내곤 했을 정도다.

그런 정약용의 생애가 담겨 있는 책《다산 산문선》. 이 책은 묘지명과 편지들로 구성되어 있는 책이다. '묘지명'이란 무덤에 함께 묻는 간단한 비명을 말한다. 원래 죽은 이의 행적과 공로를 찬양하기 위해 자손들이 짓는 글이지만, 이 책에서 다산은 본인의 묘지명과 함께 억울한 죽음을 당한 동료들의 묘지명까지 썼다. 그래서인지 자서전이나 평전 같기도 하고 혹은 고발 문학 같기도 하다. 다산에 관한 책을 읽기 시작한다면, 다산 본인이 쓴 묘지명은 꼭 읽어보길 권한다.

정약용이 조선 최고 실학자가 된 이유

"이 무덤은 열수 정약용의 묘이다. 본명은 약용이요, 자는 미용, 또 다른 자는 용보라고도 했으며, 호는 사암이고 당호는 여유당이다."

다산 본인이 쓴 묘지명은 이렇게 시작한다. 특히 당호 '여유 당'에 대한 설명은 책 뒤에 〈여유당기〉라고 해서 또 한 번 등장한다. '여유당'은 노자의 말 중에 "여여! 겨울의 냇물을 건너는 듯하고, 유여! 사방 이웃을 두려워하는 듯하도다"란 말에서 따왔다고 한다. 다산은 이 문장을 인용하며 자신의 약점을 언급한다.

"나는 나의 약점을 스스로 알고 있다. 용기는 있으나 일을 처리하는 지모가 없고, 착한 일을 좋아하는 하나 선택하여 할 줄을 모르고, 정에 끌려서는 의심도 아니하고 두려움도 없이 곧장 행동해 버리기도 한다. 그만두어야 할 일도 참으로 마음에 내키기만 하면 그만두지를 못하고, 하고 싶지 않으면서도 마음에 남아 개운치 않으면 기필코 그만두지를 못한다."

겨울에 내를 건너는 사람은 춥기 때문에 꼭 가야 하는 경우가 아니라면 가지 않을 것이다. 사방이 두려운 사람은 감시하는 눈길이 몸에 닿는 게 무서워 꼭 해야 하는 경우가 아니면 하지 않을 것이다. 다산이 이 당호를 지은 건 유배를 당하기 직전이었다. 이 당호에서도 세상을 바라보는 다산의 근심 어린 시선이 느껴진다.

한편 다산 정약용은 어린 시절부터 총명했다고 한다. 그는 과거 시험을 보기도 전에 임금 정조의 총애를 받았다. 28세가 되던 해 과거에서 2등으로 합격해 39세까지 관직 생활을 하게 된다. 그런 뒤 정조가 승하하자, 모함을 받아 18년 동안 귀양을 간다. 그는 귀양 시절을 이렇게 회상한다.

"나는 해변가로 귀양을 갔을 때 '내가 어려서 학문에 뜻을 두었지만 어언 20년간 세로에 빠져 다시 선왕의 대도를 알지 못했다가 이제 여유가 생겼구나' 하는 생각이 들어 마침내 혼연히 스스로 기뻐하여 육경과 사서를 취해 깊이 연구하었다."

정약용은 유배지에서 본격적으로 유학 경전을 깊이 연구한다. 천 여권의 장서를 두고 잘못된 것과 그릇된 것 중 취사선택하여 자신만의 학설은 만들어낸다. 그런 다산의 독서법은 '초서'로 잘 알려져 있다.

초서란 책을 베껴 쓰는 것을 말한다. 한 권을 통째로 베끼기도 하고, 필요한 부분만 발췌해 옮겨 적기도 하는데, 다산을 깊이 연구한 정민 교수는 《책벌레와 메모광》이라는 책에서 베껴 쓰는 독서의 장점을 이렇게 설명한다.

"또박또박 베껴 쓰면 또박또박 내 것이 된다. 눈으로 대충대충 스쳐보는 것은 말 달리며 하는 꽃구경일 뿐이다. 베껴 쓰면 쓰는 동안에 생각이 일어난다. 베껴 쓰기는 기억의 창고에 좀 더 확실하게 각인시키기 위한 위력적인 방법이다."

초서의 위력은 실로 막강했다. 이 독서법 덕분에 다산은 결국 500권이나 되는 책을 쓸 수 있었다.

정약용과 정약전, 조선시대 형제의 운명과 우정

"어려서는 얽매이지 않으려는 성격이었고 커서는 사나운 말이 아직 길들여지지 않은 듯하였다."

이 책에 실린 지인에 대한 묘지명 중 가장 인상 깊은 것은 바로 정약용의 둘째 형인 '정약전'의 묘지명이었다. 정약전은 최근 영화《자산어보》로 다시 주목받고 있는 인물이다. 이 두 형제는 나란히 벼슬길에 올랐고, 정조는 특히 정약용을 아끼는 마음에 정약전의 벼슬까지 특진시켜 주기도 했다고 한다. 하지만 형제는 그 마지막도 비슷했다. 정조가 죽은 뒤 두 형제는 천주교 죄

목을 쓰고 나란히 귀양을 가게 된다.

> "마침내 약전은 흑산도로 귀양 가고 약용은 강진현으로 귀양 가게
> 되었다. 나란히 고삐에 매인 듯, 재갈에 물린 듯 함께 묶여 같은 길
> 을 떠났다. 나주성 북쪽 율정점에서 손을 붙잡고 서로 이별하고 각
> 기 귀양살 곳으로 떠났으니 때는 신유년 11월 하순이었다."

정약용은 자신의 형에 대한 이야기를 담담하게 써 내려간다.
정약전은 흑산도로 귀양을 가서 어부들같이 당시 천한 신분의
사람들과 패거리가 되어 친하게 지냈다고 한다. 그는 귀한 신분
이라고 교만을 부리지 않았으며, 그래서인지 섬사람들과 더욱
친해지게 되었고, 그 덕분에 그는 그곳에서 물고기를 연구해《자
산어보》까지 펴내게 되었다. 하지만 죽음은 정약전에게 더 일찍
찾아왔고, 그는 유배 생활 16년 만에 59세의 나이로 죽음을 맞
이했다.

> "오호, 한 배에서 태어난 형제인 데다 겸하여 지기까지 되어준 것
> 도 또 한 나라 안에서 한 사람뿐이었다. 약용이 독부로 쓸쓸하고 외
> 롭게 지내며 기이한 사람으로 지금까지 7년이나 살았다. 어찌 그게
> 슬프지 않겠는가."

이렇게 《다산 산문선》은 18세기 말 조선의 파란만장했던 정치사를 기록한 책이기도 하지만, 무엇보다 사랑하는 지인과 가족에 대한 마음을 담은 책이기도 하다. 그래서인지 읽다 보면 서양의 장례식장에서 지인들이 고인에 대한 추모사를 읽는 장면이 떠오르기도 한다. 이와 함께 애잔한 마음이 느껴진다. 물론 역사적으로도 매우 가치 있는 책이다.

함께 읽으면 좋은 책

《유배지에서 보낸 편지》정약용, 창비, 2019 정약용이 유배 시기 가족과 지인에게 보낸 서신들을 엮은 책으로, 특히 아들에게 보내는 내용이 많다.
《다산의 마지막 공부》조윤제, 청림출판, 2023 다산이 《심경》에 대해 쓴 책을 현대 사회에 맞춰 풀어낸 자기계발서다. 내용이 쉽고 3권 시리즈로 되어 있어 읽기 편하다.
《책벌레와 메모광》정민, 문학동네, 2015 옛사람들의 책 사랑 이야기를 담은 책으로, 그들의 독서법과 메모법을 알려주는 책이다. 다산, 연암, 이덕무 등 다양한 책벌레들이 등장한다.

네가 너의 착함을 기록한 것이 여러 장이 되는구나.
너의 감추어진 잘못을 기록하다 보면 책으로는 못다 적으리.
네가 말하기를 나는 사서육경을 안다고 했으나
그 행한 것을 생각해 보면 어찌 부끄럽지 않으랴.

성인이라고 뉘우침이 없겠는가.
만약 성인이고도 뉘우침이 없다면
성인이라는 사람은
우리와 같은 무리가 아니게 되니
무엇 때문에 숭상할 것인가.

약용의 사람 됨됨이는
착한 일을 즐겨 하고 옛것을 좋아했으며
행동으로 실천하는 데 과단성이 있었다.
그러나 마침내는
이런 지경에 이르는 화란을 당했으니
운명이라 할 것인가.

7장.

나와 타인의 심리를
더 깊이 이해하고 싶다면

인간 본성의 법칙

The Laws of Human Nature

#인간본성

#심리학

#벽돌책

#21세기손자병법

"나 자신이나 타인을
좀 더 명확하게 이해하게 되면
인생이 정말 많은 방향에서
달라질 수 있다."

로버트 그린 Robert Greene

1959년 미국에서 태어난 베스트셀러 작가다. 위스콘신 대학교에서 고전학 학위를 취득했고 막노동부터 시작해 편집자, 번역가, 할리우드 스토리 작가로 활동하다 작가의 길을 걷게 된다. 《권력의 법칙》을 비롯해 권력과 처세술에 관한 책들을 썼다. 그는 다정하기보다는 냉혹하게 현실을 직시하는 글을 주로 써서, '부활한 마키아벨리'라는 별명을 얻게 되고, 그의 책들은 '21세기 손자병법'으로 불리게 된다.

이 책을 선정한 이유

가끔 사람들이 왜 그렇게 행동하는지 그 이면에 담긴 동기가 궁금할 때가 있다. 《인간 본성의 법칙》은 그럴 때 읽기 좋은 책이다. 특히 자기도취, 강박, 시기심, 과대망상, 고정관념, 공격성 등 인간의 어두운 면을 주로 다루며, 험난한 세상을 슬기롭게 살아가려면 꼭 필요한 지혜와 통찰력이 담겨 있기에 더욱 유용하다. 이 책은 집필 기간만 6년이 소요된 것으로 알려졌다.

관계가 가장 어렵습니다

살면서 가장 힘든 걸 하나만 꼽으라면 단연 '관계'를 들 수 있다. 사람을 가장 힘들게 하는 건 사람이다. 그 관계는 친한 친구나 가족이 될 수도 있고, 우연히 스쳐 지나가는 낯선 타인일 수도 있다.

이 책《인간 본성의 법칙》은 인간의 본성을 탐구하여 이를 통해 관계에 관한 유익한 정보를 제공한다. 인간 본성의 법칙을 무시하는 사람이 있다면 그 사람만 손해일 뿐이다. 본성은 장기판 위의 말처럼 우리를 가지고 논다. 우리는 자신의 행동이 대부분 의식적이라 생각하지만 그건 착각이다. 우리의 행동은 내면 깊숙한 곳에 있는 여러 힘, 특히 무의식의 지배를 받기 때문이다.

인간 본성의 법칙을 왜 알아야 할까?

저자 로버트 그린에 따르면, 인간 본성의 법칙을 알고 나면 우리는 관계에 있어서 다음과 같은 여러 장점을 얻을 수 있다.

첫째, 더 차분해지고 사람들을 전략적으로 관찰하게 된다. 사람들이 느끼고 있는 감정이 사실 내부의 뿌리 깊은 문제임을 알게 된다. 따라서 상대의 결점을 있는 그대로, 인간 본성의 일부로 받아들일 수 있게 된다.

둘째, 사람들이 내보내는 여러 신호를 능수능란하게 해석하게 된다. 이에 따라 지금 내 앞에 있는 상대가 어떤 사람인지 파악하기 쉬워진다.

셋째, 살다 보면 장기간 정서적인 상처를 남기는 독버섯 같은 사람을 만날 수도 있는데, 이때 인간 본성의 법칙을 알고 나면 그런 자들과 대적할 수 있고 스스로를 지킬 수도 있게 된다.

넷째, 사람들에게 영향력을 발휘하는 방법을 익힐 수 있다. 사람들에게 동기를 부여할 수 있는 진짜 지렛대가 무엇인지 알 수 있고 그만큼 인생이 수월해진다.

다섯째, 우리 내면의 부정적 패턴을 바꿀 힘이 생긴다. 인간 본성의 법칙을 알면 더 겸손해진다. 생각보다 내가 남보다 우월한 게 하나도 없다는 사실을 깨닫게 되기 때문이다.

여섯째, 타인에게 더 공감하는 사람이 된다. 자연스럽게 주위 사람들과 더 깊고 만족스러운 관계를 만들어 나갈 수 있다. 이렇게《인간 본성의 법칙》은 인간의 본성에 대한 이해를 통해 관계 속에서 우리가 갖고 있는 잠재적 능력을 최고 수준으로 끌어올리는 법을 알려준다.

우리 삶의 패턴을 만드는 네 가지 핵심 요소

그렇다고 하여 이 책이 우리가 인간 본성의 노예라고 주장하는 것은 아니다. 사람의 행동은 바뀔 수 있다. 하지만 일반적으로 우리는 문제를 마주하면 계속 똑같은 방식으로 대처하고 똑같은 의사결정을 내리는 경향이 있다. 우리 삶에는 일종의 패턴이 있으며, 이를 '성격'이라 볼 수 있다.

《인간 본성의 법칙》은 우리 성격이 네 가지 핵심 요소로 구성되어 있다고 말한다. 성격의 가장 깊은 곳, 가장 오래된 층은 유전이다. 뇌의 구성 방식에 따라 무엇을 선호하는지가 미리 정해진다. 내향적이거나 외향적인 성격이 이에 해당한다고 볼 수 있다.

두 번째 층은 유년기 시절 양육자와 형성한 애착 유형에 따른 것이다. 태어난 직후 느끼는 감정은 훨씬 더 강렬하다. 이후에 만들어진 그 어떤 기억보다 깊은 기억의 흔적을 만들어 놓는다. 어린 시절 경험한 애착의 질은 우리 내면에 뿌리 깊은 경향성을 만들어 낸다. 특히 인간관계를 대하는 방식에 영향을 미친다.

세 번째 층은 나이가 들면서 경험이나 습관을 통해 형성된 층이다. 첫 번째와 두 번째 층을 통해 얻은 전략은 청년기에 습관으로 굳어진다. 이는 내면에 강한 길을 내고, 성격으로 굳어진다.

마지막 네 번째 층은 청소년기 후반이다. 사람들은 자신의 성격상 결함을 의식해 스스로 할 수 있는 일을 하게 된다. 자신의 내면이 소심하다면 사회적으로 활동하기 위해 가면을 써 그 결함을 위장하는 법을 배우기도 한다. 바로 이런 위장 때문에 우리는 상대의 진짜 성격을 판단하기가 더 어려워진다.

이와 같은 인간 본성의 법칙을 통해 우리는 다음 두 가지를 알아야 한다. 첫째, 자신의 성격을 잘 이해해야 한다. 과거 나를 만든 요소와 내 인생에서 계속 재발하는 패턴, 주로 부정적인 패턴을 최대한 잘 점검하는 것이 필요하다. 이 패턴을 없애는 것은 불가능하다. 뿌리가 너무 깊기 때문이다. 그러나 자각을 통해 부정적인 패턴을 중화하거나 중단시키는 법을 배울 수는 있다. 성격이 아니라 패턴을 바꾸는 것이다.

둘째, 상대의 성격을 읽는 기술을 개발해야 한다. 우리는 주로 드러난 것을 기준으로 사람을 판단한다. 하지만 사람들은 자신의 약점을 감추기 위해 그걸 뭔가 긍정적인 것으로 포장하는 경우가 많다. 자신감 넘치는 사람인 줄 알았는데 알고 보니 거만한 사람이었다는 걸 알게 되는 경우도 있다. 그러니 사람들의 겉모습만 보고 판단하지 않는 마음이 중요하다. 상대가 어떤 모습을 연출하든, 어떤 지위에 있든, 만나는 모든 사람에 대해 상대의 성격을 보여주는 신호가 없는지 유심히 관찰해야 한다.

상대의 마음을 사로잡는 다섯 가지 전략

《인간 본성의 법칙》은 이렇게 나 자신과 타인의 내면을 들여다보며 인간 본성을 탐구하고 연마하는 과정으로 구성되어 있다. 총 18가지 인간 본성이 담겨 있기 때문에, 궁금한 부분을 먼저 읽는 걸 추천한다.

가장 흥미롭게 읽었던 부분 중 하나는 '상대의 마음을 사로잡는 전략'에 관한 이야기였다. 꼭 알아야 할 점은 사람들에 대한 영향력은 사람들이 상상하는 것과는 정반대의 방법을 취해야 얻을 수 있다는 점이다. 우리는 대부분 나를 최대한 멋지게 포장한다. 지나간 업적을 부풀리거나 부자인 척한다. 그러나 정작 우리가 깨닫지 못하고 있는 것은 이건 모두 '나의 이야기'라는 점이다. 모든 관심을 자신에게 집중하는 전략은, 지금처럼 자기 몰두가 점점 더 심해지는 세상에서 역효과를 낳을 뿐이다. 《인간 본성의 법칙》에서 권하는 전략은 다음과 같다.

첫째, 심취해 듣는 사람이 돼라. 상대의 이야기에 깊이 몰두해라. 상대를 지금 펼쳐지는 쇼의 스타로 만들어라.

둘째, 사람들을 적절하게 기분 좋은 상태에 빠뜨려라. 타인을 심판하지 마라. 뭐든 다 받아주어라. 있는 그대로 받아들여라. 기쁨과 웃음을 함께 나눔으로써 사람들에게 따뜻한 느낌을 전염시켜라.

셋째, 상대의 자기평가를 긍정하라. 누군가에게 영향력을 미치려고 할 때, 어떤 식으로든 상대에게 강요하면 절대 성공할 수 없다. 그 일이 무엇이든, 상대가 그것을 '선택'해야 한다.

넷째, 상대의 불안을 누그러뜨려라. 누구나 자기만의 불안이 있다. 상대와 다양한 대화를 나누어서 그 불안이 뭔지 실체를 찾아라. 그게 뭔지 확인되고 나면 그 불안을 건드리지 않도록 극도로 조심해라.

다섯째, 상대의 저항과 고집을 이용해라. 사람의 강한 감정을 거스르기보다는 그 감정을 인정하면서 생산적 방향으로 흐르게 하라. 또한 상대의 고집도 이용하라. 상대의 고집에 진심으로 동의하면서 지금 하는 대로 계속하라고 말해 보라. 이제 그 고집을 부리는 건 당신의 조언을 따른 것이기 때문에 오히려 행동을 바꿀지도 모른다.

기술이 인간 본성까지 바꿔놓지는 않았다!

《인간 본성의 법칙》은 철저한 '증거'에 기초한 책이다. 책 속에 다양한 사례가 등장하는데, 코코 샤넬부터 엘리자베스 1세, 마틴 루터 킹 주니어까지 다양한 위인들의 내면을 파고든다.

우리는 발전된 기술 덕분에 우리가 과거 사람들과는 다르다고 믿고 싶어 한다. 기술 덕분에 더 똑똑해졌다고 생각하며, 무의식의 충동 따위에는 휘둘리지 않는다고 믿는다. 하지만 이는 틀렸다. 인간 본성은 그 어떤 기술보다 더 강력하고 결코 변하지 않는다.

더구나 최근에는 SNS가 이러한 인간 본성의 어두운 측면들을 드러내고 심지어 부추기는 역할을 한다. 이제 사람들은 더 많이 비교하고 더 많은 시기심을 느낀다. 더 빠르게 부자가 되고 싶어 하고 유명한 인플루언서가 되기를 원한다. 확실히 인간 본성 중 선량한 마음보다는 어두운 마음, 혹은 냉혹한 마음이 더 주목받는 시대다. 또한 그런 인간 본성을 잘 조정하고 활용하는 사람들이 성공하는 시대다.

그렇기에 우리는 더 잘 알아야 한다. 사람들의 행동 뒤에 숨어 있는 진짜 동기가 무엇인지. 그리고 무엇보다 나 자신의 행동과 생각 뒤에 숨어 있는 무의식의 욕망이 무엇인지. 그 실체를 명확히 알고 나면 좀 더 살기 편해질 것이다. 인간 본성의 진실에 한 층 가까워질 것이다.

함께 읽으면 좋은 책

《군주론》 니콜로 마키아벨리, 현대지성, 2021 한때는 금서로 지정되었으나 이제는 하버드대, 서울대 필독서로 자리매김한 책으로, 인간 본성을 탐구한 오래된 고전이다.

《손자병법》 손무, 휴머니스트, 2020 시공을 초월한 전쟁론의 고전으로, 트럼프, 버락 오바마, 시진핑 등 현대 정치가와 글로벌 리더들의 필독서로 유명하다.

《50번째 법칙》 로버트 그린, 살림Biz, 2009 로버트 그린이 힙합계의 아이콘 피프티센트(50 Cent)와 함께 세상을 지배하는 궁극적 파워의 법칙을 말하는 책이다.

뜻밖에 아주 야비하고 어이없는 일을 당하더라도
그것 때문에 괴로워하거나 짜증 내지 마라.
그냥 지식이 하나 늘었다고 생각하라.
인간의 성격을 공부해 가던 중에
고려해야 할 요소가 새로 하나 나타난 것뿐이다.
-아르투어 쇼펜하우어

당신 주위에
약간의 미스터리를 만들어 내라.
사람들이 당신이 다시 오길 바라고
당신을 소유하고 싶도록
'전략적 부재'를 이용하라.
상대의 삶에서 가장 부족한 것,
그가 가지면 안 되는 것을
그의 눈앞에 들고 흔들어라.

누구나 세상을 바라보는 자기만의 방식이 있다.
이게 바로 '태도'다.
기본적 태도가 '두려움'인 사람은 매사에 부정적인 것을 본다.
기회를 붙잡지 못하게 자기 자신을 막아선다.
그러나 인간의 태도는 고칠 수 있다.

꿈의 해석
Dream Psychology

#정신분석

#무의식

#꿈분석

#세상을바꾼책

"우리는 무의식을
심리적 삶의 보편적인 토대로
받아들여야 한다."

지그문트 프로이트 Sigmund Freud

1856년 오스트리아-헝가리 제국에서 태어났다. 의학을 전공한 뒤 히스테리 환자들을 치료하며 심리와 신체 관계 문제를 파고들기 시작했고 이를 토대로 '정신분석' 이론을 정립했다. 1896년 '정신분석'이라는 말을 처음 사용한 프로이트는 인간의 정신을 분석하기 위한 과학적이고 체계적인 도구를 최초로 찾아내며 현대 사상에 코페르니쿠스적 대전환을 가져온다. 유대인이었던 그는 1938년 나치의 탄압을 피해 런던으로 망명했으나 구강암의 재발로 1939년에 생을 마감한다. 그의 사상은 심리학, 정신의학, 문학, 예술, 대중문화에 지속적인 영향을 미쳤다.

이 책을 선정한 이유

19세기 이후, 인간과 인간이 이 세상에 존재하는 방식을 변화시킨 세 사람의 중요한 사상가가 나타났는데, 바로 다윈, 마르크스, 그리고 프로이트다. 다윈이 인간과 자연의 관계를 변화시켰고, 마르크스가 인간과 인간의 관계를 변화시켰다면, 프로이트는 인간과 인간 자신의 관계를 변화시켰다. 프로이트 덕분에 현대를 사는 우리는 이제 '무의식'이란 개념이 더 이상 낯설지 않다. 이 책은 프로이트의 대표작으로, 무의식과 꿈의 중요성에 대한 이론을 정립한 고전이다.

무의식 심리학의 창시자

20세기에 프로이트만큼 칭송과 비난을 한 몸에 받은 사람이 또 있을까 싶다. '무의식'이라는 세상을 깨는 새로운 관점을 선물해 준 천재. 하지만 많은 제자가 자신에게 등 돌리는 것을 지켜봐야 했던 불운한 학자. 한편 40세가 넘을 때까지 학문에 별 두각을 드러내지 못했고, 대표작 《꿈의 해석》은 초판이 고작 300권 팔렸던 대기만성형 인간. 프로이트는 개인적인 삶과 그가 성취한 업적에 대한 평가가 엇갈린 대표적인 위인이다.

21세기를 사는 우리는 '무의식'이라는 단어를 흔하게 사용한다. 하지만 프로이트 이전까지만 해도, 사람들은 마음에는 '의식'만 있다고 생각했다. 자신의 마음을 잘 알고 있다고 생각하고, 특히 자신이 이성적이고 합리적이라 믿었다. 그런 사람들에게 프로이트는 나 자신조차 알지 못하는 '무의식'이 존재하며, 심지어 의식보다 무의식이 종종 승리한다는 걸 보여주었다. 그가 현대 사상에 대전환을 가져온 위대한 사상가로 불리는 이유다.

꿈은 의미 있는 정신활동이다

프로이트의 환자 중에는 신경증, 히스테리 환자가 많았다. 그렇게 그는 환자들을 치료하다가 정신분석학이라는 새로운 학문을 창안해 냈다. 환자들은 대부분 억누르고 있거나 사로잡혀 있는 생각이 있었다. 프로이트는 병적 표상의 원인이 된 요소들을 찾아낼 수 있으면, 그 표상이 소멸되고 환자는 해방된다고 생각했다. 따라서 프로이트는 질병의 원인이 된 표상에 집중했고, 환자들에게 특정 주제와 관련해 머리에 떠오르는 생각을 비판 없이, 생략 없이 이야기하라고 주문했다.

"그러기 위해서는 환자 측에서 일종의 심리적 준비가 필요하다. 환자는 심리적 지각을 위해 주의력을 집중하고, 평소 떠오르는 생각을 걸러 내는 비판을 배제하도록 노력해야 한다. 뇌리에 떠오르는 사고를 절대로 비판하지 말라고 환자에게 신신당부해야 한다. 즉 정신분석 승패는 머리에 떠오르는 모든 것에 주의를 기울이고 남김없이 이야기하는 것에 달려 있다고 환자에게 말한다."

프로이트는 편견 없이 환자를 대했다. 그들에게도 관계가 없어 보이거나 혹은 터무니없다고 여겨지기 때문에 억누르는 생각은 없어야 한다고 말했다. 그렇게 환자들은 자유롭게 자신의 이야기를 풀어놓게 되었고, 그 이야기 속에서 프로이트는 무의식, 강박 관념, 그리고 꿈을 발견하였다.

"꿈들이 지향하는 주제는 말할 것도 없이 신경증의 근거가 된 병력이다. 그 때문에 언제나 꿈꾸게 된 배경을 설명하고 병을 유발한 조건들을 깊이 파고들어야 한다."

왜곡의 모자를 쓰고 나타나는 소망 충족의 꿈

"꿈은 의미 없이 부조리한 것이 아니다. 그것은 완벽한 심리적 현상이며 정확히 말해 소원 성취다. 또한 우리가 깨어 있는 동안의 정신활동 속에 배열될 수 있으며, 아주 복잡한 정신활동에 의해 형성된다."

프로이트는 꿈은 소원 성취라고 말한다. 만약 저녁에 짜고 매운 라면을 먹고 잠들었다면, 한밤중에 깰 정도로 갈증을 느낄 수 있다. 그럴 때 우리는 벌컥벌컥 시원한 물을 들이마시는 꿈을 꾸기도 한다. 혹은 하루 중 실수했거나 후회스러운 경험을 했다면, 그 경험이 꿈으로 나타나 고민이 해결되는 모습을 보이기도 한다. 하지만 꿈은 단순히 노골적인 소원 성취로만 진행되진 않는다. 종종 꿈은 왜곡되기 때문이다.

"소원 성취가 알아볼 수 없도록 위장되어 있는 경우에는 틀림없이 소원에 저항하는 경향이 있기 마련이다. 그리고 이러한 저항 때문에 소원은 왜곡된 형태 말고는 달리 표현될 수 없는 것이다."

프로이트에 따르면 우리는 꿈을 통해 소망을 표현한다. 하지만 이와는 또 달리 소망을 직접적으로 표현하지 못하는 경우가 있다. 소망이 검열당하고, 강요당하는 경우다. 또는 위장되고 은폐되어야만 하는 경우도 있다. 이런 소망은 우리 내부의 검열을 통해 왜곡된 모습으로 꿈속에 나타난다. 가령 희망적이거나 유쾌하지 않고, 불안하거나 불쾌한 형태로 말이다. 따라서 프로이트는 꿈에 대해 이렇게 결론짓는다.

"꿈은 (억압되고 억제된) 소원의 (위장된) 성취이다."

어두운 내면이 당신이 누구인지 결정한다

중화권의 대표적 인문학자인 양자오는《꿈의 해석을 읽다》라는 책에서 이렇게 말한다.

"무의식은 우리에게 우리 자신이 어떤 사람인지 말해 줄 수 있는 무엇이다. 한 걸음 더 나아가, 인간의 어두운 내면이야말로 우리 자신이 어떤 사람인지를 결정하는 요인이다. 밝은 측면은 누구나 대체로 비슷하다. 그러나 사람들은 저마다 각각 다른 어두운 면을 지닌다."

의식적 차원에서 바라보면 사람들은 대부분 닮아 있다. 의식은 무엇이 옳고, 무엇이 좋은지 결정한다. 한국이라는 같은 문화권에 사는 우리는 좋은 삶, 되고 싶은 삶의 모습이 대체로 비슷하다. 그러기에 우리가 다른 사람과의 차이를 드러내는 부분은 어쩌면 무의식에 속하는 무엇인지도 모른다.

이 무의식에 들어 있는 내용 중 많은 부분을 차지하는 건 유년기의 경험이다. 프로이트는 특히 꿈의 재료에 유년기 경험이 많다고 설명한다. 그렇기에 프로이트식 정신 분석은 대부분 유년 시절 트라우마를 돌아보는 것에 집중한다. '당신의 어린 시절은 비밀을 품고 있다. 무의식 속에 숨어 있다. 그러니 내면의 어린 아이와 만나 화해하고 진정한 나를 만나라'는 이런 이야기는 요즘 들어도 전혀 어색하지 않다.

사실 프로이트는 최근 비판을 많이 받는다. 성적 에너지를 너무 강조했고, 특히 어린 아이의 행위 또한 성적 쾌감으로 설명한 부분은 확실히 호불호가 나뉘는 부분이다. 또한 그는 어린 시절 트라우마를 치료의 핵심으로 보았다. 그러나 사람은 어린 시절에 좌우되기도 하지만 새로운 경험을 통해 성장하기도 한다. 어린 시절은 무의식의 일부분일 뿐이다.

마지막으로 프로이트는 '인격적'으로 좋은 사람이 아니었다는 평을 받기도 했다. 자신의 성취와 명성만 관심이 있어 가족, 친구, 학생, 심지어 환자에게 좋은 사람이 아니었다는 평가도 있었다. 하지만 그럼에도 불구하고 프로이트는 여전히 읽을 가치가 있다. 무엇보다 그가 활짝 열어젖힌 무의식의 세계는 이제 심리학에서 가장 중요한 인간 심리의 작동 원리로 평가받는다. 인간의 무의식의 세계를 개척한 혁명적인 사상을 엿보고 싶다면,

프로이트의 정신분석학을 제대로 마주하고 싶다면, 이 책《꿈의 세계》가 안내자가 되어줄 것이다.

함께 읽으면 좋은 책

《정신분석 강의》지그문트 프로이트, 열린책들, 2020 프로이트 이론을 전반적으로 살펴볼 수 있는 책이다. 실수부터 꿈, 강박, 불안, 성 본능 등 다양한 프로이트의 정신분석 이론이 담겨 있다.

《꿈의 해석을 읽다》양자오, 유유, 2013 프로이트의 원문은 혼자 읽기에 좀 벅찬 편이다. 그래서 해설서와 같이 읽기를 추천한다. 이 책은 대만 학자가 쓴 프로이트 입문서로 함께 놓고 읽기 좋다.

《인간과 상징》칼 구스타프 융, 열린책들, 2009 프로이트와 함께 정신분석학의 큰 줄기를 만든 분석심리학자 칼 융의 유작으로, 프로이트와는 또 다른 인간 무의식과 꿈, 상징에 대한 해석을 만날 수 있다.

꿈의 기억은
'정신적으로 일단 받아들인 것은
결코 사라지지 않는다'는 것을 알려준다.
델뵈프의 말처럼 '사소한 인상조차도
언젠가는 되살아날 수 있는 불변의 흔적'을 남긴다.

꿈은 왜 사소하면서도
단편적인 것만을 다루는 것일까?
그것은 심리적 활동의 낭비에 불과한 것일까?
답은 '아니다'이다.
깨어있는 동안 우리 주의를 끄는 문제는
꿈속에서도 우리를 지배한다.

우리는 무의식을 심리적 삶의
보편적인 토대로 받아들여야 한다.
무의식의 문제는 의식적인 것을 포괄한다.

사람을 얻는 지혜
The Pocket Oracle and Art of Prudence

> #인간관계
>
> #처세술
>
> #인간본성
>
> #잠언집

"모든 것은 변한다.
지혜도 마찬가지라서 사람이 항상 지혜로울 수는 없다.
많은 것이 운이나 때에 따라 좌우된다."

발타자르 그라시안 Baltasar Gracian y Morales

17세기 스페인의 철학자다. 1601년 스페인에서 태어났으며, 25세에 사제 서품을 받았다. 40세에 설교자로 큰 명성을 얻었으며 《사람을 얻는 지혜》를 펴냈다. 예수회 신부였지만 글 안에 종교적 언급은 거의 없는 편이다. 그가 생각한 삶의 목표는 성공과 명성보다는 개인의 성숙이었다. 그라시안은 책 속에서 수십 년간 스페인 상류 사회와 권력자들과 교류하며 궁중 암투 속에서 깨달은 인생 조언을 알려준다. 말년에는 교회 허가 없이 책을 출간했다는 이유로 징계를 받고 해임되며 감금과 감시에 시달리다 57세에 사망한다.

이 책을 선정한 이유

니체는 "이처럼 정교하고 세련된 인생 지침은 이제껏 만나지 못했다"고 평했다. 쇼펜하우어도 "이 책은 평생 들고 다니며 읽어야 할 인생의 동반자!"라고 말했다. 이외에도 몽테뉴, 파스칼 같은 17~18세기 유럽 철학자와 사상가들에게 이 책은 큰 영향을 미쳤다. 400년이 된 책이지만 인간 본성에 대한 탁월한 통찰이 돋보이는 고전이다. 300개의 길지 않은 잠언으로 쓰여있어 누구나 부담 없이 읽을 수 있는 인문 고전이기도 하다.

세상을 살아가는 냉철한 지혜

명언을 수집하는 취미가 있다. 지치고 힘들어서 책조차 눈에 들어오지 않는 날, 짧은 명언을 읽고 나면 힘이 차오르는 느낌을 받는다. 특히 철학자들의 명언을 좋아해서 자주 읽는데, 그중 가장 자주 만나는 명언가가 바로 이 철학자, 발타자르 그라시안이다.

사실 그의 글을 처음 마주하면 좀 냉정하다 싶기도 하다. 세상을 사랑으로 살아가라는 따스한 위안 대신, 한 번 더 의심해 보고 주의 깊게 주변을 살피라는 조언을 던져주는 느낌이기 때문이다. 그는 다정하기보다는 현실적이다. 그래서인지 철학자 중에서도 살짝 까칠하고 냉소적인 쇼펜하우어가 그를 특히 좋아했다는 말에 고개가 끄덕여지기도 했다.

"발타자르 그라시안은 유럽 최고 지혜의 대가다. 그의 책은 평생 곁에 끼고 다녀야 할 인생의 동반자이자, 여러 번 반복해서 읽으며 음미해야 한다!" _ 쇼펜하우어

그라시안이 살았던 17세기 스페인은 과거 150년간 유럽의 지배자로 군림하다가 서서히 내리막을 걷고 있었다. 30년 전쟁에 개입하며 경제적 위기가 왔고, 전쟁의 참패가 이어져 서서히 몰락해 가는 중이었다. 철학자 발타자르 그라시안은 지금 우리만큼이나 혼란스러웠던 스페인에 살았던 셈이다. 혼란한 세상

에서 어떻게 지혜롭게, 행복하게 살아가야 할지 그의 조언과 비법이 궁금하다면 펼쳐보기 좋은 잠언집이다.

어리석은 세상 속 현명한 조언자

책을 읽다 보면 발타자르 그라시안은 사람들이 기본적으로 악함을 타고났거나 어리석음이 가득하다고 생각하는 것 같다. 사실 어찌 보면 맞는 말이기도 하다. 세상엔 착한 사람만큼이나 악한 사람도 많다. 그리고 착한 사람은 조용하나 악한 사람은 늘 시끄럽다. 사고를 치거나 우리가 하는 일을 훼방 놓으며, 감정적으로 바닥을 치게 만든다. 이런 악하고 어리석은 사람들을 피해 가는 지혜, 발타자르 그라시안식 명언은 그런 지혜를 담고 있다.

"바보처럼 보이는 자는 모두 바보이며, 그렇게 보이지 않는 사람도 절반은 바보다. 그러나 최고의 바보는 자신은 바보가 아니라 믿고, 다른 사람은 모두 바보라고 말하는 자다."

"그 어떠한 것에서도 타인의 스승이 될 수 없는 사람은 아무도 없다. 현명한 자는 모든 사람을 높게 평가한다. 모든 사람은 개개인마다 어느 정도의 좋은 점을 가지고 있음을 알기 때문이다."

세상 사람들을 대부분 바보라고 칭하기도 했다가 또 반대로 모든 사람은 개개인마다 배울 점이 있다고 주장하는 이 철학자, 얼핏 보면 모순 같아 보여 읽다 보면 아리송해진다. 세상 사람들을 냉철하게 보라는 것인지, 존경하는 마음으로 보라는 것인지 헷갈린다. 아마도 상황에 따라 적절히 판단하고 행동하라는 게 정답에 가까울 듯싶다. 모든 상황, 모든 사람에게 적용되는 절대 법칙이란 없을 테니 말이다.

시대를 초월한 인생 조언

어찌 보면 까칠해 보이는 발타자르 그라시안의 글들. 하지만 의외로 우울하거나 마음이 힘들 때 읽으면 위로가 되는 경우가 많다. 그는 사람의 운명이나 성공을 개인의 능력에 있다고 보지 않았다. 성공 또한 어느 정도 운과 타이밍이라고 여겼다.

"일진이 사나운 날이 꼭 있다. 이런 날은 무슨 일을 해도 운이 따라주지 않는다. 어떤 일이어도 두 번만 해보면 오늘이 일진이 사나운 날인지 아닌지를 알 수 있다."

"자신의 행운을 이끌어갈 줄 아는 것은 대단한 기술이다. 물론 행운의 걸음걸이는 불규칙해서 어디로 갈지 알 수 없다. 하지만 기다리는 동안 행운이 무르익을 수 있다."

어쩐지 하는 일마다 족족 실패하게 되는 날들이 있다. '나는 왜 이 모양일까', '나는 왜 남들처럼 잘하지 못할까' 하고 나의 정체성마저 부정하고 싶은 그런 날. 그냥 일진이 사나워서 그렇다고, 때를 못 만나서 그런 거라고 가볍게 툴툴 털어내고 일어날 수 있게 도와주는 그의 짧은 조언들은 특히 이런 날 힘이 된다.

"사람은 시대를 타고 난다. 가장 훌륭한 사람도 시대를 벗어날 수 없다. 모든 사람이 시대를 잘 타고나는 건 아니다. 선한 사람이 항상 승리하는 것은 아니며, 시대를 잘 활용하는 사람도 있고 그렇지 못하는 사람도 있다."

인생살이가 고민이라면 아마도 대부분 고민의 해답을 이 책에서 쉽게 찾을 수 있을 것이다. 마음이 답답한 날, 가볍게 읽기 좋은 철학 명언집이다.

함께 읽으면 좋은 책

《데일 카네기 인간관계론》데일 카네기, 현대지성, 2019 전 세계에서 1억 부가 판매된 최고의 인간관계 바이블로, 자기계발서가 전하는 '성공하는 인간관계의 비밀'이 담긴 책이다.
《당신의 인생이 왜 힘들지 않아야 한다고 생각하십니까》쇼펜하우어, 포레스트북스, 2023 그라시안만큼이나 냉철한 철학자, 쇼펜하우어의 명언들을 만나볼 수 있는 책이다.
《초역 니체의 말》니체, 삼호미디어, 2022 일본에서만 200만 부가 팔린 니체 아포리즘 책이다. 철학자 시라토리 하루히코가 편집한 것으로 니체의 명언을 가볍게 만나기 좋다.

자신에게 불만을 품는 것은
소심한 짓이지만,
자신에게 만족하는 것은
어리석은 짓이다.

짜증 나고 불쾌한 일은 가급적
진지하게 받아들이지 마라.
그렇지 않으면 적절하지 못한 때에
일에 휘말려 들게 될 것이다.
흘려들어도 될 일에 마음을 쓰는 것은
매우 어리석은 짓이다.

신선한 모습을 보여주기 위해 노력하라.
매일 다시 떠오르는 태양처럼 새롭게 일어나야 한다.
당신이 활약하는 무대 또한 바꾸어라.

군주론

IL PRINCIPE

#악마의책

#리더십

#하버드필독서

#마키아벨리즘

"사랑받는 것보다
두려움의 대상이 되는 것이
훨씬 안전합니다."

니콜로 마키아벨리 Niccolo Machiavelli

르네상스 시대 피렌체 공화국 외교관이자 정치 이론가다. 몰락한 귀족의 아들로 태어났지만, 훗날 교황의 아들 체사레 보르자를 만나 영감을 얻어 정치 철학을 담은 책 《군주론》을 쓰게 된다. 한편 외교와 군사 방면에서 활약하였으나, 1512년 스페인 침공으로 피렌체 공화정이 무너지고 메디치 가문이 피렌체 지배권을 회복하면서 공직에서 추방된다. 불우한 말년을 보낸 것으로 알려져 있다.

이 책을 선정한 이유

《군주론》은 500년 전 교황청이 '악마의 책'으로 분류했던 유명한 책이다. 군주의 자질에 대한 조언이 담긴 책으로, 특히 정치적 목적을 달성하기 위해선 어떤 수단과 방법도 가리지 말아야 한다는 부분이 찬반 논란을 불러일으키기도 했다. 현재는 하버드대, 옥스퍼드대, MIT, 서울대 필독서로 꼽히며, 프랜시스 베이컨은 이 책을 두고 "우리가 마키아벨리에게 큰 빚을 졌다"라며 극찬했다.

역시 고전은 지루하다는 편견

《군주론》을 처음 접하는 독자들은 앞부분부터 강렬한 내용을 기대한다. 그러다 막상 책을 읽기 시작하면 세습 군주국, 혼합 군주국, 시민 군주국 등 현대인에게는 다소 생소한 내용이 나와 실망하기도 한다. 그리고 이내 책 읽기를 포기한다. 하지만 여기서 멈춰서는 안 된다.

《군주론》은 16세기 이탈리아의 혼란스러운 상황 속에서 강력한 군주의 등장을 바라며 쓰인 책이다. 마키아벨리는 다양한 정치 체제의 모습과 장단점을 분석하며, 이를 바탕으로 군주가 가져야 할 덕목과 전략을 제시한다. 그러니 《군주론》의 앞부분이 지루하게 느껴지는 것은 자연스러운 일이다. 다만 책의 중반 이후부터는 군주의 처세술과 리더십에 대한 흥미로운 내용이 펼쳐지니 조금만 인내하며 끝까지 읽어보길 권한다.

인간의 본질을 꿰뚫다

인간은 선할까, 악할까? 착한 사람이 성공할까, 악한 사람이 성공할까? 동서고금을 막론하고, 인간의 본성은 늘 논란거리다. 많은 철학과 종교가 인간은 선하게 살아야 한다고 주장한다. 너그럽고 착한 사람. 다른 사람을 배려하는 사람을 훌륭하게 본다. 하지만 마키아벨리는 이 책에서 '군주의 자질'로 정반대의 의견을 제시한다.

"사람들에게 너그럽다는 평가를 받으며 명성을 유지하고 싶다면 호화로움이라는 자질도 놓치지 말아야 하는데, 그렇게 하는 군주는 자신의 재원을 전부 그런 일에 쏟아부을 수밖에 없습니다. 따라서 민중에게 부담을 주고 가혹하게 굴면서 돈을 얻기 위해 가능한 한 모든 일을 해야 합니다."

수단과 방법을 가리지 말고 돈과 권력을 얻기 위해 가능한 모든 일을 하라는 말이다. 특히 마키아벨리는 너그럽다는 평판보다는 인색하다는 평판을 받는 게 더 낫다고까지 이야기한다. 국민에게 사랑을 받는 것보다는 두려움의 대상이 되는 게 더 낫다는 얘기다.

"사랑받는 것보다 두려움의 대상이 되는 것이 훨씬 안전합니다. 왜냐하면 사람들은 대체로 감사할 줄 모르고, 변덕스러우며, 위선적인 데다 위험을 피하려 하고, 탐욕스럽게 이익을 얻으려 하기 때문입니다."

이러한 마키아벨리의 주장은 성악설을 지지하는 것으로 보인다. 그는 인간이 믿을 수 없는 존재라고 생각하며, 따라서 군주는 국민에게 사랑받기보다는 두려움의 대상이 되어야 한다고 주장한다. 이러한 주장은 당시 분열과 전쟁으로 혼란스러웠던 이탈리아의 상황에서 나온 것으로, 생존을 위해 윤리와 도덕을 무시해야 한다는 현실적인 메시지를 담고 있다.

냉엄한 현실에서 리더가 갖추어야 할 리더십

물론 《군주론》이 이렇게 냉혹한 리더십만 담고 있는 책은 아니다. 무엇보다 이 책은 당근과 채찍, 냉혹한 리더십과 따뜻한 리더십 둘 다 알고 활용하라고 권한다.

> "싸움에는 두 가지 방식이 있음을 알아야 합니다. 하나는 법으로 싸우는 것이고, 다른 하나는 힘으로 싸우는 것입니다. 전자는 사람의 고유한 특성이고 후자는 짐승의 고유한 특성이지만 많은 경우 첫 번째 방식으로는 충분하지 않기 때문에 두 번째 방식을 의존합니다. 따라서 군주는 짐승의 방법과 사람의 방식을 모두 적절하게 활용할 줄 알아야 합니다."

사실 사회가 혼란스러워질수록 사람들은 점점 더 법을 지키지 않게 된다. 선의를 잃어버리게 된다. 이런 상황에서 군주는 때로 짐승의 방식을 선택할 줄 알아야 한다는 것이 마키아벨리의 조언이다. 때로는 냉혹하게 느껴지지만, 그 속에는 혼란스러운 시대에 리더가 직면하는 현실적 문제와 그에 대한 해결책이 담겨 있다고도 볼 수 있다.

'상황이 허락한다면 착하게 살되, 상황이 바뀌면 악하게도 살 준비를 하라. 그렇지 않은 군주는 개인만 망하는 것이 아니라 나라 전체를 망하게 하고 말 것이다.' 이것이 바로 혼란스러운 시대를 살았던 마키아벨리식 삶의 지혜였다.

인간은 어떻게 행복할 수 있을까?

한때 '악마의 책'으로 불리며 금서로 지정되기도 했던 《군주론》은 그 명성과 맞지 않게 행운과 행복에 관한 이야기로 끝을 맺는다.

> "저는 행운을 물살이 거센 강 중에서 하나로 비유하는데, … 평온한 시기에 둑과 제방을 쌓음으로써 훗날 강물이 불어나더라도 … 커다란 피해를 보지 않도록 대비할 수 없는 건 아닙니다"

마키아벨리는 행운은 예측할 수는 없지만, 미리 대비할 수는 있다고 말한다. 그는 인간사에서 행운의 절반 정도는 신이 결정하지만, 나머지 절반 정도는 우리 스스로 지배할 수 있다고 보았다. 그렇기에 그는 행운을 위해 스스로 노력해야만 한다고 생각했다.

또한 마키아벨리는 늘 성실하고 조심스럽다 해서 행운을 얻을 수 있는 건 아니라고 말했다. 행운은 시대와 상황에 맞아야 얻을 수 있다는 것이다. 만약 어떤 사람이 조심스럽고 참을성 있게 행동하는데, 시대와 상황이 그의 행동 방식에 맞지 않게 돌아 간다면 그는 불행할 수밖에 없을 것이다.

마지막으로 그는 행운을 얻기 위해서는 모든 것에 대비하는 신중함보다는 때로는 적극적으로 도전하는 것이 더 낫다고 말하기도 한다.

"행운은 변하고 사람들은 자신들의 방식을 고집하기 때문에, 서로 일치하면 행복하지만 그렇지 않으면 불행합니다. 저는 조심스러운 것보다 충동적인 편이 더 낫다고 확신합니다. 행운은 여자라서 그녀를 지배하고 싶다면 세게 부딪칠 필요가 있기 때문입니다."

이렇게 리더들이 갖춰야 할 덕목과 함께 처세술, 그리고 행운과 행복까지 담고 있는 불멸의 고전 《군주론》은 인간의 심리를 냉혹하게 파고드는 마키아벨리의 혜안이 느껴지는 책이다.

함께 읽으면 좋은 책

《손자병법》손무, 휴머니스트, 2020 시공을 초월한 전쟁론의 고전으로, 트럼프, 버락 오바마, 시진핑 등 세계적인 명사들의 필독서로도 유명하다.
《나의 친구 마키아벨리》시오노 나나미, 한길사, 2024 일종의 마키아벨리 '평전'으로, 마키아벨리가 주고받은 수백 통의 편지를 통해 그의 삶을 재조명한 책이다.
《인간 생존의 법칙》로버트 그린, 웅진지식하우스, 2021 현대판 '부활한 마키아벨리'로 불리는 로버트 그린의 책으로, 전쟁 같은 현실 속 생존법이 담겨있다.

목표 지점이 너무 멀리 있는 것처럼 보이고
자기가 쏜 화살이 얼마만큼 멀리 날아가는지 아는 신중한 궁수는,
정해진 장소보다 훨씬 높은 곳을 조준합니다.
이는 화살로 그곳을 맞추기 위해서가 아닙니다.
그렇게 높은 곳을 조준해야 화살이 본래 의도한 지점에
도달할 수 있기 때문입니다.

대가를 주고 얻은 우정은,
사들였지만 가지고 있는 것이 아니라서
적시에 사용할 수 없습니다.
그리고 사람들은 자신을
두려운 존재로 만드는 자보다
사랑받는 존재로 만드는 자를 해칠 때
덜 주저합니다.

군주가 만약 사랑을 받지 못한다면,
증오를 피하면서 사람들이 자신을
두려워하도록 만들어야 합니다.
증오를 받지 않으면서 두려움의 대상이 되는 일은
얼마든지 가능하기 때문입니다.

생각의 탄생

Sparks of Genius
: The thirteen Thinking Tools of the World's
Most Creative People

"최악의 과학자는 예술가가 아닌 과학자이며
최악의 예술가는 과학자가 아닌 예술가이다."
- 물리학자 아르망 트루소

로버트 루트번스타인, 미셸 루트번스타인
Robert Root Bernstein, Michele M. Root Bernstein

저자인 두 사람은 부부다. 로버트 루트번스타인은 미시간주립대학교 교수로, 천재성을 지닌 학자를 선정해 지원하는 '맥아더 펠로우십' 수상자이기도 하다. 저서로는 《과학자의 생각법》이 있다. 아내 미셸 루트번스타인은 역사학자이자 하이쿠 시인이다. 미시간주립대학교와 연계해 창조성을 연구하는 학자이며, 존 F. 케네디센터와 프로젝트를 함께 진행하며 강의하는 예술가이다. 저서로는 《내 아이를 키우는 상상력의 힘》이 있다.

이 책을 선정한 이유

천재들의 13가지 생각 도구를 살펴볼 수 있는 '창의성'에 관한 책으로, 삼성 경제연구소 선정 'CEO가 휴가 때 읽을 책'에 되었으며, 고 이건희 회장이 탐독했던 책으로도 유명하다. 레오나르도 다빈치, 아인슈타인, 피카소, 스트라빈스키 등 다양한 분야에서 활약한 천재들의 생각법을 배울 수 있는 책이다.

천재들의 생각법

우리 모두 천재가 될 필요는 없다. 하지만 천재가 아니라 해도, 과학자나 예술가가 아니라 해도, 멋지고 창의적인 아이디어는 늘 필요하다. 남다른 생각, 탁월한 아이디어, 번뜩이는 콘텐츠는 평범한 회사원에게도 매우 유용하다. SNS에 글 한 줄을 적는 것에도, 어제 먹은 디저트 사진을 업로드하는 것에도 독창성은 요구된다. 모두가 창조적인 예술가가 되는 시대인 것이다.

'창의적'인 생각법을 배울 수 있는 책《생각의 탄생》은 천재들의 13가지 생각 도구를 알려주는 책이다. 시대를 빛낸 천재들. 레오나르도 다빈치, 아인슈타인, 파블로 피카소, 마르셀 뒤샹, 리처드 파인만, 버지니아 울프, 제인 구달, 스트라빈스키, 마사 그레이엄 등 분야를 넘나들며 창조성을 빛낸 인물들의 생각법을 이야기한다.

이 책에 따르면 최고의 생각은 천재들의 전유물이 아니다. 평범한 우리도 멋진 생각을 할 수 있다. 소위 '창조적인 작업'을 할 때 과학자나 수학자, 예술가들은 '생각을 위한 도구'라고 부르는 공통된 연장을 사용한다. 이 도구들에는 정서적 느낌, 시각적 이미지, 몸의 감각, 재현 가능한 패턴, 유추 등이 포함된다. 그리고 천재들은 이 생각 도구를 가지고 얻어낸 주관적인 통찰을 객관적으로 표현하기 위해 언어로 변환하는 방법을 배운다. 이를 통해 천재들의 생각이 다른 사람들 마음속에 새로운 생각을 불러일으키게 된다.

특히 이 책은 '직감'을 강조한다. 직감이란 쉽게 설명될 수 있는 것이 아니다. 직감은 말하자면 '유레카'의 순간, '아하!' 하는 순간이다. 아인슈타인은 직감에 대해 다음과 같이 말한다. "직감은 사고 내부에서 본질이라고 할 수 있는 심상이 먼저 나타난다. 말이나 숫자는 이것의 표현 수단에 불과하다." 물리학자 막스 플랑크도 "과학자에게는 예술적인 상상력이 필요하다"며 예술적 상상력에 빗대어 직감을 설명했다. 직감은 통합적인 사고가 어느 때보다 중요해진 이 시대에 대해 이렇게 말로 표현할 수 없는 것, 그리고 전 분야를 가로지르는 통합적인 사고로 나타난다. 고 이어령 선생님도 이렇게 말씀하셨다. "20세기는 전문가의 시대였다면 21세기는 통합의 시대다."

창조를 이끄는 13가지 생각 도구

그렇다면 이 책에서 말하는 13가지 생각 도구란 무엇일까?

먼저 세상의 모든 지식은 처음에는 '관찰'을 통해 습득된다. 보고, 듣고, 만지고, 맛을 보면서 몸으로 느끼는 것이다. 이런 느낌과 감각을 다시 불러내거나 어떤 심상으로 만들어 머릿속에 떠올리는 능력이 바로 '형상화'다. 실제로 과학자나 화가는 실제 눈으로 보지 못한 것을 마음의 눈으로 볼 수 있다. 이러한 형상화는 현상을 그대로 재현하는 것부터 추상 능력, 연상 능력에 이르기까지 다양하다. 한편 이런 정보는 너무 많기에 필연적으로 '추상화' 과정을 거친다. 추상이란 어떤 대상의 전체를 재현하는 게 아니라 눈에 덜 띄는 한두 개의 특성만을 나타내는 것이다. 과학자, 시인 모두 복잡한 체계에서 '하나만 제외하고' 모든 변수를 제거함으로써 핵심적 의미를 발견하려고 애쓴다.

이 단순화는 자주 '패턴인식'과 짝을 이룬다. 패턴을 알아낸다는 것은 다음에 무슨 일이 일어날지 예상하는 것이다. 이를 두고 레오나르도 다빈치는 "벽의 복잡한 문양 속에서 형상을 발견하는 것은 시끄러운 종소리 속에서 우리가 아는 이름이나 단어를 찾아내는 일과 같다"라고 썼다. 패턴을 안다는 것은 새로운 것을 창조하는 첫걸음이다. 종종 이 과정은 패턴을 분해하면서 동시에 다른 패턴을 조립하는 일, 즉 '패턴 형성'으로 이어진다.

이후 이어지는 '유추'는 명백히 달라 보이는 두 개의 사물이 중요한 특징과 기능을 공유하고 있음을 깨닫는 것이다. 유추는 사실 가끔 불완전하고 부정확하다. 따라서 알려진 것과 알려지지 않은 것 사이에 다리가 될 수 있다. 유추는 우리가 기존 지식의 세계에서 새로운 이해의 세계로 도약할 수 있도록 도와준다.

한편, 때로는 머리보다 몸이 답을 알고 있는 경우가 있다. '몸으로 생각하기'는 몸의 움직임이 생각이 되는 순간을 말한다. 우리는 몸을 움직여 어떤 일을 처리하고 난 후에야 그것을 인지할 때가 있다. 또한 자각하지 않은 상태에서 몸의 느낌을 알게 될 때도 많다. 헬렌 켈러가 피아노 위에 손을 얹고 진동을 느끼면서 음악을 '듣곤' 했던 것처럼 말이다.

'감정 이입'은 다른 사람의 몸과 마음을 통해 세계를 지각하는 것이다. 이것은 종종 '문제 속으로 들어가 그 문제의 일부가 되는 것'을 가리킨다. 많은 창조적인 사람들은 문제를 생각할 때 자기 자신을 잊는다고 말한다. 나를 잊고 그것과 하나가 되는 것이다.

'차원적 사고'란 2차원에서 벗어나 3차원으로 생각하는 상상력을 말한다. 입체파 미술은 3차원 물체가 가지고 있는 입체성을 2차원 평면에 묘사하고자 부단히 노력하여 작품들을 만들어낸 것이다. 생각의 차원을 뛰어넘는 것이다.

이어지는 '모형 만들기'는 어떤 대상을 표준적인 모형으로 만들어보는 과정이다. 시인과 작가들은 앞 세대 작가들이 남긴 작품을 보면서 장르의 패턴을 익힌다. 조각가들은 대형 작품을 제작하는 준비 단계로 스케치를 하거나 작은 모형을 만든다. 한편 '놀이'는 분명한 목적이나 동기 없이, 그리고 성패를 따지지 않고 놀이처럼 즐겁게 생각해 보라는 조언이다. 이런 과정을 통해 전형적이지 않은 기발한 생각이 탄생하기 때문이다.

'변형'은 이러한 생각 도구들을 한데 엮어서 하나로 기능하는 전체로 만들어 준다. 각각의 기술을 다른 기술과 결합시켜, 특정 영역에 치우친 사고보다 더 가치 있는 통찰을 낳는 것이다. 변형적 사고는 음악, 유전자, 수학 등 서로 다른 분야를 연결하는 메타 패턴을 드러낸다.

마지막으로 가장 중요한 '통합'은 지금까지 생각 도구들의 완결이라고 할 수 있다. 생각이라는 행위는 본질적으로 공감각적이다. 통합적 이해는 감각적 인상과 느낌, 지식과 기억이 다양하면서도 통합적인 방법으로 결합되는 것이다. 상상하면서 분석하고, 화가인 동시에 과학자가 되는 것, 이것이 바로 최고의 상태에 이른 창조적 사고의 모습이다.

스페셜리스트를 넘어 제너럴리스트로

이렇게 13가지 생각법만 읽고 나면, '딱딱하고 재미없는 책 아니야?'하고 생각할지도 모르겠다. 하지만 그렇지 않다. 대부분 다양한 천재들의 일화들을 함께 들려주고 있어, 짧은 다큐멘터리, 혹은 유튜브 쇼츠를 보는 듯한 기분도 든다. 예를 들면, 이 책은 생화학자인 알베르트 스젠트 기요르기가 비타민 C를 발견한 순간을 이렇게 설명하고 있다.

> "내가 컬러를 너무 좋아했기 때문에 그러지 않았나 싶다. 나는 아직도 컬러를 좋아한다. 컬러는 나를 어린아이처럼 즐겁게 만든다. 나의 첫 번째 의문은 왜 바나나가 상하면 껍질이 갈색으로 변하는가였다."

아. 바나나가 갈색으로 변하면 쓰레기통에 바로 던져 버리는 나 자신을 한 번 반성해 본다. 이 생화학자는 일상적인 관찰, 바나나의 갈변 현상을 통해 식물 안에 있는 비타민 C를 발견했다.

일상에서 의문을 품는 방법이 아닌 다른 학습법을 이용해 자기 분야의 천재가 된 사람들도 있다. 예를 들면, 추리소설 작가 아서 코난 도일은 '미술 공부가 관찰 기술을 숙달시킨다'는 가설을 세웠다고 한다. 주인공 셜록 홈즈가 자신의 뛰어난 추리력이 화가 집안 출신의 할머니에게서 연유했다고 설명하는 장면이 바로 그것이다. 실제로 윌리엄 블레이크, 괴테, J.R.R. 톨킨 등 수많은 시인과 소설가들이 시각예술을 공부하고, 이를 글쓰기에 적용했다고 한다.

정말 유명한 일화도 있다. 낙하하는 사과를 보고 중력의 법칙을 발견한 뉴턴의 일화가 바로 그것이다. 뉴턴은 사과가 나무에서 떨어지는 것을 보고 달도 반드시 지구 방향으로 떨어져야 할 것이라고 생각하여 중력의 법칙을 밝혀냈다. 그는 '유추'의 방법을 사용한 것이다.

또한 감수성이 뛰어난 사람들이 가끔 느끼는 '공감각적인 감각'도 흥미로웠다. 시각과 소리, 그 밖의 모든 감각이 서로 뒤섞여 색깔이 소리로 들리고, 색깔을 맛볼 수 있다는 천재들의 이야기는 무척 신기했다. 화가 칸딘스키는 "파란색은 첼로, 검은색은 베이스"로 보인다고 기록하고 있으며, 또 다른 화가 데이비드 호크니는 음악을 들을 때마다 색을 지각한다고 말한 바 있다. 호크니는 "모리스 라벨의 작품의 경우 어떤 악절은 온통 파란색과 녹색으로 나에게 다가온다"라고 말했다고 한다.

이 책 《생각의 탄생》은 창의성을 키우기 위해서는 사회가 원하는 한 분야의 '전문가'인 스페셜리스트보다는 오히려 '전인적인' 제너럴리스트가 되는 것이 낫다고 말한다.

한 분야를 깊게 파는 것을 '스페셜리스트', 다양한 분야를 폭넓게 파는 것을 '제너럴리스트'라고 부른다면, 지금 우리 사회 현실은 '스페셜리스트'를 위한 사회라고 보는 것이 맞을 것이다. 하지만 때로는 '제너럴리스트'가 필요하다. 상상하면서 분석하고, 화가인 동시에 과학자가 되는 사람. 《생각의 탄생》은 그런 사람을 '전인' 혹은 '박식가'라고 표현한다.

이들은 자신의 전문 분야뿐 아니라 다른 분야에도 방대한 관심을 가진다. 단순한 취미 생활을 넘어 다른 분야에서도 뛰어난 능력을 발휘한다. 수학자 코발레프스카야는 수학자인 동시에 시인이었고, 작곡가 보르딘은 음악가이자 화학자이기도 했다. 작곡가 슈만은 이런 말을 남겼다.

"교양 있는 음악가라면 라파엘로의 마돈나 그림을 연구해야 하며, 화가라면 모차르트 교향곡을 공부해야 한다. 그럼으로써 서로 똑같은 이점을 얻게 된다. 화가는 시를 그림으로 바꾸고 음악가는 그림에 음악성을 부여한다."

이렇게 다양한 분야를 폭넓게 이해하고 융합하는 능력은 현대 사회에서 더욱 중요해지고 있다. 그리고 그 무엇보다 인공지능 시대를 살아가는 우리 아이들에게 가장 필요한 능력 중 하나일 것이다.

함께 읽으면 좋은 책

《늦깎이 천재들의 비밀》데이비드 앱스타인, 열린책들, 2020 전문화된 세상에서 늦깎이 제너럴리스트가 성공하는 이유를 담은 책으로, 빌 게이츠 추천 책으로도 유명하다.
《폴리매스》와카스 아메드, 안드로메디안, 2020 '한 우물만' 파는 시대는 끝났다. 이제는 다양한 분야에 관심을 갖고 재능을 발휘하는 '폴리매스', 즉 박식가가 되어야 한다고 이 책은 말한다.
《히든 해빗》크레이그 라이트, 청림출판, 2021 수십 년간 천재들의 특성을 연구해 온 저자의 예일대 최고 인문학 강의로, 재능과 IQ를 뛰어넘는 천재들의 14가지 무기를 설명하는 책이다.

추상화는 모든 사람들에게 어려운 일이다.
윈스턴 처칠은 5분짜리 애깃거리를 가지고
하루 종일 떠들 수 있지만,
말할 시간이 5분밖에 주어지지 않는다면
그걸 위해서 하루 동안 꼬박 준비해야 한다고 했다.

소설가 블라디미르 나보코프는
과학자는 우주의 한 점에서 일어나는
모든 것을 보고,
시인은 시간의 한 점에서 일어나는
모든 것을 느낀다고 믿었다.

상상할 수 없다면 창조할 수 없다.
아인슈타인은 창조적인 일에는
상상력이 지식보다 더 중요하다고 단언한다.

심리 유형

Psychological Types

#MBTI

#성격론

#내향인

#외향인

"외향적인 사람들을 보면
관심이 대상을 향해 바깥쪽으로 쏠리고,
내향적인 사람들을 보면
관심이 대상보다는 내면으로 쏠린다."

칼 구스타프 융 Carl Gustav Jung

1875년 스위스에서 목사의 아들로 태어났다. 바젤 대학교에서 의학을 공부했고, 1907년 이후 프로이트와 공동 작업을 하면서 그의 후계자로 여겨졌으나 결국 결별하게 된다. 1914년 정신분석학회를 탈퇴하고 사회적으로 고립되었으며 내적으로도 고통의 시간을 보낸다. 이때 독자적으로 무의식 세계를 연구해 분석심리학을 창시했다. 그는 인간 내면에 무의식의 층이 있다고 믿고 특히 집단 무의식의 존재를 인정했다. 저서로는 《칼 융 레드 북》, 《카를 융 기억 꿈 사상》, 《인간과 상징》 등이 있다.

이 책을 선정한 이유

요즘 가장 인기 있는 심리 테스트 MBTI는 칼 융의 심리 유형론에 근거를 두고 만들어진 것이다. 심리 유형은 MBTI의 오리지널 버전이라 할 수 있다. 하버드대 심리학과 추천 도서이며, 국내에서는 서울대 권장 도서에 칼 융의 저서 《심리학과 종교》가 포함되어 있다. 칼 융은 프로이트, 아들러와 함께 정신분석 3대 거장으로 꼽힌다.

MBTI 테스트의 뿌리, 칼 융의 심리학에서 찾다

"MBTI가 뭐예요?"

요즘 처음 만나는 사람들에게 가장 자주 듣는 말이다. 10년 전까지만 해도 혈액형 심리학이 대세였던 것 같은데, 이제는 그 자리를 MBTI가 차지하고 있다. 외향vs내향, 감각vs직관, 사고vs 감정, 판단vs인식. 알파벳 4개 조합을 통해 알아보는 16가지 유형의 성격 검사는 이제 회사에서 신입사원을 뽑을 때도 사용할 정도라고 한다.

이런 MBTI 검사는 어디서 유래했을까? MBTI는 소설가 캐서린 쿡 브릭스와 그녀의 딸 이자벨 브릭스 마이어스가 칼 융의 분석심리학 모델을 바탕으로 1944년에 개발한 성격검사다. 칼 융은 신경증 환자들을 주로 치료하던 심리학자로, 그는 환자들을 돌보면서 인간의 심리에 개인적 차이뿐만 아니라 유형적 차이도 있음을 느꼈다. 그중에서도 두 가지 유형이 특히 분명했는데, 바로 내향적 유형과 외향적 유형의 차이였다.

"인간의 삶이 전개되는 과정을 한번 고려해 보라. 그러면 어떤 사람의 운명은 그 사람이 관심을 둔 대상에 더 많이 좌우되는 것 같고, 또 어떤 사람의 운명은 그 사람의 내면적 자기, 즉 주체에 더 많이 좌우되는 것처럼 보일 것이다. 우리 모두는 이쪽 아니면 저쪽으로 조금 치우치고 있다."

MBTI 검사가 칼 융의 심리학을 바탕으로 만들어졌다고는 하나 자세히 들여다보면 사실 이 둘은 조금 다르다. 일단 칼 융은 성격을 크게 내향적 유형과 외향적 유형 둘로 나누었다. 그런 다음 세부 유형으로 네 가지 기능인 사고, 감정, 감각, 직관에 따라 나눈 후, 전자와 후자를 조합하여 성격 구분법을 제안했다. 예를 들면 외향적 사고 유형, 내향적 감정 유형 등과 같이 총 8가지의 조합으로 성격을 분류한 것이다. 반면 MBTI 테스트는 16가지 유형으로 나뉜다. 여기에는 칼 융 심리학에는 없는 판단(J), 인식 (P)이 포함되어 있다. 그리고 내향과 외향은 다른 범주와 비슷하게 중요한 편이다.

외향적 성격과 내향적 성격, 그 차이는 어디에서 올까

그렇다면 외향적 성격과 내향적 성격은 대체 어떤 점이 다른 걸까? 융에 따르면 가장 큰 차이는 바로 '대상을 대하는 태도'에 있다. 외향적인 사람들은 관심이 대상을 향해 바깥쪽으로 쏠린다. 그들에게 대상은 마치 자석처럼 강하게 영향을 미친다. 따라서 이들에게는 대상이 자신보다 더 높은 가치를 지닌다. 반면 내향적인 사람들은 관심이 대상보다는 주체로, 즉 자기 자신의 심리에 쏠린다. 따라서 이들은 자기 자신이 모든 관심의 중심이다.

외향적인 유형은 나 자신보다는 외부와 관계 맺는 걸 중요하게 생각한다. 반면 내향적인 유형은 관계를 맺기보다는, 외부 세계가 자신을 지배하지 못하도록 막는 데 관심을 기울인다. 자신의 심리 상태가 가장 중요한 것이다. 칼 융은 다음과 같이 '외향적' 유형을 설명한다.

"외향적인 사람의 삶을 보면, 그의 의식에서 결정적인 역할을 하는 것은 주관적인 관점이 아니라 대상이라는 게 명확히 드러난다. 물론 그 사람도 주관적 관점을 갖고 있다. 다만 주관적 관점의 가치가 객관적인 조건의 가치보다 훨씬 떨어질 뿐이다. 따라서 그는 자신의 내적 삶에서 뭔가 발견할 것이라고는 아예 기대조차 하지 않는다. 왜냐하면 그가 아는 것들은 모두 자신의 밖에 있기 때문이다."

대부분 '외향적'이라고 하면 단순히 사교적인 사람, 활동적인 사람을 먼저 떠올릴 것이다. 하지만 칼 융의 분석심리학에서 '외향적'이라는 말은 객관적인 일들, 특히 주변에서 일어나는 일들, 주변의 사람과 사물에 주로 관심을 갖는 태도를 의미한다.

이러한 외향적 유형은 외부 상황에 자신을 잘 맞출 줄 안다. 그는 자신에게 요구되는 것이나, 타인이 자신에게 기대하는 일을 잘 해낸다. 그래서 이들의 인생은 얼핏 보면 순조롭게 잘 흘러가는 것처럼 보인다. 하지만 외향적인 사람에게도 약점이 있으니, 바로 자신의 정신적 육체적 고통을 잘 자각하지 못한다는 점이다. 늘 나 자신이 아니라 외부만 바라보기 때문이다. 따라서 이들은 외부에 파묻혀 완전히 자신을 망각해 버릴 위험이 있다.

내향인은 왜 고집쟁이로 오해받을까

반면 내향적 유형은 좀 다르다. 이들은 외부 세상보다는 내부의 세상, 주관적인 요소에 영향을 더 많이 받는다. 한편 외향인이 보기에 내향인은 '이기주의자'라든가 '바보 같은 고집쟁이' 같아 보일 수 있다.

> "오늘날 내향적 유형은 무의식에 권력 콤플렉스를 품고 있다는 의심을 살 것이다. 내향인들은 확실히 이런 의심을 받을 만한 짓을 한다. 왜냐하면 처음부터 다른 사람의 의견을 배제하는 듯한 표현 방식이 있기 때문이다. 게다가 객관적인 자료를 모두 무시하는 듯한 내향적 유형의 경직성은, 그 자체로 자기중심적이라는 인상을 주기에 충분하다."

내향인들의 사고는 구체적인 경험에서 시작하지 않는다. 언제나 다시 주관적인 내면 세계로 돌아간다.

이런 내향인들은 '정신쇠약'이라는 신경증에 잘 걸린다. 이 병의 특징은 과도한 민감성과 만성 피로다. 내향적 유형의 무의식을 분석해 보면 이들에게는 권력에 대한 공상이 많다. 그 속엔 대상에 대한 두려움 또한 숨어 있다. 그들은 또한 자신의 의견을 드러내기를 꺼려하는 편이다.

칼 융은 《심리 유형》에서 이렇게 외향인과 내향인을 분석한 다음, 사고, 감정, 감각, 직관에 따라 심리를 나누고 있다. 그에 따르면 외향적 사고 유형 중 대표적인 인물은 진화생물학자 다윈이고, 내향적 사고 유형의 대표적인 인물은 철학자 칸트다. 다윈은 사실을 바탕으로 말하고, 칸트는 주관적인 요소에 의존했기 때문이다.

한편 외향적 직관 유형은 경제계 거물이나 기업가, 투기꾼, 주식 중개인, 정치인이 많은 편이고, 내향적 직관 유형은 영감을 따르는 몽상가나 예언가, 혹은 예술가가 많다. 직관 유형은 자기만의 독특한 도덕성을 갖고 있기 때문에 다른 사람들의 행복에 대한 배려가 약하고, 본인의 행복과 신념이 가장 중요하다.

이렇게 책을 읽다 보면 우리가 MBTI 심리학에서 흔히 보는 성격 특징, 인간관계, 직업 등의 이야기가 조금씩 포함되어 있는 걸 알 수 있다. 다만 문체가 딱딱하고 설명이 명확하기보다는 두루뭉술해서 읽기에는 조금 난도가 있는 편이다.

저자 칼 융의 MBTI가 궁금하다면

그렇다면 이 책의 저자, 칼 융은 어떤 유형일까? 현대 MBTI로 치면 무슨 유형일까? 칼 융은 확실히 내향인이었다. 이 책을 쓰게 된 동기도 확실히 본인의 내향적인 성격을 분석하기 위함이 아니었을까 싶다. 외향인보다는 내향인에 대한 분석이 좀 더 자세하고 치밀하며, 다음과 같이 내향인의 약점을 누구보다 확실하게 분석하기 때문이다.

"내향적 유형은 외향적 유형에 비해 오해를 받기 훨씬 더 쉽다. 내향인이 외향인에 비해 더 무정하거나 더 비판적이라서 그런 것이 아니다. 그보다는 내향인이 모방하고 있는 시대 유행이 내향인에게 불리하게 작용하기 때문이다. 내향인은 자신이 소수라는 사실을 깨닫는다. 외향인에 비해 수적으로 적어서 소수라는 것이 아니라, 그의 감정이 판단하는 바와 같이 서구의 전반적인 세계관과의 관계에서 소수라는 뜻이다."

한편 그는 '직관'적인 특징도 갖고 있었다. 칼 융의 연구는 다른 정신분석학자들에 비해 몽환적이고 예술적이다. 내향적 성향을 가진 예술가들이 좋아하는 심리학자가 바로 칼 융이기도 하다. 그는 자신의 내면을 파고들며 집단 무의식, 원형 등의 개념을 만들어 내고, 논리적으로 따지기보다는 영감을 따르는 몽상가적 특징을 보였다. 결론적으로 이 책에 따르면 칼 융은 '내향적 직관 유형'이고 현대의 MBTI로 치자면 INTP에 가깝다고 할 수 있겠다.

사실 이런 '성격학'에서 가장 중요한 것은 내가 어떤 유형에 속하느냐가 아니다. 성격학은 예언이 되기도 한다. '나는 이런 성격이다'라고 믿어버리면, 무의식적으로 그런 성격 유형의 행동을 하게 되기도 한다. 사실 성격이라는 건 일종의 습관이고 경향이다. 그리고 상황에 따라 달라지기도 한다. 무엇보다 언제나 항상 정확히 그 유형에 해당하는 사람은 없다. 검사 결과 내향인이라 나와도 내가 항상 내향적으로 행동하는 것은 아니다. 집에서는 내향적이지만 일할 때는 외향적일 수도 있다. 많은 이들이 내향인인 동시에 외향인의 성향을 갖고 있기도 하다. 100프로 내향적 성향을 가진 '순수한' 내향인이란 없는 것이다. 이에 대해 융도 책에서 다음과 같이 이야기한다.

"외부 상황과 내적 성향이 자꾸 한쪽 메커니즘을 선호하고 다른 쪽을 방해하거나 제한한다. 그러면 자연히 한쪽 메커니즘이 우세할 것이고, 만약에 이 조건이 어떤 식으로든 습관이 된다면 거기서 유형이 생겨날 것이다. 반대쪽 메커니즘도 정신의 일부이기 때문에 완전히 억압되거나 없어지는 것이 아니라 단지 쇠퇴한다는 점에서 본다면, 그야말로 순수한 의미의 유형은 절대로 있을 수 없다. 전형적인 어떤 태도는 언제나 한쪽 메커니즘의 상대적 우위를 의미할 뿐이다."

사실 외향, 내향 성향은 바꾸기는 힘들다. 기본적으로 40~50퍼센트는 유전으로 타고나는 것으로 알려져 있기 때문이다. 그리고 이런 성격은 나이가 들수록 더 바꾸기 어려워진다. 습관으로 단단하게 굳어져 버리기 때문이다. 중요한 것은 내가 어떤 성격을 가졌다고 좌절할 필요는 없다는 것이다.

더구나 우리 사회가 외향적인 사람을 선호하다 보니 내향적인 사람은 자신의 내향성을 탓하는 경우가 많다. 하지만 자신의 성향을 부정하고 다른 사람의 기대에 맞춰 살면서 자신을 몰아붙인다면 분명 나중에 문제가 생기게 된다. 그러니 세상 모든 사람이 '외향성'을 외치더라도 '내향적이어도 괜찮아!'하고 자신을 인정해 줄 수 있어야 한다. 각각의 성격은 모두 장단점이 있을 뿐이다.

내향적이어도, 외향적이어도 괜찮다. 이 모든 게 삶의 한 방식일 뿐이다. 완벽한 성격은 없다.

함께 읽으면 좋은 책

《성격이란 무엇인가》 브라이언 리틀, 김영사, 2015 하버드 최고 심리학 명강의로, MBTI 대신 '성격의 5대 요소 모델', 성실성, 친화성, 신경성, 개방성, 외향성에 대해 설명하는 책이다.
《에니어그램의 지혜》 돈 리처드 리소 외, 한문화, 2015 MBTI와 비슷하게 인간의 성격 및 행동 유형을 분류한 이론인 에니어그램에 관한 책이다. 에니어그램은 인간의 성격을 총 9가지 유형으로 나누어 설명하고 있다.
《혼자가 편한 사람들》 도리스 메르틴, 비전코리아, 2022 내향인이라면 읽기 좋은 책으로, 이 책은 내향인을 주도형, 섬세형, 비범형, 은둔형 이렇게 네 가지로 나누어 설명한다.

두 사람이
똑같은 대상을 보고 있어도
그들이 받는 이미지가 똑같은 경우는
절대로 없다.

외향적인 태도에서 정신적 관계는
언제나 객관적인 요인들과
외적 결정 요인들의 지배를 받는다.
어떤 사람이 내면적으로 어떤 존재인가 하는 문제는 결코
결정적 중요성을 지니지 않는다.

대체로 보면 내향적 관점은
자아와 주관적인 심리 작용을 대상과
객관적인 심리 작용보다 더 우위에 놓으며,
어떠한 경우든 대상에 맞서
주도권을 잡으려고 노력할 것이다.

생각의 지도

The Geography of Thought

"사람들이 생각하는 방법은
어느 사회에서나 똑같을까?
왜 동양인들은 기쁨과 슬픔을
동시에 경험하는 것일까?"

리처드 니스벳 Richard E. Nisbett

미시간대학교 심리학과 석좌 교수로, 사회적 인식, 문화, 계급 및 노령화를 주요 연구 주제로 삼아 사회심리학 연구에 크게 공헌했다. 미국 양대 심리학회인 미국심리학협회와 미국심리학회 학술상을 모두 수상했고, 2002년 사회심리학자로는 최초로 미국과학원 회원으로 선출되었다. 대표작으로 《마인드웨어》, 《사람일까 상황일까》 등이 있다.

이 책을 선정한 이유

이 책은 세계적인 베스트셀러로 동서양의 차이를 과학적으로 입증한 심리학책으로도 유명하다. 저자 리처드 니스벳 교수는 최근 〈EBS 위대한 수업, 그레이트 마인즈〉에 출연하여 '생각은 어떻게 작동하는가?'에 대한 강연을 펼친 바 있다.

외국인들이 한국에 오면 충격받는 이유

최근 유튜브에는 '한국에 대한 외국인 반응'을 담은 영상들이 인기다. 아무리 글로벌화된 세상이라 해도 문화 차이는 여전히 존재한다. 특히 가장 큰 차이는 동양과 서양의 문화 차이다. 한국, 일본, 중국도 모두 다른 문화이긴 하지만 그 차이는 미국, 독일 같은 서양 문화와 비교했을 때 크지 않다. 요즘은 많이 줄어들었다고는 하나 동양적인 세계관과 서양적인 세계관은 분명 그 뿌리부터 다른 점이 있다.

《생각의 지도》는 이러한 '동서양 사고방식의 차이점'에 관한 책이다. 동양이라고 썼지만, 동남아시아나 중앙아시아까지 포함하는 개념은 아니다. 한국, 일본, 중국이 속한 동아시아에 관한 이야기다.

저자 리처드 니스벳 교수는 대학에서 심리학을 가르치다가 학생들의 사고방식 차이를 발견한다. 예를 들면 서양 학생들은 범주화에 관심이 많고, 문제 해결 과정에 형식논리를 사용하는 경향이 강했다. 반면 동양 학생들은 전체 맥락 속에서 사물을 파악하고자 하며, 어떤 사건을 이해하는 과정에 수없이 많은 관련 요인을 함께 고려하는 경향이 있었다.

우리는 인간으로서 보편적인 이성과 감정을 갖는다. 하지만 인간의 사고방식은 문화에 따라 다를 수 있다. 《생각의 지도》는 이런 동서양 사고 차이를 일목요연하게 설명한다.

예를 들면, '왜 동양인들은 기쁨과 슬픔을 동시에 경험하는 것일까?', '범죄가 발생하면 왜 동양인은 상황 탓을 많이 하고, 서양인은 범인 탓을 많이 할까?'와 같은 일상에서 발견할 수 있는 동서양 문화 차이가 흥미롭게 서술되어 있다. 특히 저자가 심리학 교수이기 때문에 심리 실험 사례가 다양하게 등장한다.

눈치를 보는 동양인, 논쟁을 좋아하는 서양인

《생각의 지도》는 크게 세 부분으로 구성되어 있다. 초반부는 공자와 아리스토텔레스를 예로 들어 고대 중국과 그리스의 차이를 설명한다. 중간 부분은 이 책의 핵심 내용으로, 실험을 통해 얻은 결과에 근거하여 동서양 사람들의 지각, 사고, 추론 과정에서 보이는 차이를 설명한다. 마지막 부분에는 그러한 차이점의 기원을 알아보고, 앞으로 전 세계가 어떤 방향으로 나아가면 좋을지 이야기한다. 아래에 주요 내용을 정리해 보았다.

고대 중국인 vs 고대 그리스인

먼저 그리스인들은 개인을 독립적이고 개별적인 존재로 보았고, 진리를 발견하는 수단으로서 논쟁을 중시했다. 그들은 자신의 운명을 스스로 통제할 수 있다고 믿었다. 같은 맥락에서 그리스 철학은 개별 사물 자체를 분석의 출발점으로 삼아 개별 사물의 내부 속성을 중요하게 생각했다. 또한 과학 영역에 대해 체계적으로 접근해 어떤 '원리'를 발견하려고 노력했다. 그들에게 우주는 원칙적으로 단순하고 파악 가능한 것이었다.

이와는 대조적으로 중국인들은 인간을 사회적이고 상호 의존적인 존재로 파악하고, 인간에게 가장 중요한 것은 개인의 자유가 아닌 조화라고 생각했다. 그 조화란 도교에서는 '인간과 자연의 융합'이었고, 유교에서는 '인간들 사이의 화목'을 의미했다. 따라서 고대 중국인의 일상에서 개인의 권리란 '자신이 원하는 대로 행동할 수 있는 권리'가 아니었다. '공동체 전체의 권리 중 자신의 몫을 담당하는 것'이었다.

전체, 복잡성 vs 부분, 단순성

이 책에 따르면, 동양인들은 세계를 종합적으로 이해하는 경향이 있다. 그들은 전체 맥락에 많은 주의를 기울이며, 사건들 사이의 관계성을 파악하는 데 익숙하다. 또한 세상은 복잡하고 매우 가변적인 곳이라 믿는다. 이와 함께 세상의 구성 요소들은 서로 복잡하게 얽혀 있고, 양과 음이 순환하듯 반복하는 형태로 진행된다고 생각한다. 이러한 상황에서 사건을 통제하려면 다른 사람과의 협력과 조정이 꼭 필요하다.

반대로 서양인들은 세상을 보다 분석적이고 원자론적인 시각에서 바라본다. 사물을 주변 환경과 떨어진 독립적이고 개별적인 것으로 이해한다. 만약 변화가 일어난다면 순환 형태가 아닌 한 방향, 직선으로 일정하게 진행될 거라고 믿는다. 그리고 다른 사람과의 협력보다는 개인의 통제 능력을 믿는다.

더불어 사는 삶 vs 홀로 사는 삶

동양인들은 상호 의존적인 사회에 살기 때문에 자신을 전체의 일부분으로 생각한다. 이들에게 성공과 성취란 자신이 속한 집단의 영광이다. 마치 우리가 '국뽕'에 취하는 것처럼 말이다. 동양인들은 인간관계 속에 조화롭게 '적응'하기 위해서 끊임없이 자기비판을 한다. 따라서 타인의 감정에 민감하게 반응하며 눈치를 본다. 위계질서의 필요성을 인정하고 집단 통제를 수용하는 편이다. 마지막으로 논쟁을 회피하는 경향이 있다.

반면 서양인들은 독립적인 사회에 살기 때문에 자기를 전체로부터 독립된 존재로 여긴다. 이들의 성공은 철저히 개인의 업적이다. 서양인들은 개성을 중시하기 때문에 자신을 긍정적으로 보려고 노력한다. 따라서 자기 자신에게 충실하고 인간관계를 희생해서라도 정의와 자유를 추구하는 편이다. 서양인들은 동양인 같은 위계질서가 없다. 형평성을 존중하는 편이다. 마지막으로 서양인들은 적극적으로 논쟁을 끌어들인다.

상황론 vs 본성론

서양인들은 사람의 행동을 설명할 때 동양인보다 성격 특질, '내성적'이나 '성실성' 같은 본성을 더 중요하게 생각한다. 반면 동양인들은 행동에 영향을 미치는 상황의 힘을 더 중요하게 생각한다. 이 책은 '한 소년이 다가와서 지갑을 집에 놓고 왔다며 버스비를 빌려달라고 부탁했다'는 상황을 놓고 돈을 빌려줄지 말지 알아보는 심리 실험을 근거로 제시한다. 한국인의 경우 '돈이 충분한가 그렇지 않은가' 하는 상황적인 정보에 더 민감했다. 반면 미국인들은 상황과 상관없이 '빌려줄 사람이 착하고 친절한 사람인가 아닌가' 여부를 중시했다.

동서양 간의 인과적 사고 차이는 단순히 '사물에 초점을 두느냐, 상황에 초점을 두느냐'의 문제에만 국한되지 않는다. 서양인들은 동양인들보다 확실히 인과적 설명을 더 많이 하는 편이다. 일본의 교실에서는 '왜'보다는 '어떻게'라는 질문이 자주 오간다고 한다. 반대로 미국 교실에서는 '어떻게'보다는 '왜'라는 질문이 더 많다.

동서양의 차이, 차별을 넘어 포용으로

사실 이러한 동서양의 차이가 모든 사람에게 그대로 적용되는 것은 아니다. 서양 사회에도 동양인과 비슷한 사람이 있고, 그 반대도 있다. 그리고 무엇보다 동양 사회는 저자가 이 책을 쓴 시점(2003년)보다 더 서구화되었다. 또한 나이가 들면 한 개인의 특성이 변하기도 한다. 대부분 어릴 때와 성격이 비슷하면서 다른 모습도 보인다. 하지만 이러한 문화 내 차이에도 불구하고 평균적으로 보았을 때, 동양인과 서양인 사이에 큰 차이가 존재하는 것은 엄연한 사실이다.

사실 이렇게 동서양의 차이를 비교하는 것은 남녀의 차이를 비교하는 것만큼이나 차별적인 요소를 내포하고 있을지도 모른다. 알게 모르게 '나는, 혹은 우리 민족은 '우월하다'는 입장에서 상대방을 바라볼 수 있기 때문이다. 저자는 동양과 서양이 편 가르기 해서 싸우는 것, 혹은 둘 중 강한 자의 의견을 따르는 것, 둘 다 옳지 않다고 말한다. 동양과 서양은 서로의 단점을 보완해 줄 수 있으며, 같이 발전할 수 있다고 이야기한다.

"나는 동양과 서양의 문화가 서로의 문화를 수용하여 중간쯤에서 수렴되는 게 가장 타당한 견해라고 믿는다. 동양과 서양은 서로의 장점을 수용하여 두 문화의 특성이 함께 공존하는 문화 형태를 만들어 나갈 것이다. 마치 요리의 재료들이 각각의 속성은 그대로 지니면서도 서로 어우러져 하나의 새로운 요리를 만들어 내듯이, 두 문화는 새로운 통합을 맞이할 것이다."

《생각의 지도》를 읽으며, 오히려 지금 세계는 동서양의 차이보다 종교적 차이가 더 두드러지는 것이 아닌가 하는 생각도 들었다. 한국-미국의 차이가 한국-이란, 혹은 한국-인도의 차이보다 작게 느껴지는 것이다. 이렇게 종교관에 맞춰서 바라보는 《생각의 지도》는 또 어떤 모습일까 궁금해지기도 했다.

현재 우리는 국내 거주 외국인 250만 명 시대, 다문화 사회 진입을 눈앞에 두고 있다. 이제 길거리에서 외국인을 마주하는 게 낯설지 않은 시대다. 이러한 변화의 흐름 속에서 우리 안의 문화적 차이를 포용할 수 있는 사회 또한 기대해 본다.

함께 읽으면 좋은 책

《생각에 관한 생각》 대니얼 카너먼, 김영사, 2018 노벨 경제학상을 수상한 '행동경제학' 창시자 대니얼 카너먼의 책으로 우리 행동을 지배하는 생각의 오류들을 보여준다.

《공간이 만든 공간》 유현준, 을유문화사, 2020 동서양의 환경과 다른 사상이 빚어낸 건축 양식을 역사적으로 살펴보는 책이다.

《마인드웨어》 리처드 니스벳, 김영사, 2016 저자의 또 다른 베스트셀러로 인간의 인지과정이 어떻게 합리적 추론을 이끌어내는지 생각의 작동 원리를 분석한 책이다.

동양인들은 개인의 힘보다는 외부의 힘을 중시하는
집합주의적이고 상호 의존적인 사회에 살기 때문에
'외부 환경'에 더 많은 주의를 기울일 것이다.
반면에 서양인들은 개인주의적이고
독립적인 사회에 살기 때문에
보다 분석적인 눈으로 세상을 보고
환경보다는 '사물' 자체에
많은 주의를 기울일 것이다.

그리스에서
개인의 자율성이 중요했다면
중국에서는
조화로운 인간관계가 중요했다.

대다수의 미국인들은 '규칙'에 의거하여 범주화했지만,
대다수의 한국인들은 유사성을 근거로 사물들을 짝지었다.
서로 상반되는 주장이 동시에 제시되었을 때
미국인들은 상대적으로 어느 한쪽 주장으로 극화되었지만,
중국인들은 두 주장을 모두 수용하는 타협을 선택했다.

천의 얼굴을
가진 영웅

#신화

#영웅의여정

#스타워즈모티프

#종교학

The Hero With A Thousand Faces

"우리가 일상적으로 만나는
모든 이야기는 일정한 패턴을 따른다."

조지프 캠벨 Joseph John Campbell

1904년 미국에서 태어났다. 20세기 최고의 신화종교학자이자 비교신화학자 중 한 사람이다. 유복한 중산층에서 태어난 캠벨은 어린 시절 미국자연사박물관에서 아메리카 원주민 민담을 읽고 큰 감명을 받는다. 그는 인디언 사회의 여러 측면에 신화가 얽혀 있음을 알게 되고 그때부터 신화에 많은 관심을 쏟는다. 콜럼비아 대학 졸업 후 사라 로렌스 대학교 문학부에서 오랫동안 교편을 잡았다. 후일 방대한 정리 작업과 연구를 통해 《신의 가면》을 펴냈다. 그의 신화 연구는 주류 학문계보다 창작 지망생이나 예술가에게 큰 영감을 준 걸로 유명하다.

이 책을 선정한 이유

많은 소설가, 시나리오 작가들이 참고하는 플롯 중 하나가 바로 이 책에 등장하는 '영웅의 여정'이다. 최근에는 성공적인 광고와 퍼스널 브랜딩에 자주 쓰일 정도로 유명하다. 특히 이 책은 영화 〈스타워즈〉의 감독 조지 루카스에게 큰 영감을 주었고, 그는 '영웅의 여정'에 따라 스타워즈를 완성했다고 알려져 있다. 신화, 문화, 비교종교학, 스토리텔링 등 다양한 분야에서 언급되는 책이다.

'스타워즈'부터 '스파이더맨'까지, 히어로물의 공식

요즘 영화나 드라마를 보다 보면, '아. 저 스토리. 어디서 본 것 같은데?' 하는 느낌이 들 때가 많다. 특히 〈스타워즈〉나 〈스파이더 맨〉처럼 히어로물을 보면 그렇다. 평범한 주인공이 어느 날 각성하고 위기를 겪지만 결국 영웅이 되는 과정. 뻔한 스토리지만 중독적인 스토리이기도 하다. 알면서도 빠져든다.

이런 히어로물 스토리의 밑바탕에는 '영웅의 여정'이라는 플롯이 깔려 있다. 〈스타워즈〉를 비롯하여 대부분 히어로물이 이 패턴을 따른다. 크게 보면 3단계로 출발-입문-귀환으로 나뉘는 이 플롯은 사실 요즘 영화에만 적용되는 것이 아니다. 예로부터 내려오는 신화와 동화를 보아도 신기하게 모두 비슷한 패턴을 따르는 걸 확인할 수 있다.

《천의 얼굴을 가진 영웅》은 비교신화학자 조지프 캠벨이 쓴 '신화'에 관한 책이다. 캠벨은 시간이 다르고 사건도 다르지만, 인간 집단이 그려낸 영웅 신화는 거의 일정한 형태를 취하고 있다고 주장한다. 동화 속 왕자든, 부처든, 아폴로 신이든 모든 영웅은 일정한 영웅의 사이클을 따른다는 것이다. 이것이 바로 '영웅의 여정'이다.

영웅의 모험은 어떻게 이루어지는가?

《천의 얼굴을 가진 영웅》에 따르면, 세상 모든 영웅의 모험은 비슷한 패턴을 따른다. 먼저 영웅은 세계로부터 분리된다. 그런 뒤 힘의 원천에 대한 통찰을 거친다. 마지막으로 주변 사람들을 돕기 위해 귀향한다.

가장 먼저, 영웅은 모험으로부터 '부름'을 받는다. 평범하게 살고 있던 주인공에게 뜻밖의 일이 발생한다. 우연 같기도 하고 실수 같기도 한 이 사건을 통해 영웅의 일상은 산산조각이 나버린다. 〈스타워즈〉를 예로 들면, 스카이워커는 레아 공주의 메시지를 발견하고 모험의 부름, 운명의 부름을 받게 된다.

영웅은 보통 처음엔 '소명을 거부'한다. 스카이워커가 자신의 운명을 받아들이기를 꺼리며 가족을 떠나는 것을 주저하듯, 영웅은 처음부터 곧바로 모험을 떠나지는 않는다. 하지만 영웅은 운명을 피해 갈 수 없다. 이때 '초자연적인 조력자'가 등장한다. 〈스타워즈〉에서 스카이워커 앞에 나타난 오비완이 멘토 역할을 하면서 지혜와 조언을 주듯, 《신곡》에서는 단테 앞에 베르길리우스가 등장하여 도움을 준다. 이렇듯 영웅은 안내자의 도움을 받게 된다.

이후 영웅은 운명과 조력자의 도움을 받아 '첫 번째 관문을 통과'한다. 하지만 영웅은 이제 첫발을 내디뎠을 뿐이다. 영웅으로서 각성하지는 못했다. 이후 영웅은 '고래의 배'에 들어가게 되는데, 이는 곧 재생의 영역으로 들어감을 의미한다. 영웅은 외부의 관문, 즉 세계의 한계를 넘는 대신 다시 태어나기 위해 안으로 들어간다. 예를 들면 신도는 신전 안에서 자신이 불멸의 존재가 아니라 티끌에 불과하다는 자기 정체를 깨닫게 된다.

앞 단계까지가 바로 '출발'의 단계라면 이제 '입문'의 단계가 이어진다. 입문의 첫 번째는 바로 '시련의 길'이다. 스카이워커가 광선검 훈련을 하고 공주를 구출하는 등 다양한 도전을 겪듯 영웅은 이 단계에서 거듭되는 시련을 마주하고 극복한다. 영웅은 이전에 만났던 초자연적인 조력자의 충고와 그가 보낸 밀사로부터 도움을 받는다.

이후 영웅은 '여신과 만나게' 된다. 동화 속에 등장하는 잠자는 공주가 바로 대표적인 이미지이다. 영웅과 이런 여신과의 결혼은 영웅의 삶 전체가 완성되었음을 상징한다. 영웅이 각성한 것이다. 하지만 영웅에게는 아직도 많은 시련이 남아 있다. 대표적인 것이 바로 '아버지와의 화해'다. 스카이워커가 그의 아버지인 다스 베이더와 최후의 대결을 벌이는 것 또한 여기서 비롯된 모티브다. 여기서 아버지란 존재는 자식이 더 넓은 세계로 나갈 때 마땅히 거쳐 가는 통과 의례와도 같다. 아버지를 경쟁 상대로 삼고 극복하는 것. 이것은 바로 과거를 극복하고 미래로 나아가는 것을 의미한다.

이렇게 깨달음을 얻은 영웅은 거기에 머무르지 않는다. 영웅은 이 세계를 구하기 위해 '귀환'해야 한다. 스카이워커가 친구와 반란군들에게 돌아가듯, 영웅은 세상을 구원할 불사약을 가지고 원래 세계로 돌아간다. 하지만 이 또한 모험이다. 무엇보다 원래 속해 있던 세계의 사람들은 아직 영웅을 이해하지 못하기 때문이다. 따라서 영웅은 아직 뭐가 뭔지 모르는 사람들을 설득해야 한다. 하지만 영웅이 가져온 전리품은 결국 세상을 구원하게 되고 영웅의 여정은 대단원의 막을 내린다.

현대인에게 신화가 필요한 이유

《천의 얼굴을 가진 영웅》은 참 신기한 책이다. 어쩜 그렇게 많은 신화와 동화, 이야기들이 이렇게나 비슷한 패턴을 따르는지 새삼 깨닫게 해준다. (그리고 그걸 여태 모르고 있었다는 점도!) 대단한 이야기꾼인 저자 조지프 캠벨은 예수와 부처의 생애, 그리스 신화, 잠자는 숲속의 공주 등 다양한 이야기의 핵심만을 해부해 내어놓는다. 그것만 보아도 절로 고개가 끄덕여진다.

그런데 대체 왜 수많은 이야기가 동일한 패턴을 따르는 걸까? 그리고 현대를 사는 우리에게 왜 이러한 신화적 이야기가 필요한 걸까? 조지프 캠벨은 '통과 의례'라는 개념을 들어 설명한다.

"신화의 주요 기능은, 과거에 묶여 있으려는 경향이 있는 인간에게 정신을 향상시키는 데 도움이 되는 상징을 공급하는 것이다. 우리는 여전히 아직도 남아 있는 유아기 이미지에 발목이 잡혀 있다. 따라서 어른으로 가는 길을 애써 좇으려 하지 않는다. 삶의 목표가 어른이 되는 데 있지 않고, 청년으로 머물러 있는 데 있으며, 어머니로부터 떨어져나오는 데 있지 않고, 어머니와 유착되는 데 있다고 믿는 현상이 그것이다."

예전 원시 종족 사회에는 일종의 '통과 의례'가 있었다. 소년은 일정한 나이가 되면 가족에게서 벗어나, 며칠 정도 혼자 광야에 머무르며 시련의 시기를 거친다. 이런 시기를 거친 뒤 소년은 성인이 된다. 그리고 개인적인 인간에서 사회적인 인간이 된다. 하지만 현대 사회에서 이런 관문, 통과 의례, 혹은 영웅의 여정은 없다. 그렇기 때문에 우리는 이러한 이야기에 열광하고 또 이야기를 소비한다. 자신이 어디로 가고 있는지 알지 못하기 때문에 우리는 신화 속 상징에 빠져드는 것이다.

특히 이러한 영웅의 여정에서 중요한 사항은 이 여정이 외면적인 것이 아니라 내면적인 것이라는 점이다. 영웅은 표면적으로 모험을 하는 것처럼 보인다. 하지만 결국 그의 길은 내면을 향한다. 그런 의미에서 영웅이란 성취되는 것이 아니라 운명지어지는 것이다. 영웅이 깨닫는 것은 결국 이미 내 안에 들어 있는 것들이다.

영웅은 행동해서 무언가를 얻는 게 아니고, 내면을 깨달음으로써 신이 되는 것이다. 결국 여행은 외면으로 떠나 내면으로 돌아와 완성된다.

《역사의 연구》아놀드 토인비, 동서문화사, 2016 이 책에서도 종종 인용되는 토인비의 대표작으로, 그는 인간은 '자연의 법칙'의 지배만으로 사는 것이 아닌 '신의 부름'에 대한 응답으로도 산다고 보았다.

《칼 융 레드 북》칼 융, 부글북스, 2020 《천의 얼굴을 가진 영웅》은 무엇보다 융 심리학 입장에서 쓴 책이다. 그런 융의 저서 중 비유와 상징에 대한 꿈의 해석이 가득한 《레드 북》을 추천한다.

《영웅의 여정》조지프 캠벨, 갈라파고스, 2020 저자 조지프 캠벨의 일생을 담은 다큐멘터리를 원작으로 하는 이 책은 인터뷰 형식이라 읽기 편하다. 〈스타워즈〉에 대한 에피소드 또한 같이 실려 있다.

꿈은 개인화한 신화이고
신화는 보편화된 꿈이며,
꿈과 신화는 대략 동일한 방식으로
정신의 운동 원리를 상징적으로 드러낸다.

우리의 선조들은
신화적, 종교적 유산의 상징 덕분에
심리학적 위험들을 극복해왔다면,
오늘날 우리는 혼자서, 혹은 즉흥적으로
별 효과도 없는 지침을 받고
이런 위험에 맞서야 한다.

융은 신화체계란, 인간의 심성 깊은 곳에 내재한
원형적 충동의 징후인 집단의 꿈이라고 했으며,
쿠마라스와미는 인간의 심오한 형이상학적 통찰을 담은
전통적인 그릇이라고 했고,
교회에서는 하느님 백성에 대한 하느님의 계시라고 정의했다.
신화는 이 모든 것이다.

50

김정운 | 21세기북스

에디톨로지

Editology

#편집

#창의력

#낯설게보기

#독서법

#기록법

"창조는 곧 편집이다!"

김정운

1962년 한국에서 태어났다. 문화심리학자이자 여러가지문제연구소장, 그리고 화가이다. 고려대학교 심리학과를 졸업하고, 독일 베를린자유대학교 심리학과에서 박사학위를 받았다. 베를린자유대학교 전임 강사 및 명지대학교 교수를 역임했으며, 일본 쿄토사가예술대학에서 일본화를 전공했다. 2016년 한국으로 돌아와 여수 끝 섬에 살면서 그림 그리고, 글 쓰고, 가끔 낚시도 하며 지낸다.

이 책을 선정한 이유

자신만의 '새로움'을 창조하고 싶다면 읽기 좋은 책이다. 2014년에 출간된 책이지만 지금 읽어도 전혀 어색하지 않다. 김정운 작가는 문화심리학자로 여러 방송 프로그램에 출연하여 대중적으로 잘 알려진 학자이기도 하다. 특히 AI 시대에 필요한 창의성이란 무엇인지, 외우지 않고 '편집'하는 지식이란 무엇인지 궁금하다면 꼭 읽어봐야 할 책이다.

7장. 나와 타인의 심리를 더 깊이 이해하고 싶다면

보이지 않는 고릴라

인간은 자기가 보고 싶은 것만 본다. 심리학에는 이와 관련해 유명한 실험이 하나 있다. 바로 '보이지 않는 고릴라' 실험이다. 지금도 유튜브에 검색하면 이 실험 영상을 확인할 수 있다.

실험 내용은 이렇다. 피험자들에게 검은 옷의 선수 세 명과 노란 옷의 선수 세 명이 서로 농구공을 주고받는 짧은 동영상을 보여준다. 이때 피험자들에게 노란 옷의 선수들이 패스를 몇 번 하는지 정확히 세어보라고 지시한다. 그러나 진짜 실험은 다른 쪽에서 시작된다. 선수들이 공을 주고받는 동안, 커다란 고릴라가 화면 오른쪽에서 천천히 나타난다. 그런 뒤 서서히 왼쪽으로 걸어가 사라진다. 화면이 정지된 후, 사람들에게 노란 옷의 선수들이 몇 번이나 공을 주고받았는지 물어본다. 그런 뒤 질문을 하나 더 던진다. "화면에 나타난 고릴라를 봤는가?"

실험 결과는 놀랍다. 절반 이상의 사람들이 고릴라를 못 보았다고 답한 것이다. 나도 이 실험을 예전에 티브이에서 보았는데, 그때 고릴라를 못 본 기억이 있다. 신기했다. 저렇게 커다란 고릴라가 있는데 알아채지 못하다니. 너무 어이없어서 헛웃음만 나왔었다.

이렇게 봤는데도 못 봤다는 말도 안 되는 일이 우리 주위에서 빈번히 일어난다. 눈앞의 과제에만 집중하다 보니, 세상이 어떻게 바뀌는지 도무지 감을 못 잡는 것이다.

창조의 본질은 '낯설게 하기'다

김정운 교수의 책《에디톨로지》의 핵심은 "창조는 곧 편집이다!"라는 것이다.

이 책의 세목인 '에디톨로지'는 '편집학'을 말한다. 우리는 세상의 모든 사건과 의미를 각자의 방식으로 편집한다. 이 같은 '편집의 방법론'을 저자는 '에디톨로지'라고 부른다. 그렇다면 이런 에디톨로지는 어디에 사용하는 걸까? 바로 무언가를 창조해 내는데 사용한다. 세상의 모든 창조는 이미 존재하는 것들의 '또 다른 편집'이기 때문이다. 하늘 아래 새로운 것은 없다. 하나도 없다. 따라서 '창조는 편집'이다.

《에디톨로지》는 크게 '지식과 문화', '관점과 공간', '마음과 심리학'을 주제로 '편집학'을 다룬다.

먼저 '지식과 문화'의 편집학을 살펴보자. 이 책은 '지식'이란 정보와 정보의 관계라고 말한다. 따라서 새로운 지식이란 정보와 정보의 '관계'가 달라지는 것을 의미한다. 인간은 자극이 주어지면, 이러한 자극 중 자신에게 필요한 것만 선택하고 해석하여 '정보'로 만든다. 마치 보이지 않는 고릴라 실험에서 고릴라를 미처 발견하지 못하듯 말이다. 따라서 창의적으로 사고하려면 남들과 다른 방식으로 사물을 보는 것에서 시작해야만 한다. 창조의 본질은 낯설게 보는 것이기 때문이다.

그렇다면 낯설게 보기란 무엇일까? 바로 일상의 경험을 '의심'하는 것이다. 우리 삶이 힘든 이유는 단순하다. 매번 똑같은 일이 반복되기 때문이다. 아침마다 '아, 남의 돈 벌기 참 힘들다!'하며 출근하고 인내하는 삶에는 그 어떤 탈출구도 존재하지 않는다. 창조적이고 싶다면 무엇보다 일상의 반복과 익숙함을 낯설게 해 새로운 느낌이 들게 해야 한다. 우리 삶에 예술이 필요한 이유다.

특히 21세기에 들어서면서 인류는 새로운 지식 편집 구조를 경험하게 된다. 인터넷 검색이 등장했기 때문이다. 인간은 간단한 단어 입력만으로도 원하는 지식을 죄다 건져 올릴 수 있다. 하지만 구슬도 꿰어야만 보배가 되듯 검색만으로 새로운 지식이 만들어지는 것은 아니다. 검색된 정보들을 편집해 새로운 지식의 네트워크를 만들어야 쓸모 있는 지식이 된다.

이러한 지식 생산에서 중요한 것이 바로 '편집 가능성'이다. 세계와 상호작용할 수 있는 것, 더 나은 나로 변할 수 있게 도와주는 것, 바로 그런 것을 가능하게 해주는 지식, 편집 가능성이 있는 지식이 좋은 지식이고 창조적인 지식인 것이다.

원근법에 숨겨진 권력 욕구

다음으로 '관점과 공간'의 편집학을 살펴보자. 《에디톨로지》는 인문학 책이다. 이 책은 '인문학'이란, 세상을 해석하는 다양한 관점을 배우는 학문이라고 말한다. 세상을 '좌' 아니면 '우'로만 보고, 내 편이 아니면 바로 적이 되어 버리는 시대. 이런 시대를 살아가는 우리이기에 인문학은 더욱 중요해진다. 인문학은 나와 다른 시선에 대한 관용과 이해를 전제로 하기 때문이다.

이러한 '관점'에서 중요한 건 바로 회화에서 '원근법'의 등장이다. 《에디톨로지》는 특히 서구 과학 문명이 이 원근법을 바탕으로 발전했다고 말한다. 원근법에는 과학적 사고의 기초가 되는 '객관성'과 '합리성'이 들어 있기 때문이다.

서구 원근법은 크게 두 가지 전제를 두고 있다. 첫째, 세상을 보는 눈은 하나여야 한다. 모든 것이 하나의 소실점으로 모이기 때문이다. 따라서 보는 사람마다 세상이 매번 달라져서는 안 된다. 서구 원근법은 모든 사람의 관점을 하나로 통일하고, 이 관점을 중심으로 세상을 재편하려는 시도다. 여기에 바로 '객관성'의 개념이 포함된다. 둘째, 3차원 세상은 소실점으로부터 떨어진 거리에 비례하여 2차원의 평면에 그대로 옮길 수 있어야 한다. 바로 '합리성'의 시작이다. 하나뿐인 소실점으로부터 떨어져 있는 물체는 '거리의 비례'에 따라 객관적 좌표가 정해진다. 누구도 거부할 수 없는 '합리적' 기준이 마련된 것이다.

하지만 이러한 서구의 객관성과 합리성의 신화에는 결정적인 결함이 있다. 소실점, 즉 객관성과 합리성의 기준이 철저하게 '자의적'이고 '권력적'이라는 사실이다. 소실점을 누가 찍느냐에 따라 결과물은 전혀 다른 것이 된다. 이 소실점을 차지한 사람,

그림을 그린 화가가 바로 지배자가 되는 것이다.

《에디톨로지》는 이러한 원근법을 낯설게 바라본다. 그리고 원근법의 의미는 도리어 '객관성'이 아니라 '주관성'의 발견에 있다고 말한다. 사실 '객관성'이란 객관적으로 우리와 동떨어져 존재하는 것이 아니다. '객관적' 관점이란 각기 다른 사람들이 '같은 방식으로 보는 것'을 서로 약속해야 가능하다. 다시 말해 객관성이란 원래 있는 것이 아니라 상호 합의의 결과이다.

그래서 오늘날 인문학에서는 객관성이란 단어를 '상호주관성'이라는 단어로 대체한다. 기존에 우리가 생각하는 객관성이란 환상이며, 지배자의 권력 욕구가 들어 있다고 보는 것이다.

천재는 태어나지 않는다, 편집될 뿐이다

마지막으로 '마음과 심리학'의 영역이다. 《에디톨로지》는 '나', '천재' 같은 개념도 모두 편집된 것이라고 강조한다.

먼저 '나'라는 것은 내 기억이 편집된 결과다. 만약 상황이 달라지면 '내가 기억하는 나'는 달라진다. 친구들과 대화할 때의 나와 일할 때의 나. 둘 중 어떤 나는 진실이고 어떤 나는 거짓일 수는 없다. 인간은 이야기를 통해 자신을 드러내는 존재이기에 내가 이야기하는 나가 바로 '나'다. 따라서 객관적인 나란 존재하지 않으며, 나라는 것은 이렇게 상황에 맞춰 편집되는 것이다.

'천재' 또한 마찬가지다. 천재는 사회적 필요에 의해 편집된 개념이다. 사람들은 천재의 능력은 타고나는 것이라고 생각한다. 물론 영재나 신동은 타고난다. 그러나 그들이 반드시 천재가 되는 것은 아니다. 나이가 들어서도 그들의 특별한 능력이 사회적 요구와 맞물려 빛을 발할 수 있어야 천재가 되는 것이다. 사칙 연산을 잘하는 천재적 능력이 인공지능 시대에도 빛을 발하기는 힘들다. 또한 일반적으로 안정된 사회에서는 천재가 나타나기 어렵다. 천재는 한 사회에서 다른 사회로의 이행기, 혼란스러운 시기에 집중해서 나타나기 때문이다.

피카소의 예술 작품은 미술이 사진이라는 수단에 위협받던 시대의 산물이고, 스티브 잡스 같은 천재의 탄생은 아날로그와 디지털의 경계가 아주 우연하게도 한 개인에게 깔때기처럼 모인 결과다. 천재는 사회 문화적 변동이 개인에게 편집되어 나타나는 우연한 결과일 뿐이다.

에디톨로지가 안내하는 지식 편집의 길

사실 《에디톨로지》에서 가장 재밌는 부분은 따로 있다. 책을 좋아하는 사람이라면, 그리고 책 내용을 기록하는 사람이라면 공감할 만한 부분이다. 먼저 저자는 '책은 끝까지 읽는 것이 아니'라고 말한다. 그에 따르면 책은 끝까지 읽을 필요가 없다. 일단 하루에 나오는 책의 양이 엄청나다. 제아무리 속독해도 다 따라잡을 수는 없다. 그래서 책 앞부분엔 목차가 있고, 책 끝부분에는 '찾아보기'가 있는 것이다. 필요한 부분만 찾아 읽으라는 뜻이다. 특히 이러한 목차와 찾아보기는 주체적 독서를 위한 것이다. '주체적 책 읽기'란 왜 이 책을 읽어야 하는가에 대한 목적이 분명함을 뜻한다.

이런 의미에서 독서는 내가 가진 개념과 저자의 개념이 편집되는 에디톨로지 과정이다. 그래야만 저자의 생각이 내 생각의 일부가 된다. 우리는 저자의 생각을 그대로 받아들이기 위해 책을 읽는 것이 절대 아니다.

또한 중요한 것은 책에 밑줄을 긋고 내 생각을 적는 것이다. 이 과정이 바로 '저자와의 대화'이다. 또한 '나 자신과의 대화'이기도 하다. 내가 왜 이 구절을 중요하다고 생각했는지, '내 생각에 대해 생각'하는 작업이다. 책을 처음부터 끝까지 읽는 것은 아무 의미가 없다. 대신 그 책에 대한 자기 생각을 꼭 기록해 놓아야 한다. 자신의 기록이 남지 않는 책 읽기는 시간 낭비일 뿐이다.

이렇게 책을 다 읽은 뒤 중요한 내용은 '데이터베이스 앱'에 저장한다. 어떤 앱이든 상관없지만 김정운 교수는 '에버노트'를 사용한다고 한다. 이때 반드시 데이터 제목에 '내가 만든 핵심 개념'을 적어 넣는다. 책에 있는 카테고리와 개념을 그대로 베껴 놓으면 데이터베이스를 만들 이유가 없다. 이렇게 데이터에 '키워드'를 덧붙이는 것은 그 단위가 도대체 어떠한 맥락에 속하는

가를 정리하는 작업이다. 그리고 이런 훈련이 지속되어야 남들과 구별되는 내 이야기를 할 수 있게 된다. 에디톨로지가 가능해지는 것이다.

정보가 점점 과포화되는 세상에서 살아남는 법, 인공지능은 할 수 없는 창조적인 능력은 어쩌면 '인간의 고유한 편집력'에 있는 것일지도 모르겠다.

무수한 정보들 속에서 어떻게 나만의 관점을 갖고 지식을 편집해 나갈 것인가? 《에디톨로지》는 바로 그 의문을 해소하고 방향을 제시해 주는 책이다.

함께 읽으면 좋은 책

《창조적 시선》 김정운, 아르테, 2023 저자의 최신작으로 인간은 도대체 언제부터 '창조적'이었는지, 인류 최초의 창조 학교 바우하우스를 통해 살펴보는 책이다.
《바닷가 작업실에서는 전혀 다른 시간이 흐른다》 김정운, 21세기북스, 2019 저자가 교수직을 그만둔 뒤 여수 바닷가 작업실에서 쓰고 그린 에세이로, 자기만의 공간이 갖는 특별함이 담긴 힐링 책이다.
《이어령의 가위바위보 문명론》 이어령, 마로니에북스, 2015 이 책에서 하이퍼텍스트적 방법론으로 소개하고 있는 고 이어령 선생님의 책으로, 일본에서는 교과서에 수록되기도 한 가위바위보 문명론을 담고 있다.

글쓰기 자체에 기쁨을 느끼고,
자신이 생산한 콘텐츠 자체에 희열을 느껴야 한다.
돈이나 명성은 추구한다고 얻어지는 게 아니다.
돈이나 명성, 성공은 100퍼센트 '운'이라고 나는 믿는다.
따라오면 좋은 거고, 안 따라오면 할 수 없는 것이다.

천재는 사회 문화의 변동이
한 역사적 개인에게 편집되어
나타나는 우연적 결과다.

빌 게이츠는
청중 스스로 연설의 의미를 편집할 수 있는 기회를 빼앗는다.
일방적으로 완성된 이야기를 한다. 그래서 재미없는 거다.
상호작용이 불가한 내러티브는 진리를 강요할 뿐,
일리의 해석학이 빠져 있다.
반면 스티브 잡스의 내러티브는 상호작용적이다.
편집 가능성이 있다는 이야기다.

마흔에 읽는 인문학 필독서 50

초판 1쇄 발행 2024년 10월 14일
초판 2쇄 발행 2024년 11월 18일

지은이 어르미
펴낸이 정덕식, 김재현

책임편집 최문주
디자인 Design IF
경영지원 임효순

펴낸곳 (주)센시오
출판등록 2009년 10월 14일 제300-2009-126호
주소 서울특별시 마포구 성암로 189, 1707-1호
전화 02-734-0981
팩스 02-333-0081
메일 sensio@sensiobook.com

ISBN 979-11-6657-171-8(03100)

이 책은 저작권법에 따라 보호받는 저작물이므로 무단 전재와 복제를 금지하며,
이 책 내용의 전부 또는 일부를 이용하려면 반드시 저작권자와 (주)센시오의 서면동의를 받아야 합니다.

책값은 뒤표지에 있습니다.
잘못된 책은 구입하신 곳에서 바꾸어드립니다.